高等院校汽车专业"互联网+"创新规划教材

新能源汽车概论
（第3版）

主编　崔胜民

内 容 简 介

本书介绍了能源的定义与分类、新能源汽车的定义与分类、发展新能源汽车的必要性及新能源汽车技术路线；详细描述了纯电动汽车、增程式电动汽车、混合动力电动汽车、燃料电池电动汽车的结构、原理及特点等；全面系统地论述了电动汽车用动力电池、电动汽车用电动机、电动汽车能源管理和回收系统、电动汽车充电技术；介绍了新能源汽车向智能网联汽车和无人驾驶汽车发展过程中涉及的汽车轻量化技术、汽车网络技术、汽车环境感知技术和汽车先进驾驶辅助系统。

本书内容丰富，图文并茂，实用性强，可作为高等院校车辆工程及其相关专业的教材，也可作为从事新能源汽车相关领域工程技术人员、管理人员和科研人员的参考用书。

图书在版编目(CIP)数据

新能源汽车概论/崔胜民主编. —3版. —北京： 北京大学出版社， 2020.4
(高等院校汽车专业"互联网+"创新规划教材)
ISBN 978-7-301-31007-6

Ⅰ. ①新… Ⅱ. ①崔… Ⅲ. ①新能源—汽车—高等学校—教材 Ⅳ. ①U469.7

中国版本图书馆 CIP 数据核字(2020)第 002655 号

书　　　名	新能源汽车概论（第3版）
	XINNENGYUAN QICHE GAILUN(DI-SAN BAN)
著作责任者	崔胜民　主编
策 划 编 辑	童君鑫
责 任 编 辑	李娉婷
数 字 编 辑	蒙俞材
标 准 书 号	ISBN 978-7-301-31007-6
出 版 发 行	北京大学出版社
地　　　址	北京市海淀区成府路 205 号　100871
网　　　址	http://www.pup.cn　新浪微博：@北京大学出版社
电 子 信 箱	pup_6@163.com
电　　　话	邮购部 010-62752015　发行部 010-62750672　编辑部 010-62750667
印 刷 者	北京虎彩文化传播有限公司
经 销 者	新华书店
	787 毫米×1092 毫米　16 开本　15.25 印张　401 千字
	2011 年 5 月第 1 版　2015 年 8 月第 2 版
	2020 年 4 月第 3 版　2022 年 9 月第 4 次印刷
定　　　价	45.00 元

未经许可，不得以任何方式复制或抄袭本书之部分或全部内容。
版权所有，侵权必究
举报电话：010-62752024　电子信箱：fd@pup.pku.edu.cn
图书如有印装质量问题，请与出版部联系，电话：010-62756370

第 3 版前言

　　石油短缺、环境污染、气候变暖是全球汽车工业面临的共同挑战,新能源汽车已经成为汽车工业的发展趋势,一些国家已经提出了停售燃油汽车的时间表。我国是一个石油短缺的国家,又是一个石油消费大国,石油对外依存度逐年增加,2019 年已经超过 70%。为此,我国多次出台政策,鼓励发展新能源汽车,已经取得较好成效,2019 年我国新能源汽车累计销售突破 120 万辆,排世界第一。

　　本书对《新能源汽车概论》(第 2 版)进行了全面修订,更新并增加了一些新的内容,删掉一些陈旧的内容,更适合作为教材使用。本书全面系统地论述了新能源汽车的基础知识。全书共分 7 章。第 1 章阐述了能源的定义与分类、新能源汽车的定义和分类、发展新能源汽车的必要性和新能源汽车的最新技术路线;第 2 章介绍了纯电动汽车、增程式电动汽车、混合动力电动汽车、燃料电池电动汽车的结构原理和特点等;第 3 章介绍了电池的类型、电池的性能指标、电动汽车对动力电池的要求和技术路线,对铅酸蓄电池、镍氢蓄电池、镍镉蓄电池、锂离子蓄电池、镍锌蓄电池、空气电池、蓄电池的充电方法和性能测试进行了详细介绍,对燃料电池发电系统和 6 种常用燃料电池及太阳电池、超级电容器、飞轮电池进行了阐述;第 4 章介绍了电动机的类型、电动机的主要性能指标和电动汽车对电动机的要求,对直流电动机、无刷直流电动机、异步电动机、永磁同步电动机和轮毂电动机及电动机控制器进行了详细介绍;第 5 章介绍了电动汽车能量管理与制动能量回收系统;第 6 章介绍了电动汽车充电设备的类型、充电方法和充电方式、电动汽车车载充电机和非车载充电机;第 7 章介绍了新能源汽车向智能网联汽车和无人驾驶汽车发展过程中涉及的汽车轻量化技术、汽车网络技术、汽车环境感知技术和汽车先进驾驶辅助系统。

　　本书在编写过程中查阅了大量资料,引用了一些网上资料和参考文献中的部分内容,特向其作者表示深切的谢意,同时,对书中所用图片的拍摄者表示感谢。

　　由于编者水平有限,书中不妥之处在所难免,敬请广大专家和读者批评指正。

编　者

2020 年 1 月

目 录

第1章 绪论 ………………………………… 1
1.1 能源的定义与分类 …………… 3
1.2 新能源汽车的定义与分类 …… 5
1.3 发展新能源汽车的必要性 …… 7
1.4 新能源汽车技术路线 ………… 8
思考题 ……………………………… 11

第2章 新能源汽车类型 …………… 12
2.1 纯电动汽车 …………………… 13
   2.1.1 纯电动汽车的结构原理 … 13
   2.1.2 纯电动汽车驱动系统的布置形式 …… 15
   2.1.3 纯电动汽车的技术条件 … 22
   2.1.4 纯电动汽车的特点 ……… 24
   2.1.5 纯电动汽车的关键技术 … 24
   2.1.6 纯电动汽车车型实例 …… 25
2.2 增程式电动汽车 ……………… 29
   2.2.1 增程式电动汽车的结构原理 …… 29
   2.2.2 增程器的分类 …………… 31
   2.2.3 增程式电动汽车的原理 … 32
   2.2.4 增程式电动汽车的特点 … 35
   2.2.5 增程式电动汽车车型实例 …… 37
2.3 混合动力电动汽车 …………… 39
   2.3.1 混合动力电动汽车的分类 … 39
   2.3.2 混合动力电动汽车的结构原理 …… 41
   2.3.3 混合动力电动汽车的动力耦合类型 …… 50
   2.3.4 混合动力电动汽车的特点 …… 54
   2.3.5 混合动力电动汽车的关键技术 …… 56
   2.3.6 混合动力电动汽车车型实例 …… 58
2.4 燃料电池电动汽车 …………… 60
   2.4.1 燃料电池电动汽车的分类 …… 60
   2.4.2 燃料电池电动汽车的结构原理 …… 65
   2.4.3 燃料电池电动汽车的特点 …… 66
   2.4.4 燃料电池电动汽车的关键技术 …… 67
   2.4.5 燃料电池电动汽车车型实例 …… 69
思考题 ……………………………… 71

第3章 电动汽车用动力电池 ……… 72
3.1 概述 …………………………… 73
   3.1.1 电池的类型 ……………… 73
   3.1.2 电池的性能指标 ………… 74
   3.1.3 电动汽车对动力电池的要求 …… 78
   3.1.4 电动汽车动力电池的技术路线 …… 78
3.2 蓄电池 ………………………… 79
   3.2.1 铅酸蓄电池 ……………… 79
   3.2.2 镍氢蓄电池 ……………… 82
   3.2.3 镍镉蓄电池 ……………… 85
   3.2.4 锂离子蓄电池 …………… 87
   3.2.5 镍锌蓄电池 ……………… 92
   3.2.6 金属空气电池 …………… 94
   3.2.7 蓄电池的充电方法 ……… 96
   3.2.8 蓄电池的性能测试 ……… 99
3.3 燃料电池 ……………………… 101
   3.3.1 燃料电池发电系统 ……… 101
   3.3.2 质子交换膜燃料电池 …… 103
   3.3.3 碱性燃料电池 …………… 106
   3.3.4 磷酸燃料电池 …………… 108
   3.3.5 熔融碳酸盐燃料电池 …… 109
   3.3.6 固体氧化物燃料电池 …… 110

  3.3.7 直接甲醇燃料电池 …… 112
  3.3.8 车载储氢技术 …… 114
 3.4 太阳电池 …… 118
 3.5 超级电容器 …… 121
 3.6 飞轮电池 …… 124
 思考题 …… 126

第4章　电动汽车用电动机 …… 127
 4.1 概述 …… 128
  4.1.1 电动汽车用电动机的类型 …… 128
  4.1.2 电动机的主要性能指标 …… 130
  4.1.3 电动汽车对电动机的要求 …… 131
 4.2 直流电动机 …… 131
  4.2.1 直流电动机的分类 …… 131
  4.2.2 直流电动机的结构与特点 …… 133
  4.2.3 直流电动机的工作原理 …… 134
  4.2.4 直流电动机的转速控制 …… 134
 4.3 无刷直流电动机 …… 135
  4.3.1 无刷直流电动机的分类 …… 135
  4.3.2 无刷直流电动机的结构与特点 …… 136
  4.3.3 无刷直流电动机的工作原理 …… 137
  4.3.4 无刷直流电动机的控制 …… 138
 4.4 异步电动机 …… 138
  4.4.1 异步电动机的结构与特点 …… 139
  4.4.2 异步电动机的工作原理与运行特性 …… 140
  4.4.3 异步电动机的控制 …… 142
 4.5 永磁同步电动机 …… 145
  4.5.1 永磁同步电动机的结构与特点 …… 146
  4.5.2 永磁同步电动机的工作原理与运行特性 …… 148
  4.5.3 永磁同步电动机的控制 …… 150
 4.6 开关磁阻电动机 …… 153
  4.6.1 开关磁阻电动机的结构与特点 …… 153
  4.6.2 开关磁阻电动机的工作原理与运行特性 …… 154
  4.6.3 开关磁阻电动机的控制 …… 155
 4.7 轮毂电动机 …… 157
  4.7.1 轮毂电动机的结构形式 …… 158
  4.7.2 轮毂电动机的应用类型 …… 159
  4.7.3 轮毂电动机的驱动方式 …… 159
  4.7.4 轮毂电动机驱动系统的特点 …… 160
  4.7.5 轮毂电动机驱动系统的关键技术 …… 160
 4.8 电动机控制器 …… 161
 思考题 …… 163

第5章　电动汽车能量管理与制动能量回收系统 …… 164
 5.1 电动汽车能量管理系统 …… 165
  5.1.1 电池管理系统的功能 …… 166
  5.1.2 纯电动汽车电池管理系统 …… 168
  5.1.3 混合动力电动汽车能量管理系统 …… 174
 5.2 电动汽车再生制动能量回收系统 …… 178
  5.2.1 再生制动能量回收的方法和类型 …… 178
  5.2.2 电动汽车的再生制动能量回收系统 …… 181
 思考题 …… 185

第6章　电动汽车充电技术 …… 186
 6.1 概述 …… 187
  6.1.1 电动汽车对充电设备的要求 …… 187
  6.1.2 电动汽车充电设备的类型 …… 187

6.1.3 电动汽车的充电方法 …… 189
6.1.4 电动汽车的充电方式 …… 190
6.1.5 电动汽车充电技术的发展趋势 …… 193
6.2 电动汽车车载充电机 …… 194
 6.2.1 电动汽车车载充电机组成 …… 194
 6.2.2 电动汽车车载充电机的技术参数 …… 195
 6.2.3 电动汽车车载充电机的充电接口 …… 196
 6.2.4 电动汽车车载充电机的充电过程 …… 198
6.3 电动汽车非车载充电机 …… 198
 6.3.1 电动汽车非车载充电机的组成 …… 198
 6.3.2 电动汽车非车载充电机的技术参数 …… 200
 6.3.3 电动汽车非车载充电机的充电接口 …… 200
 6.3.4 电动汽车非车载充电机的充电过程 …… 201

6.4 电动汽车光伏充电站 …… 203
思考题 …… 205

第7章 新技术应用 …… 206

7.1 汽车轻量化技术 …… 207
 7.1.1 汽车轻量化材料 …… 208
 7.1.2 汽车轻量化设计 …… 210
 7.1.3 汽车轻量化制造 …… 211
 7.1.4 汽车轻量化技术路线 …… 212
7.2 智能网联汽车和无人驾驶汽车 …… 213
 7.2.1 智能网联汽车 …… 213
 7.2.2 无人驾驶汽车 …… 216
7.3 汽车网络技术 …… 219
 7.3.1 车载网络 …… 220
 7.3.2 车载自组织网络 …… 221
 7.3.3 车载移动互联网 …… 224
7.4 汽车环境感知技术 …… 225
7.5 汽车先进驾驶辅助系统 …… 228
思考题 …… 235

参考文献 …… 236

第 1 章 绪 论

 教学目标

通过本章的学习,要求读者了解能源的定义与分类,掌握新能源汽车的定义与分类,了解发展新能源汽车的必要性,了解新能源汽车技术路线。

 教学要求

知识要点	能力要求	相关知识
能源的定义与分类	了解什么是能源,能源如何分类	能源知识
新能源汽车的定义与分类	掌握什么是新能源汽车,新能源汽车包括哪些类型	通过对比普通燃油汽车与新能源汽车,掌握新能源汽车的概念;根据驱动汽车的能量不同,掌握新能源汽车的类型
发展新能源汽车的必要性	了解为什么要大力发展新能源汽车	石油短缺、环境污染、气候变暖是发展新能源汽车的根本原因
新能源汽车技术路线	了解新能源汽车发展里程碑,纯电动汽车、插电式混合动力电动汽车和燃料电池电动汽车的发展总体思路、发展目标、技术路径和发展重点	节能与新能源汽车路线图

导入案例

汽车的发明极大地缩短了人与人之间的空间距离，方便了人们的生活。汽车已经成为当今社会的重要交通工具。但汽车保有量的大幅度增加，给地球带来了资源过度消耗、空气污染和气候变暖等负面问题。

图1.1所示为我国某石油城石油基本枯竭的照片。

图1.1　石油枯竭

图1.2所示为我国某城市空气污染的照片。

图1.2　空气污染

图1.3所示为因气候变暖，一头北极熊在北极圈的挪威斯瓦尔巴群岛上被活活饿死的照片。

试想，如果我们还继续大量使用燃油汽车，未来会是什么样？新能源汽车都包含哪些类型，技术发展路线如何？通过本章的学习，读者可以得到答案。

图1.3 气候变暖造成北极熊饿死

1.1 能源的定义与分类

能源是可以直接或经转换提供人类所需的光、热、动力等任一形式能量的载能体资源。凡是能被人类加以利用以获得有用能量的各种来源通常都可以称为能源。

能源种类繁多。经过人类不断开发与研究，已经有更多新能源能够满足人类的需求。根据不同的划分方式，能源可分为不同的类型。

1. 按能源的来源分类

按来源的不同，能源可以分为来自地球外部天体的能源、地球本身蕴藏的能源、地球和其他天体相互作用而产生的能源。

（1）来自地球外部天体的能源，主要是太阳能。除直接辐射外，太阳能为风能、水能、生物能和矿物能等的产生提供基础。人类所需的绝大部分能量都直接或间接地来自太阳。各种植物通过光合作用把太阳能转换为化学能在植物体内储存下来。煤炭、石油、天然气等化石燃料也是由古代埋在地下的动植物经过漫长的地质年代形成的。它们实质上是由古代生物固定储存下来的太阳能。此外，风能、水能、波浪能、海流能等也都是由太阳能转换来的。

（2）地球本身蕴藏的能源，通常指与地球内部的热能有关的能源和与原子核反应有关的能源，如原子核能、地热能等。

（3）地球和其他天体相互作用而产生的能量，如潮汐能。温泉和火山爆发喷出的岩浆就是地热的表现。地球分为地壳、地幔和地核三层，是一个大热库。地壳就是地球表面的一层，一般厚度为几千米至几十千米不等；地壳下面是地幔，大部分是熔融状的岩浆，厚度约为2865km，火山爆发一般是这部分岩浆喷出；地球内部为地核，地核中心温度达6000℃。可见，地球上的地热资源储量也很大。

2. 按能源的产生方式分类

按产生方式的不同，能源可以分为一次能源和二次能源。

（1）一次能源，即天然能源，是指自然界中以天然形式存在（并没有经过加工或转换）的能量资源。一次能源包括可再生的水力资源和不可再生的煤炭、石油、天然气资源。其中水、石油和天然气是一次能源的核心，它们成为全球能源的基础。除此以外，太阳能、风能、地热能、海洋能、生物能及核能等可再生能源也属于一次能源。

（2）**二次能源，即人工能源**，是指由一次能源直接或间接转换为其他种类和形式的能源，如电力、煤气、汽油、柴油、焦炭、洁净煤、激光和沼气等能源都属于二次能源。

3. 按能源的性质分类

按性质的不同，能源可以分为燃料型能源和非燃料型能源。

（1）**燃料型能源**，如煤炭、石油、天然气、泥炭、木材等。

（2）**非燃料型能源**，如风能、水能、地热能、海洋能等。

人类利用自己体力以外的能源是从用火开始的。最早的燃料是木材，之后是各种化石燃料，如煤炭、石油、天然气等，现正研究利用太阳能、地热能、风能、潮汐能等新能源。当前化石燃料消耗量很大，但地球上这些燃料的储量有限。未来，铀和钍将提供人类所需的大部分能量。一旦控制核聚变的技术问题得到解决，人类实际上将获得无尽的能源。

4. 按能源消耗后是否造成环境污染分类

按消耗后是否造成环境污染，能源可以分为污染型能源和清洁型能源。

（1）**污染型能源**，是指利用以后会对环境造成污染的能源，如煤炭、石油等。

（2）**清洁型能源**，是指利用以后不会对环境造成污染的能源，如水能、电能、太阳能、风能及核能等。

5. 按能源使用的类型分类

按能源使用的类型不同，能源可以分为常规能源和新型能源。

（1）**常规能源**，包括一次能源中的可再生的水能和不可再生的煤炭、石油、天然气等能源。

（2）**新型能源**，是相对于常规能源而言的，包括太阳能、风能、地热能、海洋能、生物能及用于核能发电的核燃料等能源。由于新型能源的能量密度较小，或品位较低，或有间歇性，按已有的技术条件转换利用的经济性尚差，还处于研究、发展阶段，只能因地制宜地开发和利用。但新型能源大多数是再生能源，资源丰富，分布广阔，是未来的主要能源之一。

6. 按能源的形态特征或转换与应用的层次分类

世界能源委员会推荐的能源类型分为**固体燃料、液体燃料、气体燃料、水能、电能、太阳能、生物质能、风能、核能、海洋能和地热能**。其中，前三个类型统称化石燃料或化石能源。已被人类认识的上述能源，在一定条件下可以转换为人们所需的某种形式的能量。例如，煤炭加热到一定温度，能和空气中的氧气化合并放出大量的热能，可以用热来取暖、做饭或制冷，也可以用热来产生蒸汽，用蒸汽推动汽轮机，使热能转换为机械能；也可以用汽轮机带动发电机，将机械能转换为电能；如果把电送到工厂、企业、机关、农牧林区和住户，则电能可以转换为机械能、光能或热能。

7. 按能源是否能够再生分类

能源按是否能够再生，分为**再生能源和非再生能源。凡是可以不断得到补充或能在较短周期内再生的能源称为再生能源，反之称为非再生能源**。风能、水能、海洋能、潮汐能、太阳能和生物质能等是可再生能源；煤、石油和天然气等是非再生能源。地热能基本上是非再生能源，但从地球内部巨大的蕴藏量来看，又具有再生的性质。核能的新发展将使核燃料循环具有增值的性质。核聚变的能比核裂变的能高出5～10倍。核聚变最合适的燃料重氢（氘）大量地存在于海水中，可谓"取之不尽、用之不竭"。核能是未来能源系统的支柱之一。

经济的发展对能源的需求日益增加，许多发达国家都很重视对可再生能源、环保能源及新型能源的开发与研究。随着科学技术的不断进步，人类会不断开发研究出更多新能源来替代现有能源，以满足全球经济发展与人类生存对能源的高需求。能够预计，地球上还有很多尚未被人类发现的新能源。

1.2 新能源汽车的定义与分类

新能源汽车是指采用非常规的车用燃料作为动力来源（或使用常规的车用燃料、采用新型车载动力装置），综合车辆的动力控制和驱动方面的先进技术，形成的技术原理先进、具有新技术、新结构的汽车。非常规的车用燃料是指除汽油、柴油、天然气、液化石油气、乙醇汽油、甲醇等之外的燃料。

新能源汽车没有统一分类标准。目前，我国的新能源汽车主要包括纯电动汽车、增程式电动汽车、混合动力电动汽车和燃料电池电动汽车。

1. 纯电动汽车

纯电动汽车(Blade Electric Vehicles，BEV)是一种采用单一蓄电池作为储能动力源的汽车，如图1.4所示。它利用蓄电池作为储能动力源，通过储能装置向电动机提供电能，驱动电动机运转，从而推动汽车行驶。纯电动汽车的驱动能量完全由电能提供、由电动机驱动。电动机的驱动电能来源于车载可充电储能系统或其他能量储存装置。

【比亚迪宋纯电动汽车】

2. 增程式电动汽车

增程式电动汽车(Extended Range Electric Vehicles，EREV)是一种在纯电动模式下可以达到其所有的动力性能，而当车载可充电储能系统无法满足续驶里程要求时，可打开车载辅助供电装置为动力系统提供电能，以延长续航行驶里程的电动汽车，而且该车载辅助供电装置与驱动系统没有传动轴（带）等传动连接，如图1.5所

图1.4 纯电动汽车

示。它是介于纯电动汽车和混合动力电动汽车之间的一种过渡车型，具有纯电动汽车和混合动力电动汽车的特征，有人把它划分为纯电动汽车范畴，也有人把它划分为混合动力电动汽车范畴，认为它是一种插电式串联混合动力电动汽车，发动机为驱动电动机或锂电池组供电，不直接驱动电动机。

【商用增程式电动汽车】

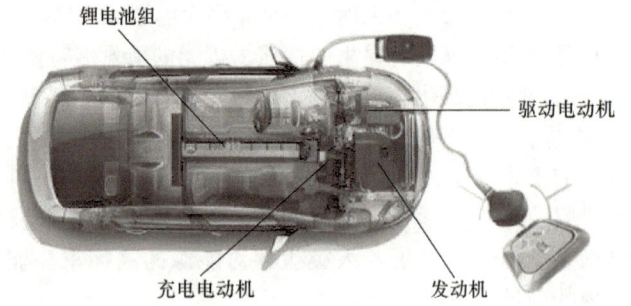

图 1.5　增程式电动汽车

3. 混合动力电动汽车

混合动力电动汽车（Hybrid Electric Vehicles，HEV）是指驱动系统由两个或多个能同时运转的单个驱动系统联合组成的汽车，汽车的行驶功率依据实际的汽车行驶状态由单个驱动系统单独或多个驱动系统共同提供。因各个组成部件、布置方式和控制策略的不同，混合动力电动汽车有多种形式。

混合动力电动汽车一般分为 常规混合动力电动汽车 和 插电式混合动力电动汽车（图 1.6）。我国把常规混合动力汽车划归于节能汽车，重点发展插电式混合动力电动汽车。

4. 燃料电池电动汽车

燃料电池电动汽车(Fuel Cell Electric Vehicles，FCEV)是以燃料电池系统作为单一动力源或者是以燃料电池系统与可充电储能系统作为混合动力源的电动汽车，如图 1.7 所示。以燃料电池系统作为单一动力源的电动汽车称为纯燃料电池电动汽车。以燃料电池系统与可充电储能系统作为混合动力源的电动汽车称为燃料电池混合动力电动汽车。

【大众插电式混合动力 SUV】

【上汽燃料电池 MPV】

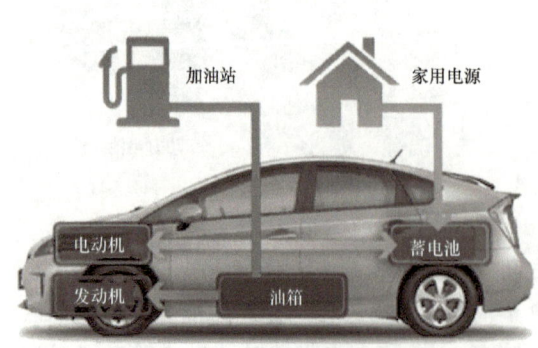

图 1.6　插电式混合动力电动汽车

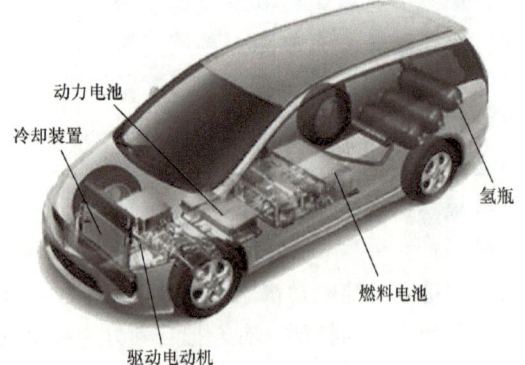

图 1.7　燃料电池电动汽车

燃料电池电动汽车实质上是纯电动汽车的一种。一般来说，燃料电池是通过电化学反应将化学能转换为电能，电化学反应所需的还原剂一般采用氢气，氧化剂则采用氧气，因此最早开发的燃料电池电动汽车多是直接采用氢燃料，氢气的储存可采用液化氢、压缩氢气或金属氢化物储氢等形式。

1.3 发展新能源汽车的必要性

1. 石油短缺

据英国石油公司（BP）发布的《世界能源统计年鉴2019》显示，截至2018年年底，全球已探明石油储量约为17297亿桶，按当前全球需求测算，可供开采使用50年。

从储量上看，最新世界排名前十名的国家或地区依次如下：委内瑞拉，3008.78亿桶；沙特阿拉伯，2664.55亿桶；加拿大，1697.09亿桶；伊朗，1584亿桶；伊拉克，1425.03亿桶；科威特，1015亿桶；阿拉伯联合酋长国，978亿桶；俄罗斯，800亿桶；利比亚，483.63亿桶；美国，392.3亿桶。中国，256.2亿桶，位于第十三位。

我国是一个石油消费大国。2018年，我国石油消费量达到6.51亿吨，1吨原油相当于7桶原油，也就是说我国平均每天的石油消费量就达到了1250万桶；石油进口量已经达到了4.62亿吨，对外依存度超过了70%。

石油在交通领域的消费逐年增长。据预测，到2020年交通用油占全球石油总消耗的62%以上。美国能源部预测，2020年以后，全球石油需求与常规石油供给之间将出现净缺口，2050年的供需缺口几乎相当于2000年世界石油总产量的两倍。

目前世界汽车保有量突破10亿辆，预计到2030年全球汽车保有量将突破20亿辆，主要增量来自发展中国家，其中中国增速全球第一。

我国汽车产销量逐年增加。2019年我国汽车产销量分别为2572.1万辆和2576.9万辆，连续十一年蝉联全球第一，继续成为世界第一大汽车生产大国和第一新车销售市场。

我国汽车保有量增加迅速。截至2011年8月底，我国汽车保有量突破1亿辆，居世界第二位。截至2019年年底，我国机动车保有量达到3.48亿辆，其中汽车保有量为2.6亿辆，由此带来的能源安全问题将更加突出。

汽车消费的快速增长导致石油消耗加速增长。我国机动车燃油消耗量约占全国总油耗的1/3以上，这也使得中国石油对外依存度每年都在不断攀升。据统计，目前汽车用汽柴油消费占全国汽柴油消费的比例约为55%，每年新增石油消费量的70%以上被新增汽车所消耗。

2. 环境污染

燃油汽车在行驶过程中会产生大量的有害气体，不但污染环境，还大大地影响人类健康。汽车尾气排放的主要污染物为一氧化碳、碳氢化合物、氮氧化物、铅、细微颗粒物及硫化物等。这些一次污染物还会通过大气化学反应生成光化学烟雾、酸沉降等二次污染物。据统计，全球大气污染42%源于交通车辆产生的污染。随着城市机动车数量的快速增长，机动车排气污染已成为城市大气污染的主要来源。一些城市中机动车排放的污染物对多项大气污染指标的贡献率已达到70%以上。机动车排放污染已对城市大气污染构成了严重威胁。

3. 气候变暖

能源的大量消耗带来温室气体排放问题。二氧化碳是全球最重要的温室气体，是造成气候变化的主要原因,而它主要来自化石燃料的燃烧。

许多科学家预测,人类在未来50~100年将完全进入一个变暖的世界。由于受到人类活动的影响,温室气体和硫化物气溶胶的浓度增加过快,未来100年全球平均地表温度将上升1.4~5.8℃,到2050年我国平均气温将上升2.2℃。

越来越多的证据表明,气候变暖是由于大气中聚集了大量温室气体(主要是二氧化碳),而人类活动是造成气候变暖的重要原因。

气候变化风险加剧,交通领域二氧化碳排放成为关注重点。据国际能源署(International Energy Agency,IEA)估计,1990年汽车二氧化碳总排放量为29亿吨,到2020年将增加到60亿吨。汽车对地球环境影响巨大。

在能源和环保的压力下,新能源汽车无疑成为未来汽车的发展方向。一些国家已经发布禁售燃油汽车的时间表,荷兰和挪威将从2025年开始禁售燃油汽车,印度和德国将从2030年开始禁售燃油汽车,法国将从2040年开始禁售燃油汽车。

1.4 新能源汽车技术路线

2020年,我国颁布了《节能与新能源汽车技术路线图2.0》。

1. 发展愿景

(1) 重点突出以人工智能、云计算为代表的新技术和以数字经济、智能经济为代表的新业态,推动汽车产业全面变革;综合考虑逆全球化倾向对全球产业布局、我国产业安全带来的深刻影响。

(2) "汽车+"深度融合发展、构建新型产业生态、保障产业安全和可持续竞争力将成为未来10~15年产业发展的新趋势、新要求。

汽车的发展愿景如图1.8所示。

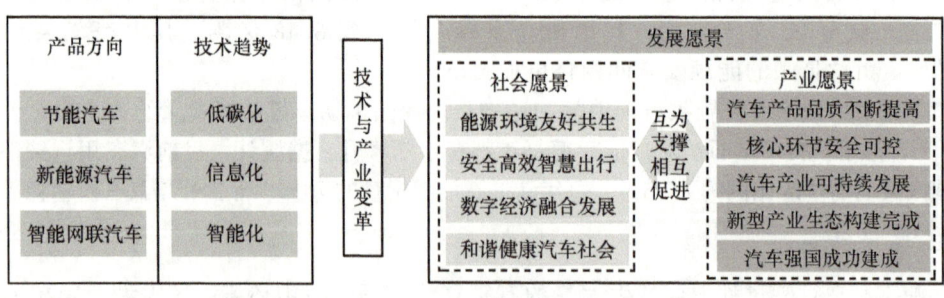

图1.8 汽车的发展愿景

2. 总体目标

我国汽车技术面向2035年具有以下六大总体目标。

(1) 汽车产业碳排放总量先于国家碳减排承诺于2028年左右提前达到峰值,到2035年排放总量较峰值下降20%以上。

(2) 新能源汽车逐渐成为主流产品,汽车产业实现电动化转型。

(3) 中国方案智能网联汽车技术体系基本成熟,产品大规模应用。

(4) 关键核心技术自主化水平显著提升，形成协同效应、安全可控的产业链。

(5) 建立汽车智慧出行体系，形成汽车、交通、能源、城市深度融合生态。

(6) 技术创新体系优化完善，原始创新水平具备全球引领能力。

3. 主要里程碑

(1) 至2025年。乘用车（含新能源汽车）新车油耗达到4.6L/100km（WLTC工况），货车油耗较2019年降低8%以上，客车油耗较2019年降低10%以上；传统能源乘用车新车平均油耗5.6L/100km（WLTC工况），混合动力新车占传统能源乘用车的50%以上；新能源汽车占总销量的20%左右；氢燃料电池汽车保有量达到10万辆左右；PA/CA（部分自动驾驶/有条件自动驾驶）级智能网联汽车占汽车年销量的50%以上，HA（高度自动驾驶）级汽车开始进入市场，C-V2X终端新车装备率达50%。

(2) 至2030年。乘用车（含新能源汽车）新车油耗达到3.2L/100km（WLTC工况），货车油耗较2019年降低10%以上，客车油耗较2019年降低15%以上；传统能源乘用车新车平均油耗4.8L/100km（WLTC工况），混合动力新车占传统能源乘用车的75%以上；新能源汽车占总销量的40%左右；氢燃料电池汽车保有量达到100万辆左右；PA/CA级智能网联汽车占汽车年销量的70%以上，HA级汽车占汽车年销量的20%以上，C-V2X终端新车装备基本普及。

(3) 至2035年。乘用车（含新能源汽车）新车油耗达到2.0L/100km（WLTC工况），货车油耗较2019年降低15%以上，客车油耗较2019年降低20%以上；传统能源乘用车新车平均油耗4.0L/100km（WLTC工况），混合动力新车占传统能源乘用车的100%；新能源汽车成为主流，占总销量的50%以上；氢燃料电池汽车保有量达到100万辆左右；各类网联式高度自动驾驶车辆广泛运行于中国广大地区，中国方案智能网联汽车与智慧能源、智慧交通、智慧城市深度融合。

4. 技术路线图

围绕产业总体与节能汽车、纯电动与插电式混合动力汽车、燃料电池汽车、智能网联汽车、动力电池、电驱动总成、充电基础设施、轻量化、智能制造与关键装备等九大分技术领域开展研究，制定"1+9"技术路线图，如图1.9所示。

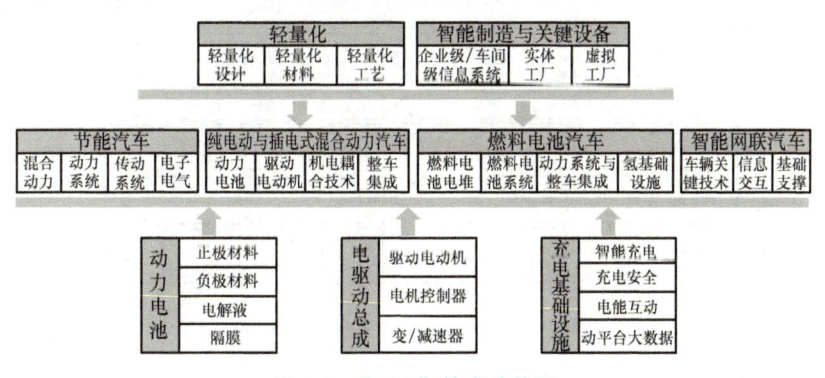

图1.9 "1+9"技术路线图

5. 重点领域技术路线图

节能汽车技术路线图如图1.10所示。

	2025年	2030年	2035年
总体目标	传统能源乘用车油耗 5.6L/100km(WLTC)	传统能源乘用车油耗 4.8L/100km(WLTC)	传统能源乘用车油耗 4L/100km(WLTC)
总体目标	货车油耗较2019年降低 8%～10%	货车油耗较2019年降低 10%～15%	货车油耗较2019年降低 15%～20%
总体目标	客车油耗较2019年降低 10%～15%	客车油耗较2019年降低 15%～20%	客车油耗较2019年降低 20%～25%
混合动力乘用车	混合动力乘用车油耗 5.3L/100km(WLTC)	混合动力乘用车油耗 4.5L/100km(WLTC)	混合动力乘用车油耗 4L/100km(WLTC)
混合动力乘用车	混合动力新车占传统能源乘用车的50%～60%	混合动力新车占传统能源乘用车的75%～85%	混合动力新车占传统能源乘用车的100%

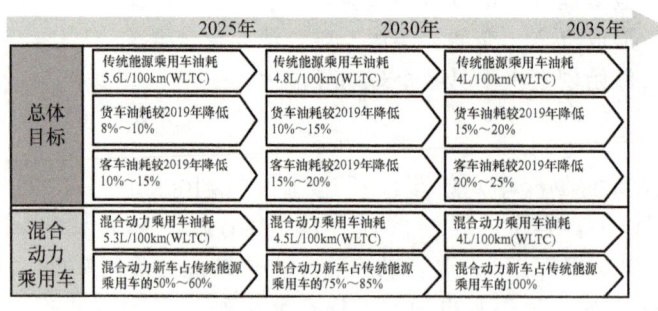

图 1.10　节能汽车技术路线图

2035 年，形成自主、完整的产业链，自主品牌纯电动与插电式混合动力汽车产品技术水平和国际同步，新能源汽车占汽车总销量的 50％以上，其中纯电动汽车占新能源汽车的 95％以上。在纯电动汽车领域，实现纯电动技术在家庭用车、公务用车、出租车、租赁服务用车及短途商用车等领域的推广应用。纯电动与插电式混合动力汽车技术路线图如图 1.11 所示。

		2025年	2030年	2035年
总体目标	产业链	形成自主可控完整的新能源汽车产业链	进一步完善新能源汽车自主产业链	成熟、健康、绿色的新能源汽车自主产业链
总体目标	销量	BEV和PHEV年销量占汽车总销量的15%～25%	BEV和PHEV年销量占汽车总销量的30%～40%	BEV和PHEV年销量占汽车总销量的50%～60%
总体目标	销量	BEV占新能源汽车销量的90%以上	BEV占新能源汽车销量的93%以上	BEV占新能源汽车销量的95%以上
总体目标	安全	新能源汽车的起火事故率小于0.5次/万辆	新能源汽车的起火事故率小于0.1次/万辆	新能源汽车的起火事故率小于0.01次/万辆
总体目标	质量	新能源新车购买一年内行业百车故障率平均值降至小于140个	新能源新车购买一年内行业百车故障率平均值降至小于120个	新能源新车购买一年内行业百车故障率平均值降至小于100个

图 1.11　纯电动与插电式混合动力汽车技术路线图

燃料电池电动汽车将发展氢燃料电池商用车作为整个氢能燃料电池行业的突破口，以客车和城市物流车为切入领域，重点在可再生能源制氢和工业副产氢丰富的区域推广中大型客车、物流车，逐步推广至载重量大、长距离的中重卡牵引车、港口拖车及乘用车等。2030—2035 年，实现氢能及燃料电池电动汽车的大规模推广应用，燃料电池电动汽车保有量达到 100 万辆左右；完全掌握燃料电池核心关键技术，建立完备的燃料电池材料、部件、系统的装备与生产产业链。燃料电池电动汽车技术路线图如图 1.12 所示。

2025年　2030年　2035年

总体目标		基于现有储运加注技术，各城市因地制宜，经济辐射半径150km左右；运行车辆10万辆左右	突破新一代储运技术，突破加氢站数量瓶颈，城市间联网跨域运行，保有量100万辆左右
总体目标		燃料电池系统产能超过1万套/企业	燃料电池系统产能超过10万套/企业
氢能燃料电池汽车	功能要求	冷起动温度达到-40℃，提高燃料电池功率，整车成本达到混合动力汽车的水平	冷起动温度达到-40℃，燃料电池商用车动力性、经济性及成本需达到燃油车水平
氢能燃料电池汽车	商用车	续航里程≥500km 客车经济性≤5.5kg/100km 寿命≥40万千米，成本≤100万元	续航里程≥800km 重卡经济性≤10kg/100km 寿命≥100万千米，成本≤50万元
氢能燃料电池汽车	乘用车	续航里程≥650km 经济性≤1.0kg/100km 寿命≥25万千米，成本≤30万元	续航里程≥800km 经济性≤0.8kg/100km 寿命≥30万千米，成本≤20万元

图 1.12　燃料电池汽车技术路线图

动力电池涵盖能量型、能量功率兼顾型和功率型三大技术类别，涵盖乘用车和商用车两大应用领域，面向普及型、商用型和高端型三类应用场景，实现动力电池单体、系统集成、新体系动力电池、关键材料、制造技术及关键装备、测试评价、梯次利用及回收利用等产业链条全覆盖。动力电池技术路线图如图 1.13 所示。

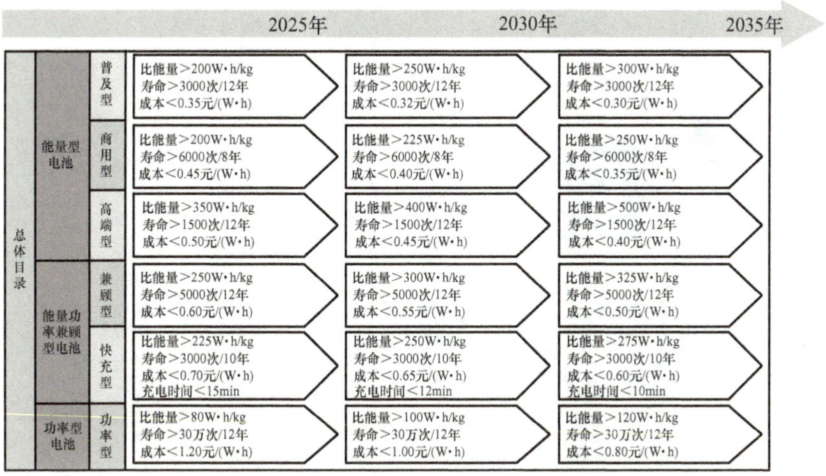

图 1.13 动力电池技术路线图

电驱动系统是以纯电驱动总成、插电式机电耦合总成总成、商用车动力总成、轮毂、轮边电机总成为重点，以基础核心零部件/元器件国产化为支撑，提升我国电驱动总成集成度与性能水平，至2035年，电驱动系统产品总体达到国际先进水平。电驱动系统技术路线图如图1.14所示。

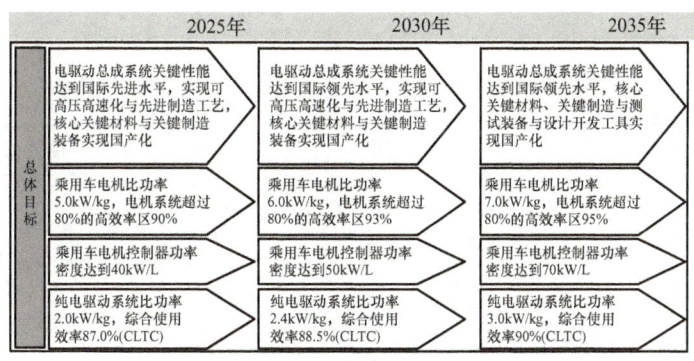

图 1.14 电驱动系统技术路线图

1. 什么是能源？能源如何分类？
2. 什么是新能源汽车？新能源汽车主要包括哪些类型？
3. 为什么要大力发展新能源汽车？
4. 我国新能源汽车技术路线是什么？

第 2 章
新能源汽车类型

教学目标

通过本章的学习,要求读者能够掌握纯电动汽车、增程式电动汽车、混合动力电动汽车和燃料电池电动汽车的类型、结构、原理和特点等。

教学要求

知识要点	能力要求	相关知识
纯电动汽车	掌握纯电动汽车的结构、原理、驱动系统布置形式和特点,了解技术条件、关键技术和主要车型特点	纯电动汽车的结构、原理、驱动系统布置形式和特点
增程式电动汽车	掌握增程式电动汽车的结构、原理和特点,了解增程器的类型和主要车型特点	增程式电动汽车的结构、原理、传动系统布置形式和特点
混合动力电动汽车	掌握混合动力电动汽车的分类、结构、原理和特点,了解动力耦合类型、关键技术和主要车型特点	混合动力电动汽车的结构、原理、动力耦合类型和特点
燃料电池电动汽车	掌握燃料电池电动汽车的类型、结构、原理和特点,了解关键技术和主要车型特点	燃料电池电动汽车的结构、原理、关键技术和特点

导入案例

2018年，我国新能源汽车产销量分别完成127万辆和125.6万辆，比2017年同期分别增长59.9%和61.7%。其中纯电动汽车产销量分别完成98.6万辆和98.4万辆，比2017年同期分别增长47.9%和50.8%；插电式混合动力电动汽车产销量分别完成28.3万辆和27.1万辆，比2017年同期分别增长122%和118%；燃料电池电动汽车产销量完成1527辆。2019年全年中国实现新能源汽车销量120.6万辆，同比下降4%，为近几年来首次出现下滑，主要原因是2019年乘用车补贴较2018年下降60%~70%，受补贴政策影响，市场进入增速换挡调整期。图2.1为2013—2019年新能源汽车销量及增长率。

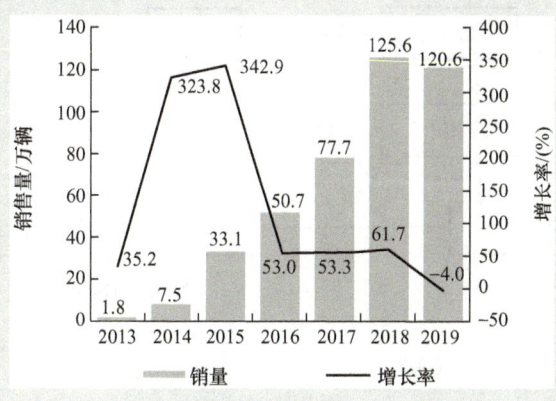

图 2.1 2013—2019年新能源汽车销量及增长率

新能源汽车包括哪些主要类型？其基本结构与原理怎样？通过本章的学习，读者可以得到答案。

石油短缺、环境污染、气候变暖是全球汽车产业面对的共同挑战，发展新能源汽车已成为共识，新能源汽车已经成为21世纪汽车工业发展的热点。

2.1 纯电动汽车

纯电动汽车是指由电动机驱动的汽车，电动机的驱动电能来源于车载可充电蓄电池或其他能量储存装置。纯电动汽车的电动机相当于内燃机汽车的发动机，蓄电池或其他能量储存装置相当于内燃机汽车油箱中的燃料。

2.1.1 纯电动汽车的结构原理

内燃机汽车主要由发动机、底盘、车身和电器设备四大部分组成。发动机把燃料燃烧产生的热能转换为机械能，再通过底盘上的传动机构，将动力传给驱动车轮，使汽车行驶。纯电动汽车与内燃机汽车相比，取消了发动机，底盘上的传动机构发生了改变，根据驱动方式不同，有些部件已被简化或省去；增加了电源系统和驱动电动机系统等。

典型纯电动汽车结构框图如图2.2所示。**纯电动汽车主要由电源系统、驱动电动机系统、整车控制器和辅助系统等组成。**动力蓄电池输出电能，通过电动机控制器驱动电动机运转产生动力，再通过底盘上的传动机构，将动力传给驱动车轮，使电动汽车行驶。

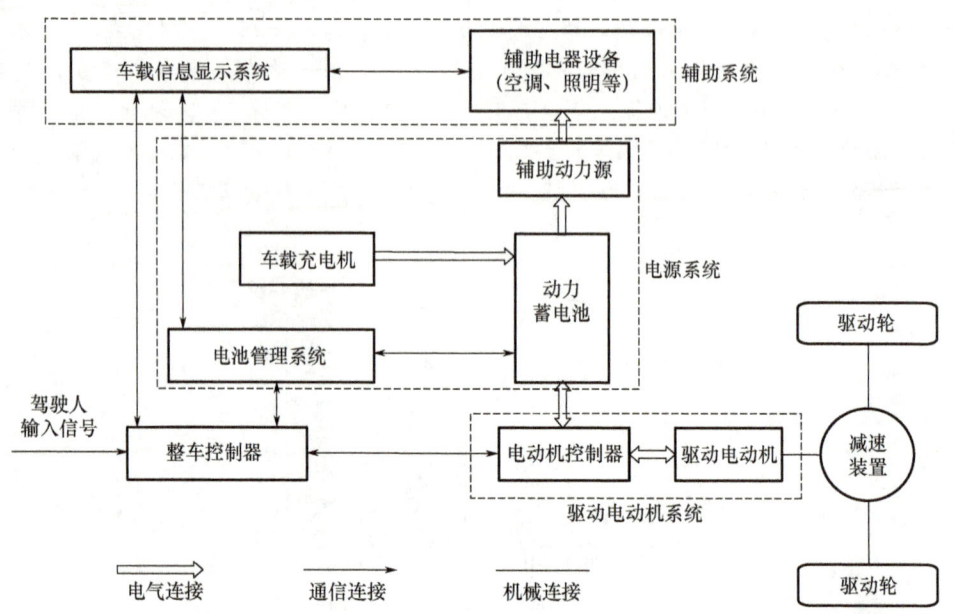

图2.2 典型纯电动汽车结构框图

1. 电源系统

电源系统主要包括动力蓄电池、电池管理系统、车载充电机及辅助动力源等。动力蓄电池是电动汽车的动力源，是能量的存储装置，也是目前制约电动汽车发展的关键因素。要使电动汽车能与内燃机汽车相竞争，关键是开发出比能量高、比功率大、使用寿命长、成本低的动力蓄电池。电池管理系统实时监控动力蓄电池的使用情况，对动力蓄电池的端电压、内阻、温度、电解液浓度、当前电池剩余电量、放电时间、放电电流或放电深度等动力蓄电池状态参数进行检测；并按动力蓄电池对环境温度的要求进行调温控制；通过限流控制避免动力蓄电池过充电、过放电；对有关参数进行显示和报警，其信号流向辅助系统的车载信息显示系统，以便驾驶人随时掌握并配合其操作，按需要及时对动力蓄电池充电并进行维护保养。车载充电机是把电网供电制式转变为对动力蓄电池充电要求的制式，即把交流电转变为相应电压的直流电，并按要求控制其充电电流。辅助动力源是供给电动汽车其他各种辅助装置所需的动力电源，一般为12V或24V的直流低压电源，主要给动力转向、制动力调节控制、照明、空调、电动窗门等各种辅助装置提供所需的能源。

【电动汽车三电系统】

2. 驱动电动机系统

驱动电动机系统主要包括电动机控制器和驱动电动机。电动机控制器是按整车控制器的指令、驱动电动机的转速和电流反馈信号等，对驱动电动机的转速、转矩和旋转方向进行控制；驱动电动机在纯电动汽车中承担着电动机和发电机的双重功能，即在正常行驶时发挥其主要的电动机功能，将电能转换为机械旋转能；而在减速和下坡滑行时进行发电，将车轮的惯性动能转换为电能。

3. 整车控制器

整车控制器根据驾驶人输入的加速踏板和制动踏板的信号，向电动机控制器发出相应的控制指令，对电动机进行起动、加速、减速、制动控制。在纯电动汽车减速和下坡滑行时，整车控制器配合电源系统的电池管理系统进行发电回馈，使动力蓄电池反向充电。对于与汽车行驶状况有关的速度、功率、电压、电流及有关故障诊断等信息还需传输到车载信息显示系统进行相应的数字或模拟显示。

4. 辅助系统

辅助系统包括车载信息显示系统、动力转向系统、导航系统、空调、照明、除霜装置、刮水器和收音机等。这些辅助设备可以提高汽车的可操纵性和乘员的舒适性。

2.1.2 纯电动汽车驱动系统的布置形式

纯电动汽车驱动系统的布置形式是指驱动轮数量、位置及驱动电动机系统布置的形式。电动汽车的驱动系统是电动汽车的核心部分，其性能决定着电动汽车的运行性能。电动汽车的驱动系统布置取决于电动机的驱动方式，可以有多种形式。

1. 后轮驱动形式

后轮驱动形式是传统的布置形式，有利于车轴负荷分配均匀，汽车操纵稳定性、行驶平顺性比较好，适合中高级电动轿车和各种类型电动客货车。

后轮驱动形式主要有以下几种。

（1）**传统后轮驱动布置形式。** 传统后轮驱动布置形式如图 2.3 所示。此种布置形式与传统内燃机汽车的后轮驱动布置形式基本一致，带有变速器、离合器和传动轴，驱动桥与内燃机汽车驱动桥一样，只是将发动机换成电动机。变速器通常有 2～3 个挡位，可以提高电动汽车的起动转矩，增加低速时电动汽车的后备功率，一般用于改造型电动汽车。

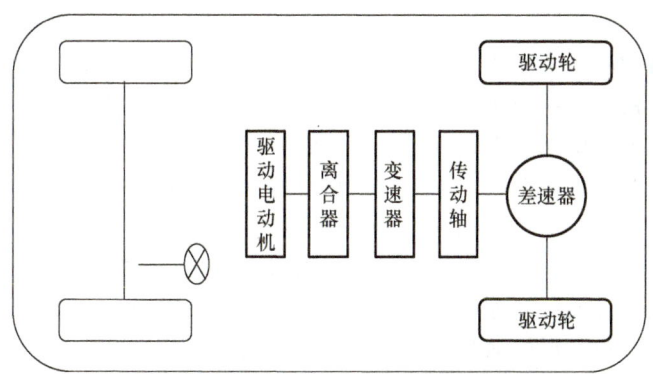

图 2.3　传统后轮驱动布置形式

（2）**电动机-驱动桥组合后轮驱动布置形式。** 电动机-驱动桥组合后轮驱动布置形式如

图2.4所示。此种布置形式取消了离合器、变速器和传动轴,但具有减速差速机构,把驱动电动机、固定速比的减速器和差速器集成为一个整体,通过两个半轴来驱动车轮。此种布置形式的整个传动长度比较短,传动装置体积小,占用空间小,容易布置,可以进一步降低整车质量;但对电动机的要求较高,不仅要求电动机具有较高的起动转矩,而且要求具有较大的后备功率,以保证电动汽车的起动、爬坡、加速超车等动力性。一般低速电动汽车采用这种布置形式。

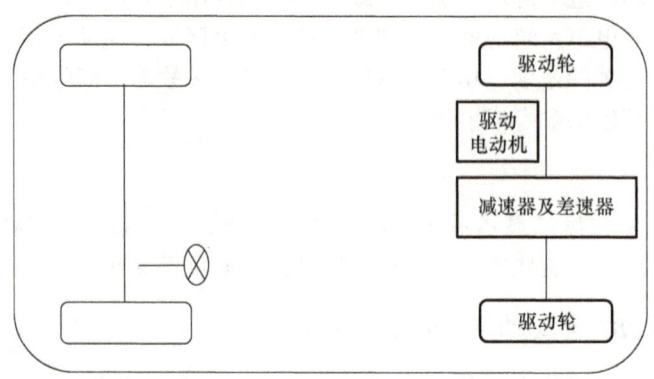

图2.4 电动机-驱动桥组合后轮驱动布置形式

电动机-驱动桥组合后轮驱动布置形式采用的驱动桥与内燃机汽车的驱动桥不同,需要电动汽车专用驱动桥,如图2.5所示。

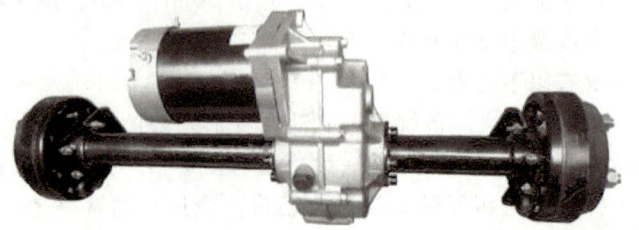

图2.5 电动汽车专用驱动桥

(3)**电动机-变速器一体化后轮驱动布置形式**。电动机-变速器一体化后轮驱动布置形式如图2.6所示。相比单一的电动机驱动系统,一体化系统可以综合协调控制电动机和变速器,最大程度改善电动机输出动力特性,增大电动机转矩输出范围,在提升电动汽车的动力性的同时,使电动机最大限度地工作在高效经济区域内。变速器一般采用二挡自动变速器。

(4)**双电动机整体后轮驱动布置形式**。双电动机整体后轮驱动布置形式如图2.7所示。此种布置形式的最大特点是取消了机械式差速器,采用两个电动机,通过固定的减速器,分别驱动两个车轮,每个电动机的转速可以独立地调节控制,通过电子差速器来解决左右半轴的差速问题。此种布置形式使得电动汽车更加灵活,在复杂的路况上可以获得更好的整车动力性能。由于采用电子差速器,传动系统体积进一步减小,节省了空间,质量也进一步减轻,提高了传动效率。但是,这种传动方式同样对电动机有较高的要求:要有大的起动转矩和后备功率；不仅要求控制系统有较高的控制精度，而且要具备良好的可靠性，从而保证电动汽车行驶的安全及平稳。

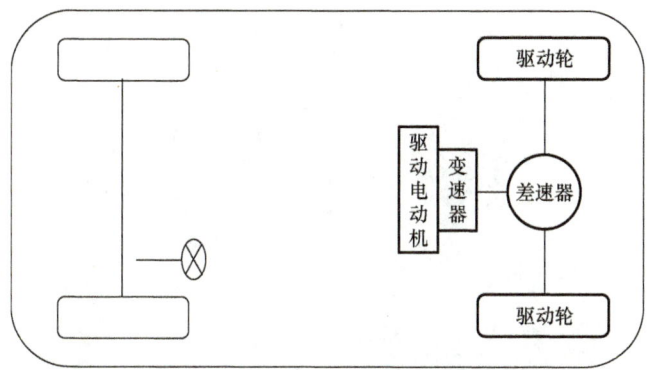

图 2.6　电动机-变速器一体化后轮驱动布置形式

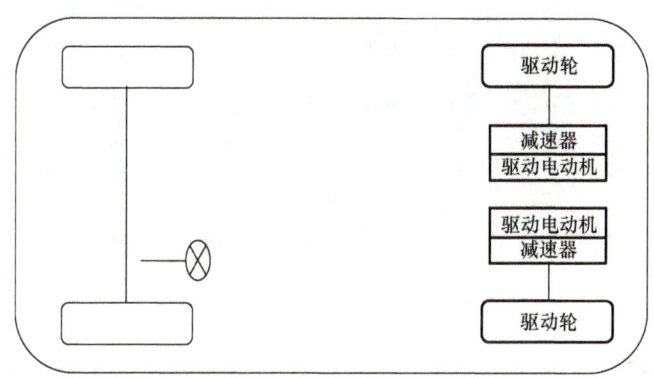

图 2.7　双电动机整体后轮驱动布置形式

（5）**轮边电动机后轮驱动布置形式**。轮边电动机后轮驱动布置形式如图 2.8 所示，轮边电动机与减速器集成后融入驱动桥，采用刚性连接，减少高压电器数量和动力传输线路长度；优化后的驱动系统可降低车身高度、提高承载量、提升有效空间。

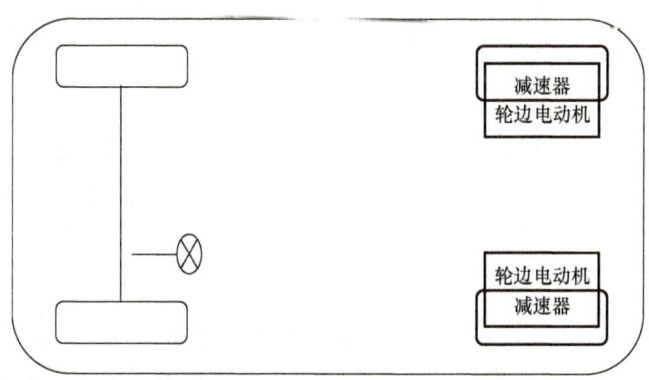

图 2.8　轮边电动机后轮驱动布置形式

轮边电动机后轮驱动布置形式可用于电动客车。图2.9所示为某电动客车采用的轮边电动机后轮驱动桥实物。

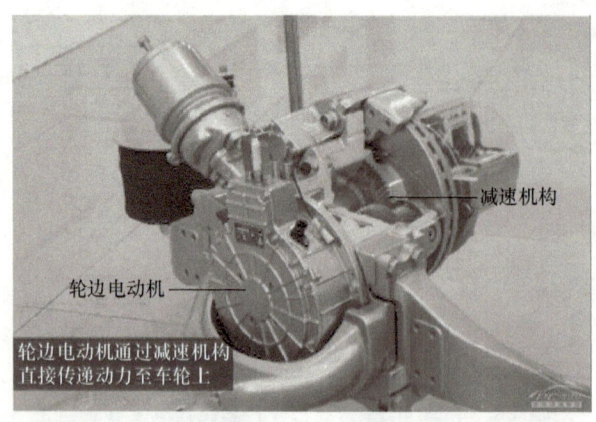

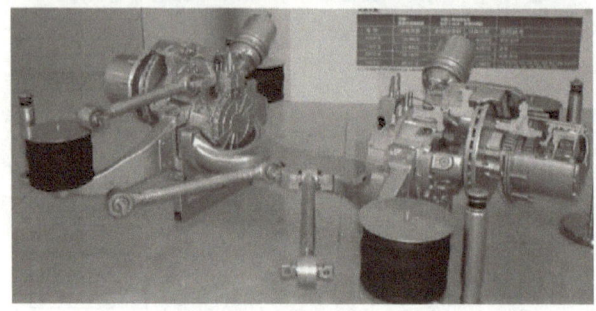

图2.9 某电动客车采用的轮边电动机后轮驱动桥实物

(6) **轮毂电动机后轮驱动布置形式**。轮毂电动机后轮驱动布置形式如图2.10所示，轮毂电动机直接安装在车轮上，此时，轮毂是电动机的转子，羊角轴承座是定子。

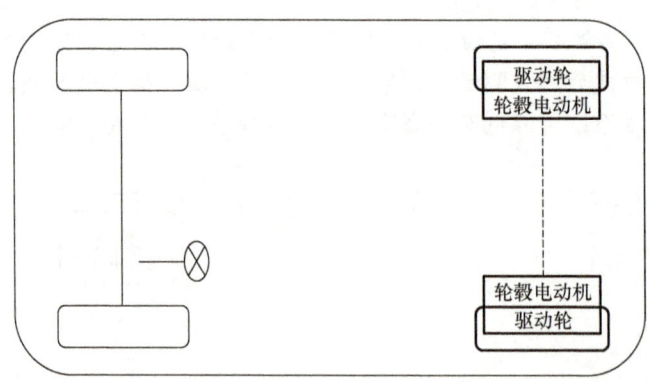

图2.10 轮毂电动机后轮驱动布置形式

图2.11所示为轮毂电动机后轮驱动纯电动汽车。轮毂电动机后轮驱动布置形式大大减少了零部件数量，减小了动力系统的体积，使车辆的动力系统变得更加简单，大大提高了车内空间的实用性和利用率。每个车轮有独立轮毂电动机的纯电动汽车与一般纯电动汽

车相比，省掉了传动半轴和差速器等装置，节省了大量空间，传动效率更高。动力蓄电池布置在传统的发动机舱中，而逆变器、辅助电池、充电机等布置在车尾附近，根据实际需要，未来可以在车辆上灵活地布置电池组的位置。另外，在满足目前空间需求的前提下，未来使用轮毂电动机驱动的车辆，其体积可以变得更加小巧，这将改善城市的拥堵和停车等问题。同时，独立的轮毂电动机在驱动车辆方面灵活性更高，能够实现传统车辆难以实现的功能或驾驶特性。

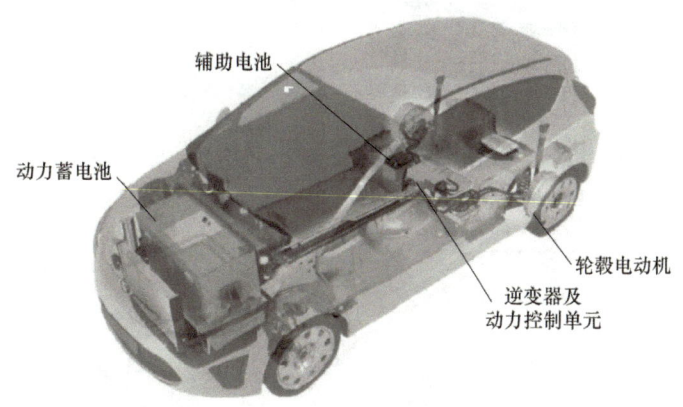

图 2.11 轮毂电动机后轮驱动纯电动汽车

轮边电动机后轮驱动布置形式和轮毂电动机后轮驱动布置形式，理论上可以实现任何一种驱动形式，但由于成本过高，目前还没有厂家推出量产车，更多的是作为试验车或改装车存在。

2. 前轮驱动形式

前轮驱动纯电动汽车结构紧凑，有利于其他总成的安排，在转向和加速时行驶稳定性较好；前轮驱动兼转向，结构复杂，上坡时前轮附着力减小，易打滑；适合于中级及中级以下的电动轿车。

前轮驱动形式主要有以下几种。

（1）**电动机-驱动桥组合前轮驱动布置形式**。电动机-驱动桥组合前轮驱动布置形式如图 2.12 所示。

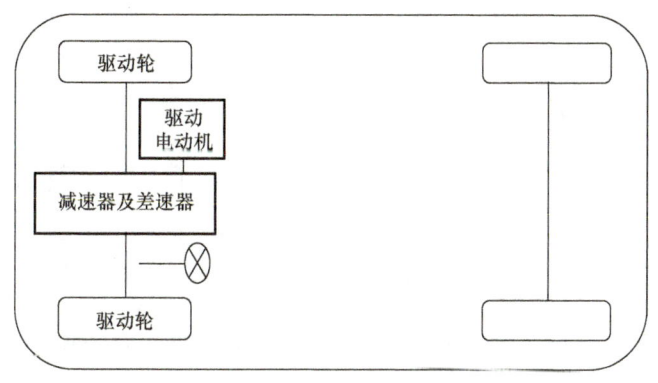

图 2.12 电动机-驱动桥组合前轮驱动布置形式

电动机-驱动桥组合前轮驱动布置形式需要电动汽车专用前轮驱动转向桥,如图 2.13 所示。

图 2.13　电动汽车专用前轮驱动转向桥

(2) 电动机-变速器一体化前轮驱动布置形式。电动机-变速器一体化前轮驱动布置形式如图 2.14 所示。

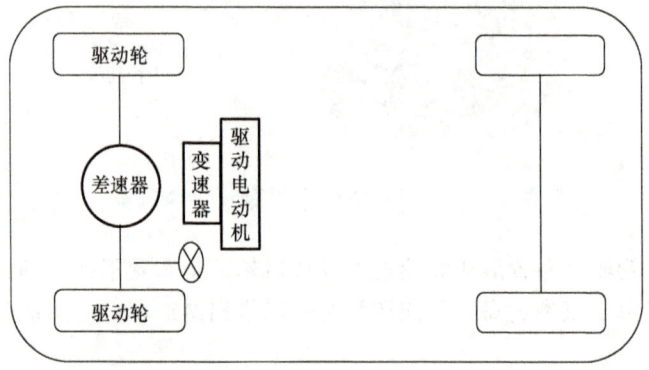

图 2.14　电动机-变速器一体化前轮驱动布置形式

(3) 双电动机整体前轮驱动布置形式。双电动机整体前轮驱动布置形式如图 2.15 所示。

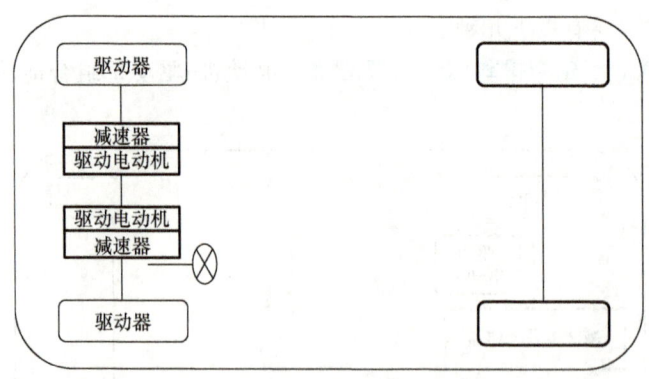

图 2.15　双电动机整体前轮驱动布置形式

(4) 轮边电动机前轮驱动布置形式。轮边电动机前轮驱动布置形式如图 2.16 所示。

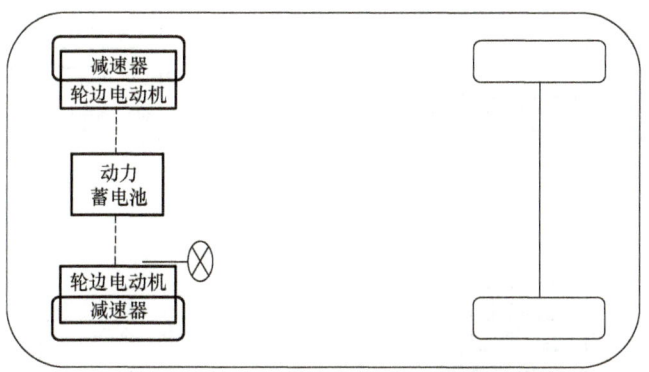

图 2.16 轮边电动机前轮驱动布置形式

（5）**轮毂电动机前轮驱动布置形式**。轮毂电动机前轮驱动布置形式如图 2.17 所示。

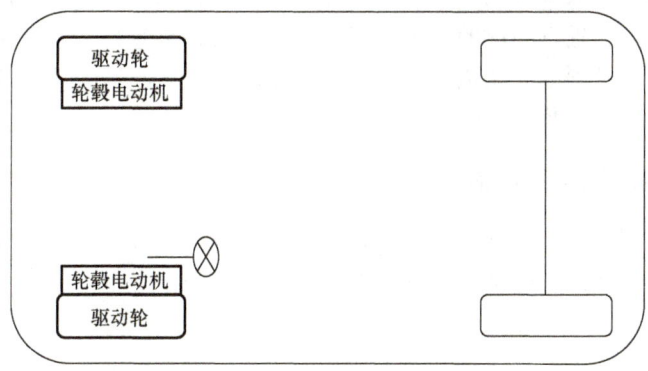

图 2.17 轮毂电动机前轮驱动布置形式

3. 四轮驱动形式

四轮驱动形式适合要求动力性强的电动轿车或城市 SUV，与四轮驱动内燃机汽车相比，能够取消部分传动零件，提高空间的利用率和动力的传递效率。

四轮驱动形式主要采用轮边电动机或轮毂电动机形式。轮边电动机四轮驱动布置形式如图 2.18 所示，轮毂电动机四轮驱动布置形式如图 2.19 所示。

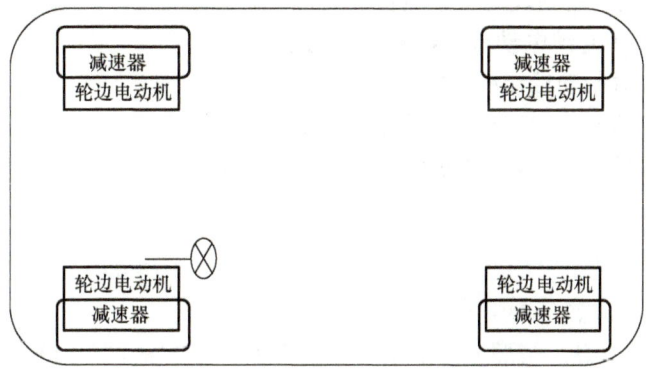

图 2.18 轮边电动机四轮驱动布置形式

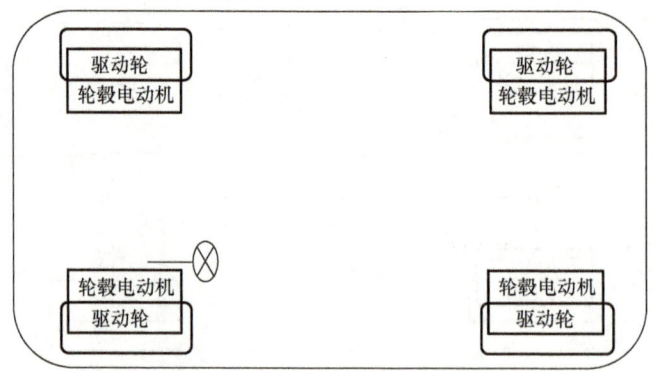

图 2.19 轮毂电动机四轮驱动布置形式

四轮电动机驱动可以极大地节省空间,并且每个车轮都是一个独立的动力单元,因此能够实现对每一个车轮进行精准的转矩分配,反应更快、更直接,效率更高,这是目前传统四轮驱动汽车无法做到的。轮边电动机驱动和轮毂电动机驱动布置形式是纯电动汽车驱动系统布置形式的发展趋势。

2.1.3 纯电动汽车的技术条件

纯电动汽车主要以纯电动乘用车为主,GB/T 28382—2012《纯电动乘用车 技术条件》规定了座位数在 5 座及以下的纯电动乘用车的技术要求如下。

1. 质量分配

车辆的电机及动力蓄电池系统应合理布置,质量分布均衡;车辆的动力蓄电池(包含电池箱及箱内部件)总质量与整车整备质量的比值,不宜大于 30%。

2. 行李舱容积

车辆应具有适宜的行李舱容积。对于 4 座及 5 座车辆,按 GB/T 19514,行李舱容积不宜小于 $0.3m^3$。

3. 安全要求

车辆的特殊安全、制动性能、乘员保护等应符合以下要求。
(1) GB/T 18384 对纯电动汽车特殊安全的规定。
(2) GB 21670 对制动性能的规定。
(3) GB 11551 和 GB 20071 对乘员保护的规定。
(4) 车辆在设计时应考虑车辆起动、车速低于 20km/h 时,能够给车外人员发出适当的提示性声响。

4. 动力性能要求

车辆的动力性能应满足以下要求。
(1) **30min 最高车速**。按照 GB/T 18385 规定的试验方法测量 30min 最高车速,其值应不低于 80km/h。

(2) 加速性能。按照 GB/T 18385 规定的试验方法测量车辆 0～50km/h 和 50～80km/h 的加速性能，其加速时间应分别不超过 10s 和 15s。

(3) 爬坡性能。按照 GB/T 18385 规定的试验方法，测量车辆爬坡车速和最大爬坡度，应符合：车辆通过 4% 坡度的爬坡车速不低于 60km/h，车辆通过 12% 坡度的爬坡车速不低于 30km/h，车辆最大爬坡度不低于 20%。

5. 低温起动性能要求

车辆在 −20℃±2℃ 的试验环境温度下，浸车 8h 后，应能正常起动、行驶。

6. 续驶里程

按照 GB/T 18386 测量工况法续驶里程，其值应大于 80km。

7. 操纵稳定性

按照 QC/T 480 进行操纵稳定性试验，其指标应满足 QC/T 480 的要求。

8. 可靠性要求

车辆的可靠性应满足以下要求。

(1) 里程分配。可靠性行驶试验的总里程为 15000km，其中强化坏路 2000km，平坦公路 6000km，高速公路 2000km，工况行驶 5000km（工况按照 GB/T 19750）；可靠性行驶试验前的动力性能试验里程，以及各试验间的行驶里程等可计入可靠性试验里程。

(2) 故障。整个可靠性试验过程中，整车控制器及总线系统、动力蓄电池及管理系统、电机及电机控制器、车载充电系统（如果有）等系统和设备不应出现危及人身安全、引起主要总成报废，对周围环境造成严重危害的故障（致命故障）；也不应出现影响行车安全、引起主要零部件和总成严重损坏或用易损备件和随车工具不能在短时间内排除的故障（严重故障）。其他系统和零部件参照相关标准的要求。

(3) 车辆维护。车辆的正常维护和充电应按照车辆制造厂的规定；整个行驶试验期间，不应更换动力系统的关键部件，如电机及其控制器、动力蓄电池及管理系统、车载充电系统（如果有）等。

(4) 性能复试。可靠性试验结束后，进行 30min 最高车速、续驶里程复试。其 30min 最高车速复测值应不低于初始所测值的 80%，且应不低于 70km/h；工况法续驶里程复测值应不低于初始所测值的 80%，并且应不低于 70km。

9. 车辆上安装的动力蓄电池的要求

车辆上安装的动力蓄电池应满足以下要求。

(1) 一般要求。动力蓄电池根据其类型，应符合 QC/T 742、QC/T 743 或 QC/T 744 的要求。

(2) 低温容量。在环境温度 −20℃ 时，动力蓄电池模块容量与常温下的容量比应不小于 70%；动力蓄电池根据其类型，试验方法按照 QC/T 742、QC/T 743 或 QC/T 744 中相应的条款。

2.1.4 纯电动汽车的特点

1. 纯电动汽车的优点

纯电动汽车与内燃机汽车相比，具有以下优点。

（1）**零排放**。纯电动汽车使用电能，在行驶中无废气排出，不污染环境。

（2）**能源效率高**。纯电动汽车的能源效率已超过内燃机汽车，特别是在城市中运行，汽车走走停停，行驶速度不高，纯电动汽车更加适宜。纯电动汽车停止时不消耗电量，在制动过程中，电动机可自动转化为发电机，实现制动减速时能量的再利用。

（3）**结构简单**。因纯电动汽车使用单一的电能源，省去了发动机、变速器、油箱、冷却系统和排气系统等，所以结构较简单。

（4）**噪声低**。纯电动汽车无内燃机产生的噪声，电动机噪声也较内燃机小。

（5）**节约能源**。纯电动汽车的应用可有效地降低人类对石油资源的依赖，可将有限的石油资源用于更重要的方面。向蓄电池充电的电能可以由煤炭、天然气、水能、核能、太阳能、风能、潮汐能等能源转化。除此之外，如果夜间向蓄电池充电，还可以避开用电高峰，有利于电网均衡负荷，减少费用。

2. 纯电动汽车的缺点

纯电动汽车与内燃机汽车相比，具有以下缺点。

（1）**续驶里程较短**。目前纯电动汽车技术尚不如内燃机汽车技术完善，尤其是动力蓄电池的寿命短，使用成本高，储能量小，一次充电后续驶里程较短。绝大多数纯电动汽车的实际续驶里程在 200km 左右。纯电动乘用车续驶里程的发展目标是：2020 年达到 300km，2025 年达到 400km，2030 年达到 500km。

（2）**成本高**。目前，纯电动汽车主要采用锂离子蓄电池，成本较高。

（3）**安全性**。安全性有待进一步提高。

（4）**配套不完善**。纯电动汽车的使用还远不如内燃机汽车使用方便，还要加大配套基础设施的建设。

随着纯电动汽车技术的突破，特别是动力蓄电池容量和循环寿命的提高，以及价格的降低，纯电动汽车的推广使用一定会得到大的发展。

2.1.5 纯电动汽车的关键技术

发展纯电动汽车必须解决好 4 个方面的关键技术：电池及管理技术、电动机及控制技术、整车控制技术及整车轻量化技术。

1. 电池及管理技术

电池是电动汽车的动力源，也是一直制约电动汽车发展的关键因素。要使纯电动汽车能与内燃机汽车相竞争，关键就是要开发出比能量高、比功率大、使用寿命长、成本低的高效电池。但目前还没有任何一种电池能达到纯电动汽车普及的要求。

电池组性能直接影响整车的加速性能、续驶里程及制动能量回收的效率等。电池的成本和循环寿命直接影响车辆的成本及可靠性，所有影响电池性能的参数必须得到优化。纯电动汽车的电池在使用中发热量很大，电池温度影响电池的电化学系统的运行、循环寿命和充电可接受性、功率、能量、安全性和可靠性等。所以，为了发挥最佳的性能和寿命，需将电池组的温度控制在一定范围内，减小电池组内不均匀的温度分布以避免模块间的不平衡，以此避免电池性能下降，消除相关的潜在危险。

2. 电动机及控制技术

电动汽车的驱动电动机属于特种电动机，是电动汽车的关键部件。要使电动汽车有良好的使用性能，驱动电动机应具有较宽的调速范围及较高的转速，足够大的起动转矩，体积小、质量轻、效率高，而且有动态制动强和能量回馈的性能。电动汽车所用的电动机正在向大功率、高转速、高效率和小型化方向发展。

随着电动机及驱动系统的发展，控制系统趋于智能化和数字化。变结构控制、模糊控制、神经网络、自适应控制、专家系统、遗传算法等非线性智能控制技术，都将各自应用或结合应用于电动汽车的电动机控制系统。它们的应用将使系统结构简单、响应迅速、抗干扰能力强、参数变化具有鲁棒性，可大大提高整个系统的综合性能。

3. 整车控制技术

新型纯电动汽车整车控制系统是两条总线的网络结构，即驱动系统的高速控制器局域网络（Controller Area NetWork，CAN）总线和车身系统的低速总线。高速CAN总线每个节点为各子系统的电子控制单元（Electronic Control Unit，ECU），低速总线按物理位置设置节点，基本原则是基于空间位置的区域自治。

实现整车网络化控制，其意义不只是解决汽车电子化中出现的线路复杂和线束增加问题，网络化实现的通讯和资源共享能力成为新的电子与计算机技术在汽车上应用的一个基础，同时也为X-by-Wire技术提供有力的支撑。

4. 整车轻量化技术

整车轻量化技术始终是汽车技术重要的研究内容。纯电动汽车由于布置了电池组，整车质量增加较多，轻量化问题更加突出，可以采用以下措施减轻整车质量。

（1）通过对整车实际使用工况和使用要求的分析，对电池的电压、容量，驱动电动机的功率、转速和转矩，以及整车性能等车辆参数的整体优化，合理选择电池和电动机参数。

（2）通过结构优化和集成化、模块化优化设计，减小动力总成、车载能源系统的质量。这里包括对电动机及驱动器、传动系统、冷却系统、空调和制动真空系统的集成和模块化设计，使系统得到优化；通过电池、电池箱、电池管理系统、车载充电机组成的车载能源系统的合理集成和分散，实现系统优化。

（3）积极采用轻质材料，如电池箱的结构框架、箱体封皮、轮毂等采用轻质合金材料。

（4）利用CAD技术对车身承载结构件（如前后桥、新增的边梁、横梁等）进行有限元分析研究，用计算和试验相结合的方式，实现结构最优化。

2.1.6 纯电动汽车车型实例

1. 比亚迪E6纯电动汽车

比亚迪E6纯电动汽车（图2.20）的车身尺寸为4560mm×1822mm×1630mm，轴距为

2830mm，轮距为1556mm，最小离地间隙为150mm；整备质量为2295kg；动力蓄电池和起动电池均采用比亚迪自主研发生产的磷酸铁锂离子蓄电池，额定容量为57A·h，标称电压为330V；驱动电动机采用永磁同步电动机，额定功率为75kW，峰值转矩为450N·m，工作电压为320V；车载充电机的输入电压为220V，输出功率为200kW，充电时间为7h，如果选择快充的话，15min左右可充满电池电量的80%。

比亚迪E6纯电动汽车的续驶里程为316km，0～100km/h加速时间在10s以内，最高车速可达150km/h，最大爬坡度为30%，而能量消耗率约为21.5kW·h/100km，相当于内燃机汽车消费价格的30%左右。

图2.20　比亚迪E6纯电动汽车

2. 北汽E150纯电动汽车

北汽E150纯电动汽车（图2.21）的车身尺寸为3998mm×1720mm×1503mm，轴距为2500mm；整备质量为1320kg；动力蓄电池采用磷酸铁锂离子蓄电池，电池组容量为25.6kW·h；驱动电动机采用永磁磁阻同步电动机，额定功率为20kW，峰值功率为45kW，峰值转矩高达180N·m。

图2.21　北汽E150纯电动汽车

北汽 E150 纯电动汽车一次充满电的综合工况续驶里程为 160km，而 60km/h 的等速工况则为 200km；最高车速为 125km/h。

北汽 E150 纯电动汽车有三种充电方式：220V 家用充电、国标慢充电桩充电、国标直流快速充电。使用快充约 30min 就充到 80%，使用慢充需要 6~8h。

3. 江淮同悦 iEV 纯电动汽车

江淮同悦 iEV 纯电动汽车（图 2.22）的车身尺寸为 4155mm×1650mm×1445mm，轴距为 2400mm；整备质量为 1200kg；乘坐 4 人；搭载永磁同步电动机，电动机的额定功率为 18kW，峰值转矩为 170N·m；动力蓄电池采用磷酸铁锂离子蓄电池，电池组容量为 40A·h，电池组电压为 340V，电池组能量为 19kW·h。

图 2.22　江淮同悦 iEV 纯电动汽车

江淮同悦 iEV 纯电动汽车最高车速为 95km/h，最大爬坡度为 25%，0~100km/h 的加速时间为 14.5s；在市区能实现最大续驶里程为 160km，在匀速 60km/h 的情况下则能实现最大续驶里程为 200km；能量消耗率为 13kW·h/100km。

江淮同悦 iEV 纯电动汽车提供快充及慢充两种充电模式，其中使用快充口充电需 2.5h(1h 将充满 80%)，使用慢充口充电需 8h，车内备有两种充电线，可以满足国标慢充电桩充电和家庭 220V 充电需要。

4. 上汽荣威 E50 纯电动汽车

上汽荣威 E50 纯电动汽车（图 2.23）的车身尺寸为 3569mm×1551mm×1540mm，轴距为 2305mm；整备质量为 1080kg；乘坐 4 人；搭载永磁同步电动机，电动机的额定功率为 28kW，峰值功率为 52kW，峰值转矩为 155N·m；动力蓄电池采用磷酸铁锂离子蓄电池，电池容量为 60A·h，电池组电压为 300V，电池组能量为 18kW·h。

上汽荣威 E50 纯电动汽车最高车速为 130km/h，最大爬坡度为 25%，0~100km/h 的加速时间为 15s；在市区内能实现最大续驶里程为 140km，在匀速 60km/h 的情况下则能实现最大续驶里程为 190km；能量消耗率为 11.6kW·h/100km。

上汽荣威 E50 纯电动汽车提供快速及慢速两种充电模式，其中使用慢充口充电需 6h，使用快充口充电 30min 充满 80%，车内备有两种充电线，可以满足国标慢充电桩充电和家庭 220V 充电需要。

图 2.23　上汽荣威 E50 纯电动汽车

5. 特斯拉 Model S 纯电动汽车

特斯拉 Model S 纯电动汽车(图 2.24)是由美国 Tesla 汽车公司制造的全尺寸高性能电动汽车。它把电动汽车最前沿的技术进行了实际应用，集成多功能的大尺寸液晶显示屏，多样化的电池选择，支持太阳能充电，最大续驶里程为 502km。

【特斯拉电动汽车】

图 2.24　特斯拉 Model S 纯电动汽车

特斯拉 Model S 纯电动汽车车身尺寸为 4978mm × 1964mm × 1435mm，轴距为 2595mm，最小离地间隙为 152mm；整备质量为 2108kg；乘坐 5 人。

特斯拉 Model S 纯电动汽车提供 3 种不同配置供消费者选择。特斯拉 Model S60 纯电动汽车配置的电动机峰值功率为 222kW，峰值转矩为 440N·m，电池容量为 60kW·h，最高车速为 190km/h，最大续驶里程为 390km，0～100km/h 的加速时间为 6.2s。特斯拉 Model S85 纯电动汽车配置的电动机峰值功率为 270kW，峰值转矩为 440N·m，电池容量为 85kW·h，最高车速为 200km/h，最大续驶里程为 502km，0～100km/h 的加速时间为 5.6s。特斯拉 Model SP85 纯电动汽车配置的电动机峰值功率为 310kW，峰值转矩为 600N·m，电池容量为 85kW·h，最高车速为 200km/h，最大续驶里程为 502km，0～100km/h 的加速时间为 4.4s。

特拉斯 Model S 纯电动汽车可以选择传统插座充电和充电站充电两种方式。此外，特斯拉 Model S 纯电动汽车还支持太阳能充电，对于容量为 85kW·h 的电池，仅需 1h 就可将电量充满。

2.2 增程式电动汽车

增程式电动汽车（Extended-Range Electric Vehicle，E-REV）是一种既可通过外接电源获得电能驱动车辆行驶，又可通过增程器获得电能驱动车辆行驶的新型电动汽车。当动力蓄电池电能充足时，车辆运行在纯电动模式下，车辆需求功率来自动力蓄电池，增程器关闭，不参与工作；当以纯电动模式行驶距离较长，动力蓄电池电量消耗过多，动力蓄电池荷电状态降低至某临界值时，增程器将自动开启，既可以驱动车辆，又可以为动力蓄电池充电。增程式电动汽车介于混合动力电动汽车和纯电动汽车之间，兼有纯电动汽车和混合动力电动汽车的特点。

【增程式电动汽车】

2.2.1 增程式电动汽车的结构原理

图2.25所示是某款增程式电动汽车动力传动系统结构。该动力传动系统主要由驱动电动机系统、电源系统、增程器和整车控制器等组成；与纯电动汽车相比，增加了增程器。

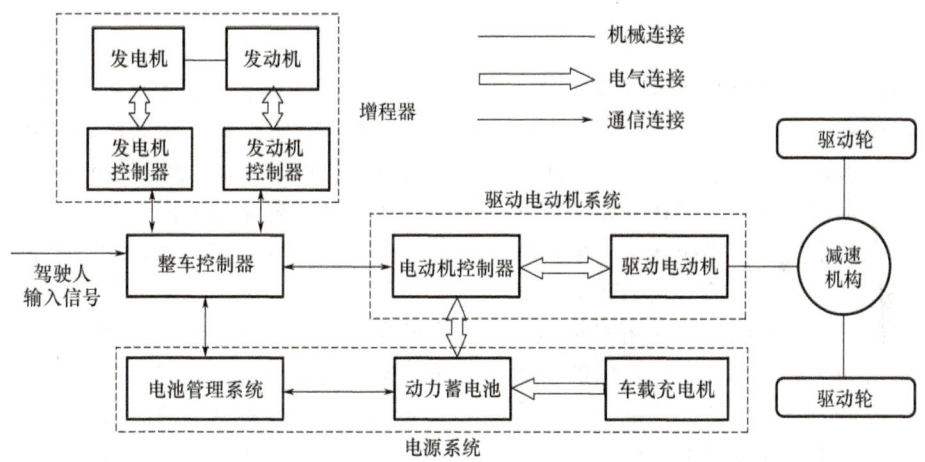

图2.25 某款增程式电动汽车动力传动系统结构

1. 驱动电动机系统

增程式电动汽车的驱动电动机系统与纯电动汽车的类似，也是由驱动电动机及电动机控制器组成的。区别在于驱动电动机的能量来源除动力蓄电池外，还有增程器。发动机与驱动电动机之间没有机械连接，是通过发电机发电将发动机发出的机械能转换为电能，然后电动机控制器根据车辆工况的需求将电能分配给驱动电动机，多余的电能将被储存到动力蓄电池中。

增程式电动汽车驱动电动机应该具备较高的功率密度，而且在较宽的转速和转矩范围内具备较好的效率特性，同时驱动电动机控制器能实现双向控制，以实现制动能量回收。

增程式电动汽车驱动电动机参数匹配方法与纯电动汽车一样，根据整车动力性匹配驱动电动机的峰值功率。在满足动力性前提下,为提高驱动电动机工作效率并减轻质量,应尽量选择较小峰值功率及高转速的电动机。

2. 电源系统

增程式电动汽车的电源系统与纯电动汽车的类似,也是由动力蓄电池、电池管理系统、车载充电机等组成的。区别在于动力蓄电池的要求需兼顾纯电动和混合动力两种模式,具体要求:在深度放电的情况下,依然有较长的循环寿命;在较低的荷电(State of Charge, SOC)状态下可输出大功率的电能,使增程式电动汽车在低荷电状态下加速性能仍然良好;在高荷电状态下可以接受大电流充电,以保证制动能量回收的效率不受荷电状态的影响;在保持高荷电状态下可延长其使用的寿命;能量密度及比能量高,以减小电池组的体积和质量;安全性好。

动力蓄电池是增程式电动汽车整车驱动的主要能量源,是能量储存装置,应具有良好的充放电性能用以保证车辆的动力性和再生制动回收的能力,其容量应能够满足增程式电动汽车性能要求的纯电动续驶里程;其电压等级要与电力系统电压等级和变化范围一致;其充放电功率应能够满足整车驱动和电器负载的功率要求。

增程式电动汽车动力蓄电池参数匹配方法与纯电动汽车一样,只不过设计要求不一样。增程式电动汽车纯电动模式的续驶里程较短,动力蓄电池容量要求比纯电动汽车低。

3. 增程器

发动机、发电机及其控制器共同组成了增程器。增程器是增程式电动汽车动力传动系统的关键组件,发动机/发电机系统与驱动车轮在机械上是分离的,发动机的转速和转矩与速度和牵引转矩的需求无关,因此可控制发动机运行在其转速-转矩平面上的任意点。通常应控制发动机使其运行在最佳工况区,此时发动机的油耗和排放降到最低程度。由于发动机和驱动车轮没有机械连接,因此可以实现最佳的发动机运行状态,并与驱动电动机系统的运行模式和控制策略密切相关。

增程器只提供电能,电能用来驱动电动机或者为动力蓄电池充电,增加电动汽车的续驶里程,发动机到驱动电动机之间的动力传动路线没有机械连接,可以将电能用于驱动车辆,不经过动力蓄电池的充放电过程,降低了从增程器到动力蓄电池的能量传递损失。

增程器根据电能来源的不同可分为发动机/发电机组、燃料电池和超级电容器等,其中发动机/发电机组的增程器是目前应用最多、技术最成熟的增程器。增程器用发动机的选型目前主要有往复式发动机和转子式发动机。往复式发动机属于传统发动机,是最常见的一种发动机,如雪佛兰沃蓝达和沃尔沃C30配备的增程器。转子发动机一般燃烧效率较低,但其特殊的结构使其具有旋转顺畅、利于小型化的优点,符合增程器的设计要求;转子发动机在增程器上是在一定条件下起动的,因此并不比往复式发动机逊色,如AVL研发的增程器。AVL增程器采用发动机和发电机一体化的形式配备在后轴上,采用的转子发动机旋转顺畅、噪声小,而且节省空间。

增程器中发动机与发电机的连接方式主要有两种:弹性联轴器结构连接和直接刚性连接件连接。前者轴线尺寸较大,对定位安装工艺要求高;后者发电机惯量及动态加载会给轴系带来冲击,存在动力过载损坏轴系的危险。

增程器要求稳定可靠,可以立刻起动并进入正常工作状态。为了实现高效率和低排放,系统要求处在最优工作点工作,因此控制器非常关键,通过控制策略和优化措施,在保证整车动力性前提下提高经济性和效率。

4. 整车控制器

增程式电动汽车整车控制器通过 CAN 网络与发动机控制器、发电机控制器、驱动电动机控制器及电池管理系统进行信息交互，实现增程器的控制。增程器、驱动电动机、动力蓄电池三者之间通过整车控制器进行电能交互，实现能量的最优分配。同时动力蓄电池通过车载充电机充电，保证纯电动模式下的行驶。

2.2.2 增程器的分类

增程器是增程式电动汽车最重要的组件之一，它与车辆的性能、油耗、燃油替代、原始成本和运行成本密切相关，增程器可以按以下方式进行分类。

1. 按布置位置分类

增程器包括发电装置和辅助能量存储装置。根据增程器与汽车的安装关系（即增程器的安装位置），增程器可以分为以下几种。

（1）挂车式增程器。挂车式增程器安装在拖车上，根据行驶距离的不同决定是否使用增程器，出行前需要对出行距离做出预估；长距离行驶时需要车上挂着的增程器适时提供能量；市区短途行驶时取下拖车，此时完全变为一辆纯电动汽车使用。这种形式由于结构具有特殊性，实用性不高，更多的是用于室内场馆车。其优点是增程器输出功率能够根据需要设计，增程器可以使用多种辅助燃料。其缺点是使用缺乏灵活性，拖车质量和体积都比较大，不易倒车。在不确定是否需要长距离行驶时，或者有突发性事件的时候，都为驾乘者造成很大的不便，限制了驾驶的自由度。

（2）插拔式增程器。插拔式增程器将增程器设置为可插拔的模块，这是考虑到短途行驶时不需要携带增程器行驶。这种增程器需要将增程器系统模块（包括控制器和 DC/DC 转换器）集中在一起，做成一个方便拆卸的独立单元。日常短途行驶时，将增程器系统整体从车上拆下，此时只用蓄电池的电能驱动车辆行驶，完全变为纯电动汽车，减轻了车辆的整备质量，提高了能量利用率；长途行驶时，将增程器模块通过机械及电气接口与整车动力系统相连，增加续驶里程。插拔式增程器对设计要求较高，并需要与动力部件及传动系统合理匹配，在匹配的基础上要求的控制策略非常复杂，还要解决振动噪声等附加问题，所以目前这种增程式电动汽车价格偏高。

（3）车载式增程器。车载式增程器与纯电动汽车的动力系统固定在一起，结构形式简单，动力系统可以方便地实现结构布置，提高了整车的空间利用率，与插拔式增程器相比，不需要在出行前对出行距离进行预估，也不需要频繁地对增程器进行拆卸和安装，是目前应用最多的增程器系统。

2. 按结构组成分类

增程器按照结构组成不同分为以下几种。

（1）大容量蓄电池增程器。大容量蓄电池增程器的优点是便于统一标准和规格，研发周期短，成本低，容易实现量产。但是由于这种增程器基于传统的蓄电池，因此不可避免地存在能量密度较低、体积偏大、成本高等缺点。短距离行驶时的优势明显不足。

（2）燃料电池增程器。为了达到尽量避免使用燃油，实现零排放的目标，燃料电池增程器成为一种新的选择。采用功率为 5～10kW 的小型燃料电池作为增程器,与车载主动力蓄电池协同工作,可以延长电动汽车的续驶里程。燃料电池增程器的结构如图 2.26 所示。

以用氢燃料电池的增程器为例,把燃料电池增程器分为电源及其管理系统、氢气系统、燃料电池及其控制系统 3 个模块。其中电源及其管理系统子模块主要由压力传感器、电压传感器、电流传感器、DC/DC 转换器、继电器、控制器铝盒、控制器插接件集合而成。氢气系统子模块主要由氢瓶、氢传感器、氢气管路、减压阀集成。燃料电池及其系统子模块由电堆、电堆控制器、电池阀、单片检测接头、电堆输出端导线、燃料电池风扇组成,可以很方便地实现拆装。采用模块化布置法的氢燃料电池增程器系统整体结构如图 2.27 所示。

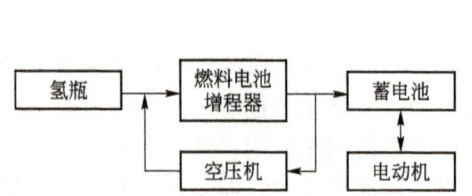

图 2.26　燃料电池增程器的结构

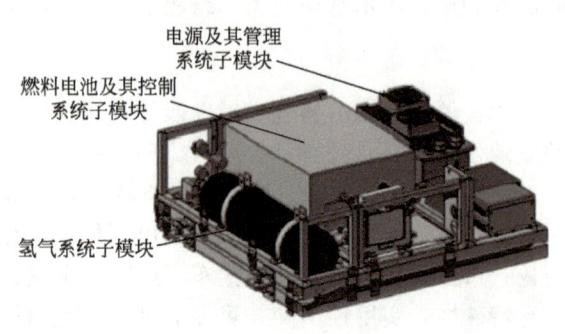

图 2.27　采用模块化布置法的氢燃料电池增程器系统整体结构

目前燃料电池增程器处于开发阶段,从整车集成方面的要求来讲,需要克服的技术问题比较多:要求空压机体积小、质量轻,并需要良好的散热装置;要求较大的压缩机空气压缩比,同时保证输出的空气流量相对较小。要使燃料电池增程器能够成熟地运用于增程式电动汽车,需要克服以上技术问题。目前增程式电动汽车的应用还处于研发阶段。

(3) 发动机/发电机组增程器。发动机/发电机组增程器可以采用多种发动机与发电机进行组合成为增程式系统,可供选择的发动机有传统的活塞式发动机、转子发动机、小型燃气轮机等。由于这种增程系统的电能由发动机提供,经历了发动机/发电机的能量转换过程,因此发电机功率要大于增程系统功率,发动机到发电机之间存在能量损失,要求发动机功率大于发电机功率,在满足以上结构和配置的基础上,保证发动机和发电机都工作在转矩-转速高效率区内。发动机/发电机组的增程器是目前应用最多、技术最成熟的增程器。

2.2.3　增程式电动汽车的原理

增程式电动汽车的动力传动系统在组成上与串联插电式混合动力电动汽车的动力系统相似。特殊之处在于增程式电动汽车的能量传递路线体现出两种动力系统,但是只有一种驱动方式,即电动机驱动。在结构上,增程式电动汽车是在纯电动汽车的基础上开发的电动汽车,增程器的布置对原有车辆的动力系统结构影响较小。之所以称之为增程式电动汽车是因为车辆追加了增程器,而为车辆追加增程器的目的是进一步提升纯电动汽车的续驶里程,使其能够尽量避免频繁地停车充电。

增程式电动汽车有 5 种工作模式，即纯电动模式、增程器单独驱动模式、混合驱动模式、制动模式和停车充电模式。

1. 纯电动模式

当动力蓄电池能量充足时，使用纯电动模式。纯电动模式的能量传递路线如图 2.28 所示，增程器处于关闭状态，动力蓄电池是唯一的动力源，相当于一辆纯电动汽车。不同之处是，增程式电动汽车行驶里程可以设置得相对较小，不必装备大量的动力蓄电池，既降低了成本又减轻了汽车整备质量。动力蓄电池的能量应能够满足车辆起步、加速、爬坡、急速，以及驱动汽车空调等附件的功率需求。

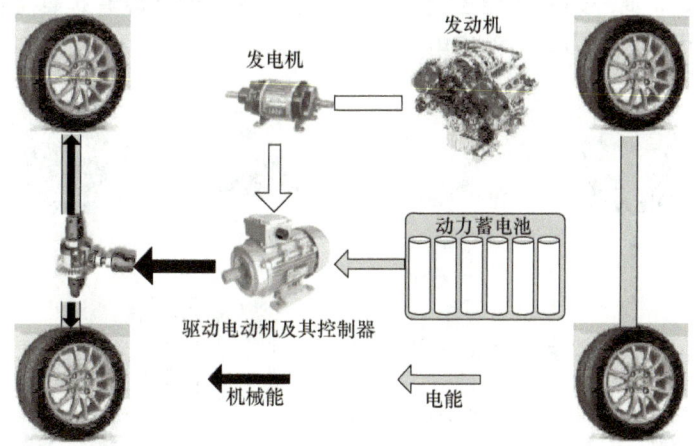

图 2.28 纯电动模式的能量传递路线

2. 增程器单独驱动模式

当动力蓄电池能量不足时，使用增程器单独驱动模式。增程器单独驱动模式的能量传递路线如图 2.29 所示。在动力蓄电池荷电状态降至设定的阈值 SOC_{min} 时，增程器起动，发动机根据制定的控制策略运行在最佳状况，使发电机发电，一部分用于驱动车辆行驶，多余的电能为动力蓄电池充电。

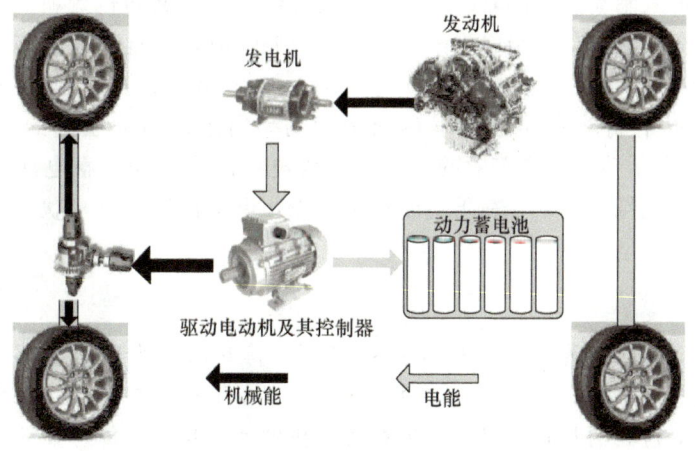

图 2.29 增程器单独驱动模式的能量传递路线

当动力蓄电池电量恢复至充足时，发动机又停止工作，继续由动力蓄电池驱动电动机，提供整车功率需求。

3. 混合驱动模式

当路面需求功率较大，而动力蓄电池供能不足时，增程器开启，发动机/发电机组联合动力蓄电池一起工作，提供整车行驶需要的动力的混合驱动模式的能量传递路线如图2.30所示。

增程器单独驱动模式和混合驱动模式都属于增程模式。增程模式的发动机可以有多种工作方式，根据控制策略的不同，可以选择发动机恒功率模式、功率跟随模式、恒功率与功率跟随结合模式，此外还有智能控制策略和优化算法控制策略等复杂控制模式。车辆停止时，可以利用市电为动力蓄电池充电。

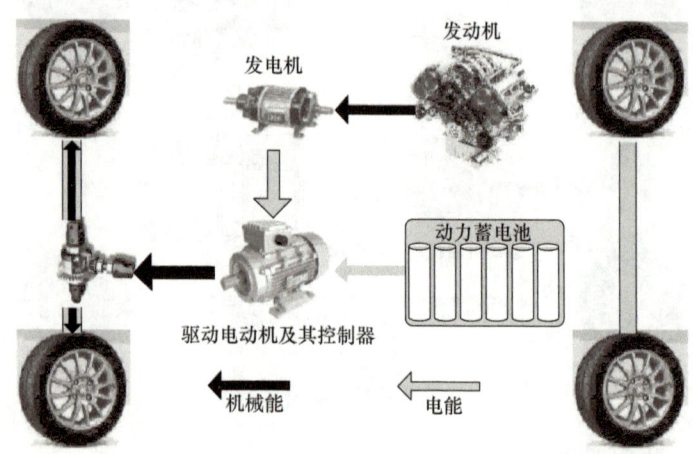

图2.30 混合驱动模式的能量传递路线

4. 制动模式

在车辆运行过程中，发生减速及制动请求时，驾驶人需要踩下制动踏板。当满足一定条件时，整车即进入制动能量回收模式；当制动强度较低、制动较缓和、制动请求功率较小时，采用电动机单独制动；当发生急减速或紧急制动时，一旦车辆的制动负载功率超出电动机再生制动功率的上限，为了保护蓄电池组、限制其输入功率，此时摩擦制动器参与工作，与电动机再生制动协同提供车辆的制动功率需求。制动模式的能量传递路线如图2.31所示。再生制动可以将车辆的动能转换为电能储存在动力蓄电池中，以供车辆驱动使用，提高整车能量利用率。在再生制动情况下，电动机以发电机状态工作，回收的制动能量储存在动力蓄电池中。

5. 停车充电模式

停车充电模式的能量传递路线如图2.32所示。停车时动力系统全部停止，此时通过车载充电机连接外接电网对动力蓄电池进行充电，以备下次行车使用。此模式是保证车辆大部分时候纯电动行驶的基础，可减少燃料发动机的使用频次，能够显著降低车辆的行驶成本及减少车辆的污染物排放。

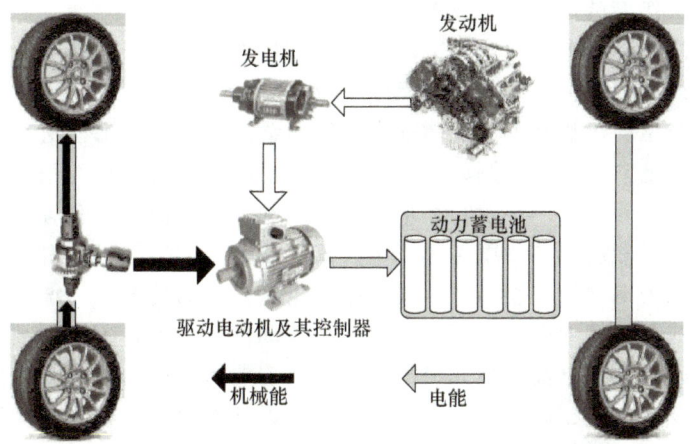

图 2.31 制动模式的能量传递路线

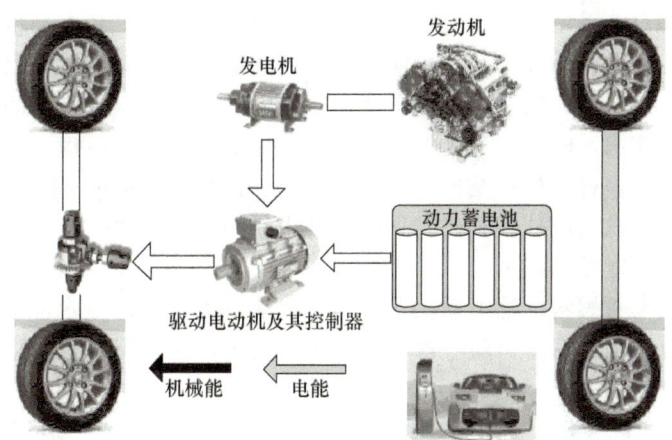

图 2.32 停车充电模式的能量传递路线

2.2.4 增程式电动汽车的特点

增程式电动汽车与普通燃油驱动汽车相比，短距离行驶时不起动发动机，不排放污染物，长距离行驶时油耗比较低，在大部分情况下发动机不起动，所以噪声小。而且增程式电动汽车发动机/发电机起动时，工作于最佳工作范围内，这大大提高了发动机的工作效率。

增程式电动汽车与纯电动汽车相比，其最大优点是续驶里程得到了很大提高，纯电动汽车由于完全使用价格高昂的动力蓄电池，附加成本高，而且即便纯电动汽车采用了最新的电池技术，续驶里程仍然有限。一旦电池能量消耗尽，汽车就无法行驶，只能停车等待充电。增程式电动汽车的出现使这个问题得到了很好的解决，增程式电动汽车可以随时在加油站加油。在相同续驶里程条件下增程式电动汽车的电池组比较小，电池容量是纯电动汽车的 30%～40%，无须配备大容量的动力蓄电池，制造成本大幅降低。当电池组 SOC 值降低到一定限值时，转为增程模式运行，避免电池组的过放电，电池寿命得到延长。增程式电动汽车不需要周转电池，可在停车场进行市电充电，不需要建立充电站，不需要大量的换电设施和工作人员，降低了成本。

增程式电动汽车与插电式混合动力电动汽车的最大区别在于，由于动力蓄电池容量的增大及驱动系统设计的不同，增程式电动汽车在电能充足条件下行驶时发动机不参与工作。因此，这种类型的车辆并不需要像插电式混合动力电动汽车那样对其工作模式进行特定的说明。增程式电动汽车所使用的动力蓄电池、驱动电动机及动力系统的用电功率都必须从满足整车性能的要求加以设计，车辆所搭载的动力蓄电池组及其容量也必须从能够满足纯电动汽车整车性能需要的角度考虑。增程式电动汽车的工作模式看上去与早期的纯电动型插电式混合动力电动汽车相似，然而在电池电量充足的情况下，增程式电动汽车必须在所有的工作模式下维持纯电驱动模式。增程式电动汽车不需要为了驾驶速度和功率的需求而起动发动机，因此在电池电量充足的情况下不需要像早期的纯电动型插电式混合动力电动汽车那样转变成混合驱动模式运行。在增程器设计方面，增程式电动汽车允许将发动机的功率显著降低，发动机所提供的动力不需要达到车辆动力性能所需的峰值功率，仅满足车辆行驶所需要的持续动力需求即可。

混合动力电动汽车采用了复杂的机械动力混合结构，发动机和电动机复合驱动，电池能量很小，只起到辅助驱动和制动能量回收的作用。增程式电动汽车采取电池扩容的方式解决了电池驱动的续行能力问题。虽然车辆成本略有提高，但是在正常的运行工况下，有了电能补充装置的作用，电池处于良性平台充放，保证了电池的使用寿命，减少了维护成本。而电能补充装置进行电量补充且一直处于最佳工作状态，保证了发动机的最佳工作状态。而且增程式电动汽车能外接充电，尽可能利用晚间低谷电或午间驾乘人员的休整间隙充电，进一步提高了能源利用率。

增程式电动汽车与燃料电池电动汽车相比，电池成本更低，技术也更为成熟，燃料电池转换效率高，对环境无污染。随着燃料电池技术的进步和配套设施的成熟，开发和使用成本也会相应降低。

增程式电动汽车能够有效节约燃油利用率，主要原因如下。①发动机不直接与机械系统相连，发动机的工作状态相对独立，可将发动机设定于最佳效率点工作。②在电量保持模式下，主要由发动机驱动整车行驶，当需求功率较小时，发动机关闭，由动力蓄电池驱动整车行驶；当需求功率较大时，动力蓄电池提供发动机功率不足的部分，这样可避免发动机的工作点波动，保证发动机工作于最佳效率点。③当车辆制动时，电池组能有效回收制动能量。

综上所述，增程式电动汽车是一种可增加续驶里程的纯电动汽车，兼有混合动力电动汽车和纯电动汽车的特征，是现阶段解决新能源汽车技术问题最切实可行的方案之一。增程式纯电动汽车的特点如下。

(1) 在电量消耗模式下发动机不起动，由动力蓄电池驱动整车行驶，这样可减少整车对石油的依赖，缓解石油危机。

(2) 在电池电量不足时，为了保证车辆性能和电池组的安全性，进入电量保持模式，由动力蓄电池和发动机联合驱动整车行驶。

(3) 整车纯电动续驶里程满足大部分人员每天行驶里程要求，动力蓄电池可利用晚间低谷电力充电，缓解供电压力。

(4) 整车大部分情况下在电量消耗模式下行驶，能达到零排放和低噪声的效果。

(5) 发动机与机械系统不直接相连，发动机可工作于最佳效率点，大大提高整车燃油效率。

鉴于增程器工作条件的特殊性，对电动汽车的增程系统提出了以下要求。

（1）增程系统要稳定可靠，可以立刻起动并进入正常工作状态。当车辆长时间不用的时候要定期开启发动机运转，以使得各个部件得到良好的润滑和维护。

（2）由于工况复杂，为了实现高效率和低排放的要求，要求系统处在最优工作点工作，因此控制器非常关键，通过控制策略和优化措施，在保证整车动力性前提下提高经济性和效率。

2.2.5 增程式电动汽车车型实例

1. 瑞麒 X1 增程式电动汽车

瑞麒 X1 增程式电动汽车（图 2.33）的车身尺寸为 3866mm×1622mm×1638mm；纯电动模式下续驶里程为 100km；最高车速为 120km/h；当车载电池电量消耗至最低临界限值时，一台 6kW 的二缸汽油发动机便开始自动起动，继续提供电能或直接驱动电动机，以实现 300km 的续驶里程；使用普通电源充电，耗时 6~8h 充满；而使用高压快速充电，可在 30min 内充满。

图 2.33　瑞麒 X1 增程式电动汽车

2. 广汽传祺 GA5 增程式电动汽车

广汽传祺 GA5 增程式电动汽车（图 2.34）搭载永磁同步电动机，可输出最大功率 94kW，最大转矩为 225N·m；纯电动模式下续驶里程为 80km；当电池容量不足时，配

图 2.34　广汽传祺 GA5 增程式电动汽车

备的 1.0L 发动机将会通过发电机给电池供电，发动机是不参与动力驱动的；新车最大续驶里程超过 600km。

3. 马自达 Extender EV 增程式电动汽车

马自达 Extender EV 增程式电动汽车（图 2.35）装载了一款功率为 19kW、排量为 0.33L 的转子发动机，油箱容积为 9L；并搭配了一款最大功率为 74.5kW、峰值转矩为 153N·m 的驱动电动机；在纯电动模式下，使用锂离子蓄电池供电时（容量为 20kW·h），最大续驶里程为 200km；增程模式下最大续驶里程为 380km；该车 0～100km/h 的加速时间为 10.8s；装配制动能量回收系统；二氧化碳排放量可以控制在 15g/km 内。

图 2.35　马自达 Extender EV 增程式电动汽车

4. 雪佛兰沃蓝达增程式电动汽车

雪佛兰沃蓝达增程式电动汽车（图 2.36）的车身尺寸为 4498mm×1787mm×1439mm，轴距为 2685mm；整备质量为 1700kg；配备的锂离子蓄电池容量为 16kW·h，T 形布置在底盘上；使用层压式结构，288 个电池单元并列布置，在每个单元之间设计了冷却水管路，低温时为温水，高温时为冷水，由此可一直保持电池在最佳的工作温度工作；动力系统由 1 台主电动机，1 台副电动机兼发电机及 1 台 1.4L 发动机组成；主电动机峰值功率为 111kW，而峰值转矩为 370N·m（可以与六缸发动机相媲美），副电动机功率为 55kW；只用作发电的发动机的额定功率为 62.5kW。

图 2.36　雪佛兰沃蓝达增程式电动汽车

雪佛兰沃蓝达增程式电动汽车可以通过电力来全时、全速驱动车辆，其运行模式有两种：电池电力驱动和增程式电力驱动。在电池电力驱动下，依靠车载的16kW·h锂离子蓄电池组，可实现最高达80km的"零油耗、零排放"行驶；当车载电池电量消耗至最低临界限值时，将平顺切换至增程式电力驱动模式，此时车载发动机、发电机将自动起动，为车辆提供续驶电能，从而实现高达490km的续驶里程。雪佛兰沃蓝达增程式电动汽车0～100km/h加速时间仅需约9s，最高车速可达160km/h。

2.3 混合动力电动汽车

混合动力电动汽车是指能够至少从两类车载储存的能量（可消耗的燃料、可再充电能/能量储存装置）中获得动力的汽车。 混合动力电动汽车是内燃机汽车向纯电动汽车发展过程中的过渡车型，目前技术相对成熟。

2.3.1 混合动力电动汽车的分类

混合动力电动汽车主要有以下分类方法。

1. 按照动力系统结构形式分类

根据动力系统结构形式的不同，混合动力电动汽车可以分为以下几种。

（1）**串联式混合动力电动汽车**。串联式混合动力电动汽车是指车辆行驶系统的驱动力只来源于电动机的混合动力电动汽车。典型的结构特点是发动机带动发电机发电，电能通过电动机控制器输送给电动机，由电动机驱动车辆行驶。另外，动力蓄电池也可以单独向电动机提供电能驱动车辆行驶。代表车型是雪佛兰沃蓝达。

（2）**并联式混合动力电动汽车**。并联式混合动力电动汽车是指车辆行驶系统的驱动力由电动机及发动机同时或单独供给的混合动力电动汽车，其典型的结构特点是并联式驱动系统可以单独使用发动机或电动机作为动力源，也可以同时使用电动机和发动机作为动力源驱动车辆行驶。代表车型有本田 CR-Z、别克君越 eAssist。

（3）**混联式混合动力电动汽车**。混联式混合动力电动汽车是指具备串联式和并联式两种混合动力系统结构的混合动力电动汽车，其典型的结构特点是可以在串联混合模式下工作，也可以在并联混合模式下工作，同时兼顾了串联式和并联式混合动力电动汽车的特点。代表车型有丰田普锐斯、丰田凯美瑞尊瑞、雷克萨斯 CT 200h、比亚迪 F3DM 等。

2. 按照混合度分类

混合度是指混合动力电动汽车中的电动机峰值功率占动力源总功率（电动机峰值功率＋发动机最大功率）的百分比。按照混合度数值的大小，混合动力电动汽车可以分为以下3种。

（1）**微混合型混合动力电动汽车**。微混合型混合动力电动汽车是以发动机为主要动力源，电动机作为辅助动力，具备制动能量回收功能的混合动力电动汽车。微混合型混合动力电动汽车的混合度小于10%。仅具有停车怠速停机功能的汽车也可称为微混合型混合动力电动汽车。

（2）**轻度混合型混合动力电动汽车**。轻度混合型混合动力电动汽车是以发动机为主要动力源，电动机作为辅助动力，在车辆加速和爬坡时，电动机可向车辆行驶系统提供辅助驱动力矩,补充发动机本身动力输出的不足,但不能单独驱动车辆行驶的混合动力电动汽车。轻度混合型混合动力电动汽车的混合度值大于10%,可以达到30%左右,在城市循环工况下节油率可以达到20%~30%,目前技术比较成熟,应用广泛。本田汽车公司旗下的Insight、Accord和CIVIC混合动力电动汽车采用并联式结构的轻度混合动力系统。

(3) **重度混合型混合动力电动汽车**。重度混合型混合动力电动汽车是以发动机和(或)电动机为动力源,并且电动机可以独立驱动车辆行驶的混合动力电动汽车。重度混合动力系统一般采用200V以上的高压电动机,混合度大于30%,可以达到50%以上,在城市循环工况下节油率可以达到30%~50%。重度混合型混合动力电动汽车的特点是:动力系统以发动机为基础动力,动力蓄电池为辅助动力;采用的电动机功率更强大,完全可以满足车辆在起步和低速时的动力要求。因此,重度混合型混合动力电动汽车无论是在起步还是低速行驶状态下都不需要起动发动机,依靠电动机完全可以胜任,在低速时就像一款纯电动汽车。在急加速和爬坡运行工况下车辆需要较大的驱动力时,电动机和发动机同时对车辆提供动力。随着电动机技术及电池技术的进步,重度混合动力系统逐渐成为混合动力技术的主要发展方向。丰田普锐斯混合动力电动汽车就是混联式结构的重度混合型混合动力系统。第三代普锐斯Hybrid采用的电动机峰值功率为60kW,峰值转矩为207N·m,足以推动汽车进行中低速行驶。

3. 按照外接充电能力分类

按照是否能够外接充电,混合动力电动汽车可以分为以下两种。

(1) **外接充电型混合动力电动汽车**。外接充电型混合动力电动汽车是一种被设计成在正常使用情况下从非车载装置中获取电能量的混合动力电动汽车。插电式混合动力电动汽车属于此类型。

(2) **非外接充电型混合动力电动汽车**。非外接充电型混合动力电动汽车是一种被设计成在正常使用情况下从车载燃料中获取全部能量的混合动力电动汽车。常规混合动力电动汽车属于此类型。

常规混合动力电动汽车技术成熟,插电式混合动力电动汽车是发展重点。

4. 按照行驶模式的选择方式分类

按照行驶模式的选择方式的不同,混合动力电动汽车可以分为有手动选择功能的混合动力电动汽车和无手动选择功能的混合动力电动汽车。

(1) **有手动选择功能的混合动力电动汽车**。有手动选择功能的混合动力电动汽车是指具备行驶模式手动选择功能的混合动力电动汽车,车辆可选择的行驶模式包括发动机模式、纯电动模式和混合动力模式。

(2) **无手动选择功能的混合动力电动汽车**。无手动选择功能的混合动力电动汽车是指不具备行驶模式手动选择功能的混合动力电动汽车,车辆的行驶模式根据不同工况自动切换。

5. 按照其他形式分类

按照可再充电能量储存系统不同,混合动力电动汽车可以划分为(但不限于)以下类型。

(1) **动力蓄电池混合动力电动汽车**。

(2) **超级电容器混合动力电动汽车**。

（3）机电飞轮混合动力电动汽车。
（4）动力蓄电池与超级电容器组合式混合动力电动汽车。

混合动力电动汽车按照其技术特征、燃料类型、功能结构和车辆用途等因素还可以有其他划分形式。

2.3.2　混合动力电动汽车的结构原理

混合动力电动汽车的结构与其动力系统结构形式密切相关。

1. 串联式混合动力电动汽车

串联式混合动力电动汽车主要由发动机、发电机、功率转换器、驱动电动机、电动机控制器、车载充电机及动力蓄电池系统等部件组成，其系统结构如图2.37所示。在串联式混合动力电动汽车上，由发动机带动发电机所产生的电能和动力蓄电池输出的电能，共同输出到驱动电动机来驱动汽车行驶，电力驱动是唯一的驱动模式。发动机与发电机直接连接产生电能，来驱动电动机或者给动力蓄电池充电。驱动电动机直接与驱动桥相连，汽车行驶时的驱动力由驱动电动机输出。当动力蓄电池的荷电状态降到一个预定值时，发动机即开始对动力蓄电池进行充电，来延长混合动力电动汽车的续驶里程。另外，动力蓄电池系统还可以单独向驱动电动机提供电能来驱动电动汽车，使混合动力电动汽车在零污染状态下行驶。发动机与驱动系统并没有机械地连接在一起，这种方式可以很大程度地减少发动机所受到的车辆瞬态响应。瞬态响应的减少可以使发动机进行最优的喷油和点火控制，使其工作在最佳工况点附近。

【奥迪插电式混合动力电动汽车】

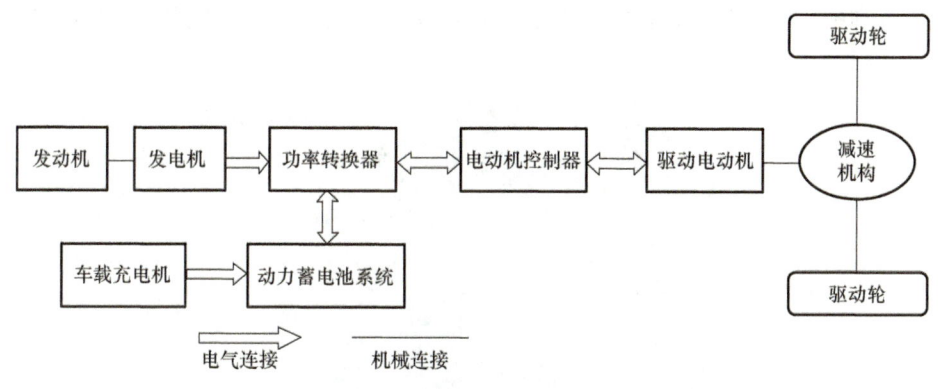

图 2.37　串联式混合动力电动汽车系统结构

串联式混合动力系统的关键特征是在功率转换器中两个电功率被加在一起。该功率转换器起功率耦合器的作用，控制从动力蓄电池和发电机到驱动电动机的功率流，或反向控制从驱动电动机到动力蓄电池的功率流。

串联式混合动力电动汽车的发动机能够经常保持在稳定、高效、低污染的运转状态，使有害排放气体控制在最低范围。串联式混合动力电动汽车总体结构比较简单、易于控制，其特点更加趋近于纯电动汽车。发动机、发电机、驱动电动机三大部件总成在电动汽车上布置起来有较大的自由度，但各自的功率较大，外形较大，质量也较大，在中小型电动汽车上布置有一定的困难。另外，在发动机→发电机→电动机驱动系统中的热能→电能→机械能的能量转换过程中，能量损失较大。串联式混合动力电动汽车适用于大型汽车，但小型汽车也有应用。

雪佛兰沃蓝达混合动力系统采用的是串联式结构，如图2.38所示。雪佛兰沃蓝达混合动力系统采用1台发动机、1台发电机和1台电动机对车辆进行综合驱动。动力蓄电池采用的是容量为16kW·h的360V锂离子蓄电池组，电池组呈T形布置，隐藏于后排座椅下及车身中部，纯电动最高续驶里程为80km。雪佛兰沃蓝达混合动力系统包括汽油发动机、综合动力分配系统、高容量锂离子蓄电池及电力控制单元。

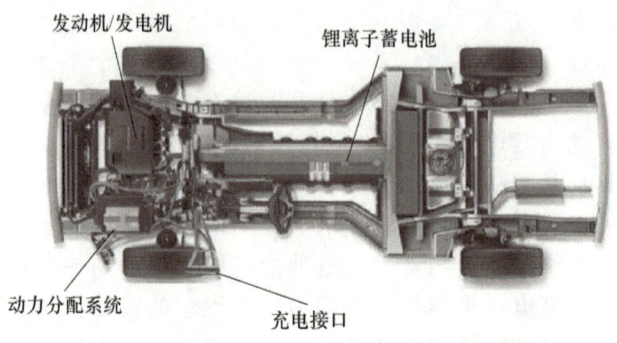

图2.38 雪佛兰沃蓝达串联式混合动力系统

雪佛兰沃蓝达混合动力电动汽车的动力系统(图2.39)由1台最大功率为111kW的电动机、1台55kW的发电机和1台1.4L自然进气、最大功率为63kW的发动机组成，发动机仅用于发电，其中功率较大的电动机主要用于驱动车辆，而功率较小的发电机主要用于发电。

图2.39 雪佛兰沃蓝达混合动力电动汽车的动力系统

发动机、发电机和电动机通过1个行星齿轮机构及3个离合器组成了动力产生/回收/分配系统，如图2.40所示。行星齿轮机构的太阳轮连接到电动机，行星架连接到减速机构直接输出动力到车轮，而齿圈则根据实际情况连接到动力分配系统的壳体(固定)或者连接到发电机和发动机。

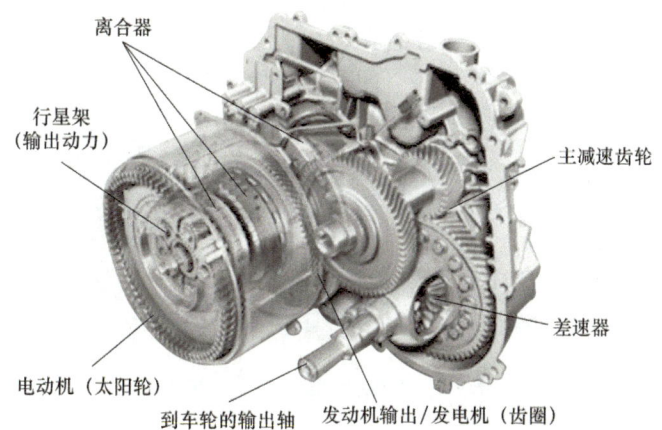

图 2.40 雪佛兰沃蓝达动力分配系统结构图

雪佛兰沃蓝达混合动力系统通过 3 个离合器来控制动力的分配,这 3 个离合器分别命名为 C1、C2、C3。C1 用于连接齿圈与动力分配系统的壳体(固定),C2 用于连接发电机与齿圈,C3 用于连接发动机与发电机。

雪佛兰沃蓝达混合动力系统一共有以下 5 种工作模式。

(1)**EV 低速模式**。处于 EV 低速模式时,C1 吸合,C2、C3 松开,发动机停转,仅由电动机驱动车辆,如图 2.41 所示。齿圈被固定,电池为电动机供电推动太阳轮转动,行星架因太阳轮的转动而转动,把动力传输到减速齿轮并传递到车轮。

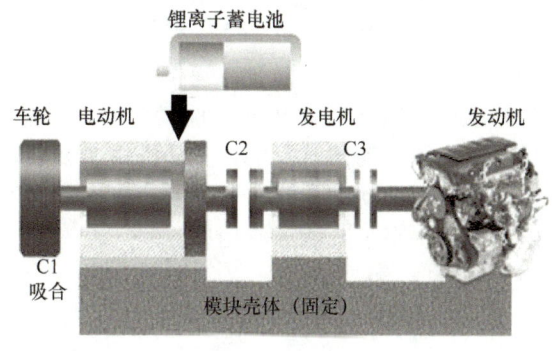

图 2.41 雪佛兰沃蓝达 EV 低速模式

(2)**EV 高速模式**。处于 EV 高速模式时,C2 吸合,C1、C3 松开,发动机停转,发电机和电动机共同驱动车辆,如图 2.42 所示。电池为电动机和发电机供电,发电机充当电动机工作,推动齿圈转动。同时,功率较大的另一个电动机推动太阳轮转动。齿圈和太阳轮同时转动,带动行星架转动,从而把动力传到车轮。发电机充当电动机推动齿圈转动,降低了与太阳轮连接的另一个电动机的转速,提高了其能源使用率。

(3)**EREV 混合低速模式**。处于 EREV 混合低速模式时,C1、C3 吸合,C2 松开,发动机运转,电动机驱动车辆,如图 2.43 所示。此时,发动机推动发电机发电,并为电池充电;同时电池为电动机供电推动太阳轮转动,由于齿圈固定,行星架跟随太阳轮转动,从而把动力传到车轮。

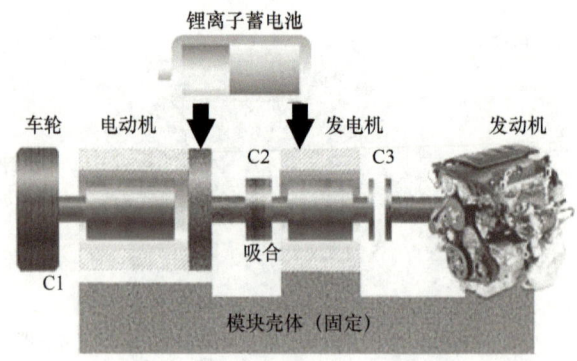

图 2.42　雪佛兰沃蓝达 EV 高速模式

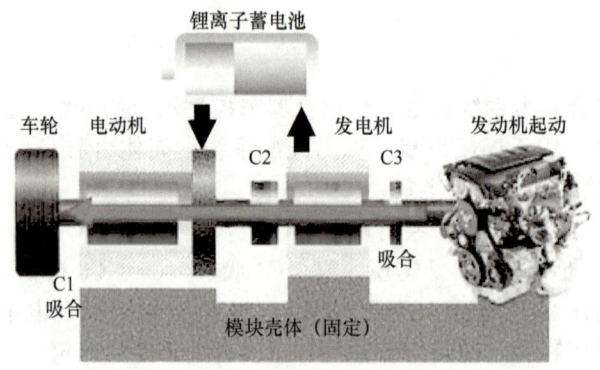

图 2.43　雪佛兰沃蓝达 EREV 混合低速模式

（4）**EREV 混合高速模式**。处于 EREV 混合高速模式时，C2、C3 吸合，C1 松开，发动机运转，发动机为电池充电的同时与电动机共同驱动汽车，如图 2.44 所示。此时，发动机与发电机转子连接后推动齿圈转动同时发电，电动机推动太阳轮转动。齿圈和太阳轮同时转动，带动行星架转动，从而把动力传到车轮。发动机推动齿圈转动，降低了与太阳轮连接的另一台电动机的转速，提高了其能源使用率。

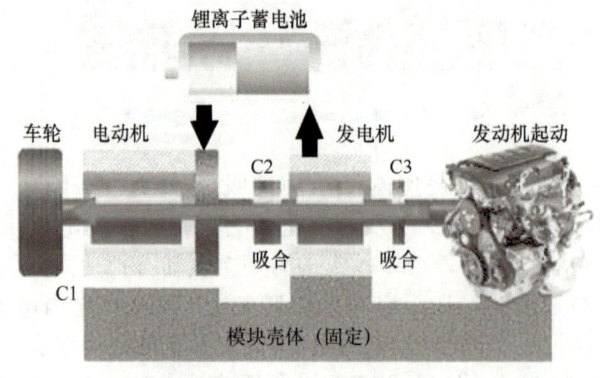

图 2.44　雪佛兰沃蓝达 EREV 混合高速模式

（5）**能量回收模式**。处于能量回收模式时，C1 吸合，C2、C3 松开，发动机停转，电动机充当发电机回收来自车辆的动能,如图 2.45 所示。车轮带动行星架转动,由于齿圈固定,太阳轮随着行星架转动。此时,功率较大的电动机作为发电机对电池充电。

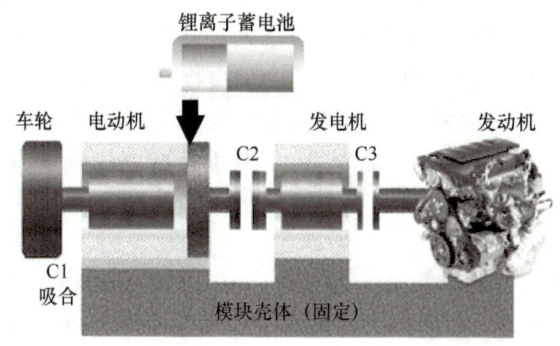

图 2.45 雪佛兰沃蓝达能量回收模式

2. 并联式混合动力电动汽车

并联式混合动力电动汽车有发动机和电动机两套驱动系统,它们可以分开工作,也可以一起协调工作,共同驱动。因此,并联式混合动力电动汽车可以在比较复杂的工况下使用,应用范围较广。并联式混合动力电动汽车由于电动机的数量和种类、传动系统的类型、部件的数量和位置关系的差别,具有明显的多样性。

【本田插电式混合动力系统】

并联式混合动力电动汽车系统结构如图 2.46 所示。该系统主要由发动机、驱动电动机、电动机控制器、动力蓄电池系统、车载充电器、动力耦合器等部件组成,有多种组合形式,可以根据使用要求进行设计。并联式混合动力系统采用发动机和驱动电动机两套独立的驱动系统驱动车轮。发动机和驱动电动机通过动力耦合器、减速机构来驱动车轮,可以采用发动机单独驱动、驱动电动机单独驱动或者发动机和驱动电动机混合驱动 3 种工作模式。当发动机提供的功率大于车辆所需驱动功率或者当车辆制动时,电动机工作于发电机状态,给动力蓄电池充电。发动机和电动机的功率可以互相叠加,发动机功率和电动机/发电机功率为电动汽车所需最大驱动功率的 50%~100%,因此可以采用小功率的发动机与电动机/发电机,使得整个动力系统的装配尺寸及质量都较小,造价也更低,续驶里程也可以比串联式混合动力电动汽车长,其特点更加趋近于内燃机汽车。并联式混合动力驱动系统通常

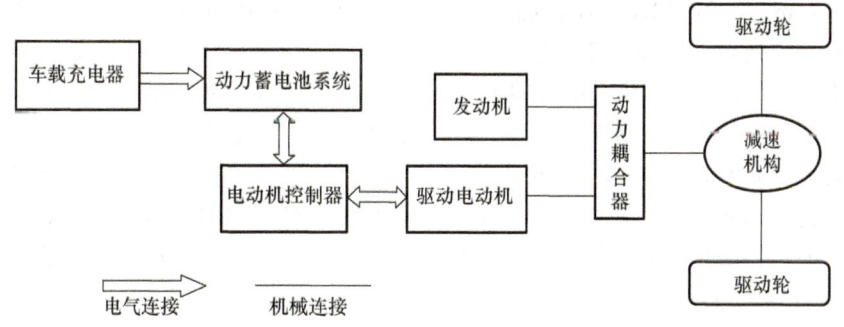

图 2.46 并联式混合动力电动汽车系统结构

被应用在小型混合动力电动汽车上。

发动机和驱动电动机通过动力耦合器、减速机构同时与驱动桥直接相联接。驱动电动机可以用来平衡发动机所受的载荷,使其能在高效率区域工作,因为通常发动机工作在满负荷(中等转速)下燃料经济性最好。当车辆在较小的路面载荷下工作时,内燃机车辆的发动机燃料经济性比较差,而并联式混合动力电动汽车此时可以关闭掉发动机而只用驱动电动机来驱动汽车,或者增加发动机的负荷使电动机作为发电机,给动力蓄电池充电以备后用(即一边驱动汽车,一边充电)。由于并联式混合动力电动汽车在稳定的高速下发动机具有比较高的效率和相对较小的质量,因此它在高速公路上行驶具有比较好的燃料经济性。

并联式混合驱动系统有两条能量传输路线,可以同时使用电动机和发动机作为动力源来驱动汽车,这种设计方式可以使其以纯电动汽车或低排放汽车的状态运行,但是此时不能提供全部的动力能源。

本田 IMA 系统是非常典型的并联式混合动力系统,由发动机、电动机、无级变速器及智能动力单元组成,如图 2.47 所示。电动机取代了传统的飞轮用于保持曲轴的运转惯性。整套系统的结构非常紧凑,和传统汽车相比仅智能动力单元占用了额外的空间。

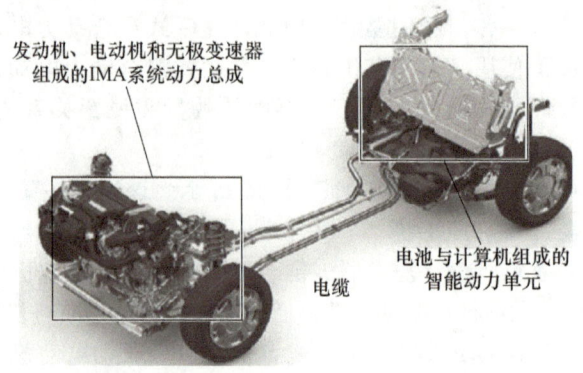

图 2.47 本田 IMA 并联式混合动力系统

本田 IMA 并联式混合动力系统的动力总成如图 2.48 所示,发动机通过搭载本田的 i-VTEC(气门正时可变技术)、i-DSI(双火花塞顺序点火技术)及 VCM(可变气缸技术)来实现降低油耗的目的。发动机最大功率为 83kW,最大转矩为 145N·m,实测油耗约为 5.4L/100km。本田 IMA 并联式混合动力系统的发动机和传统车型的发动机并没有太大区别,只是在调校上更偏向于节省燃料。

本田 IMA 并联式混合动力系统的电动机安装在发动机与变速器之间,由于电动机较薄且结构紧凑,俗称薄片电动机。薄片电动机峰值功率为 10kW,峰值转矩为 78N·m。显然,这样的电动机只能起到辅助作用。由于本田 IMA 并联式混合动力系统能够在特定情况下(如低速巡航)单独驱动汽车,因此被划分到轻型混合动力电动汽车行列。

本田 IMA 并联式混合动力系统的变速器采用的是 7 速无级变速器,可获得平顺的换挡体验及较高的换挡效率。

本田 IMA 并联式混合动力系统的智能动力单元由动力电控单元和镍氢蓄电池组成,如图 2.49 所示。其中动力电控单元又包括电池监控模块、电动机控制模块及电动机驱动模块。

图 2.48　本田 IMA 并联式混合动力系统的动力总成

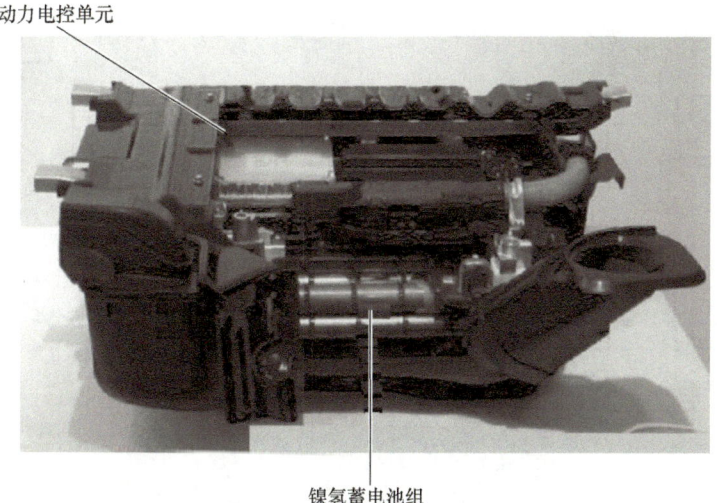

图 2.49　本田 IMA 并联式混合动力系统的智能动力单元

本田 IMA 并联式混合动力系统的工作逻辑包括起步加速、急加速、低速巡航、轻加速、高速巡航、减速及停车。

（1）起步加速。起步加速时，发动机以低速配气正时状态运转，同时电动机提供辅助动力，以实现快速加速性能，同时达到节油的目的。

（2）急加速。急加速时，发动机以高速配气正时状态运转，此时电池给电动机供电，电动机与发动机共同驱动车辆，提高整车的加速性能。

（3）低速巡航。低速巡航时，发动机的 4 个气缸的进排气阀全部关闭，发动机停止工作，车辆以纯电动方式驱动。

(4) *轻加速和高速巡航*。轻加速和高速巡航时，发动机以低速配气正时状态运转，此时发动机工作效率较高，单独驱动车辆，电动机不工作。

(5) *减速或制动*。减速或制动时，发动机关闭，电动机此时以发电机方式工作，将机械能最大限度地转换为电能，储存到动力蓄电池中。车辆制动时，制动踏板传感器给智能动力单元发出一个信号，计算机控制制动系统，使机械制动和电动机能量回馈之间制动力协调，以得到最大程度的能量回馈。

3. 混联式混合动力电动汽车

混联式混合动力电动汽车系统是串联式与并联式的综合，主要由发动机、发电机、功率转换器、驱动电动机、电动机控制器、动力耦合器、动力蓄电池系统等部件组成，其结构如图 2.50 所示。发动机发出的功率一部分通过机械传动系统输送给驱动桥，另一部分则驱动发电机发电。发电机发出的电能输送给电动机或动力蓄电池，驱动电动机产生的驱动力矩通过动力耦合器传送给驱动桥。混联式驱动系统的控制策略：行驶时优先使用纯电动模式；在动力蓄电池的荷电状态降到一定限值时，切换到混合动力模式下行驶；在混合动力模式下，起动、低速时使用串联式系统的发电机发电，电动机驱动汽车车轮行驶；加速、爬坡、高速时使用并联式系统，主要由发动机驱动汽车车轮行驶。发动机多余能量可带动发电机发电给动力蓄电池充电。

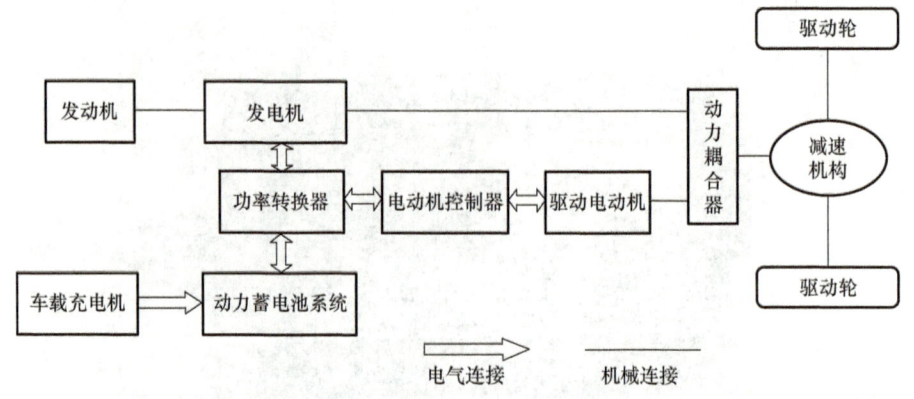

图 2.50 混联式混合动力电动汽车系统结构

混联式驱动系统充分发挥串联式系统和并联式系统的优点，能够使发动机、发电机、驱动电动机等部件进行更多的优化匹配，从而在结构上保证在更复杂的工况下使系统工作在最优状态，更容易实现排放和油耗的控制目标，因此是最具影响力的混合动力电动汽车系统。

丰田 THS 系统是典型的混联式混合动力系统，如图 2.51 所示。丰田 THS 混联式混合动力系统主要部件有汽油发动机、永磁交流同步电动机、发电机、高性能金属氢化物电池及功率控制单元。

丰田 THS 混联式混合动力系统动力总成如图 2.52 所示，由发动机、电动机及行星齿轮机构组成。发动机采用效能较高的阿特金森循环发动机。

丰田 THS 混联式混合动力系统的关键部件也是最复杂的部件就是由两

【丰田 THS 系统】

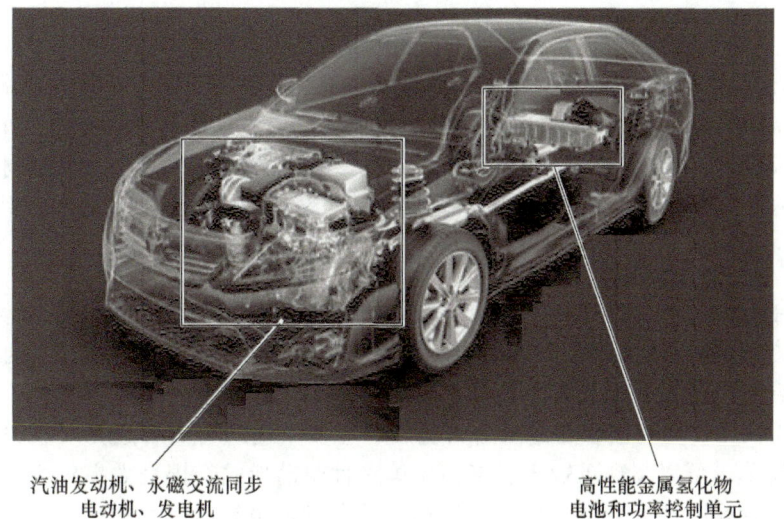

图 2.51 丰田 THS 混联式混合动力系统

台永磁同步电动机及行星齿轮组成的动力分配系统。丰田 THS 混联式混合动力系统中带有两台电动机——MG1 和 MG2。MG1 电动机主要用于发电,必要时可驱动汽车。MG2 电动机主要用于驱动汽车。MG1 电动机、MG2 电动机及发动机输出轴被连接到一套行星齿轮机构的太阳轮、齿圈和行星架上。动力分配是通过功率控制单元控制 MG1 电动机和 MG2 电动机,通过行星齿轮机械机构进行的。由于使用这种创新的动力分配方式,丰田 THS 混联式混合动力系统甚至不需要变速器,发动机输出动力经过固定减速机构减速后直接驱动车轮。

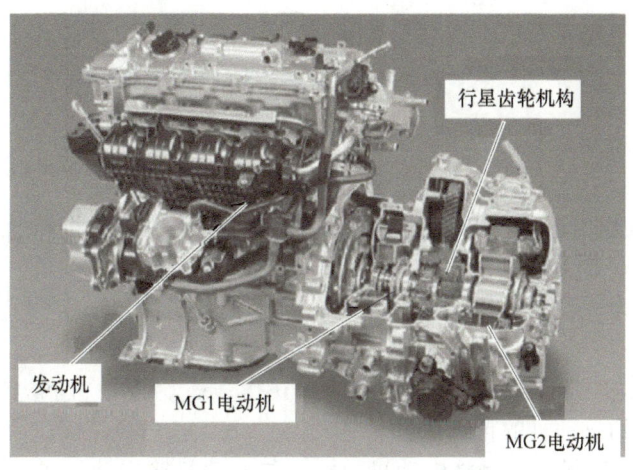

图 2.52 丰田 THS 混联式混合动力系统动力总成

丰田 THS 混联式混合动力系统的复杂度要比本田 IMA 并联式混合动力系统高出许多。虽然控制系统复杂,但其结构尚算紧凑,省去了庞大的变速器,降低了车身质量,提高了车辆的燃料经济性。

2.3.3 混合动力电动汽车的动力耦合类型

混合动力电动汽车是内燃机与电动机两种动力混合驱动的车辆,这种混合是通过动力耦合器的耦合作用实现的。动力耦合器的形式决定了混合动力电动汽车具备的工作模式,是制定功率分配策略的依据,并最终对整车的动力性、经济性和排放性产生重要影响。

混合动力电动汽车动力耦合类型主要有转矩耦合、转速耦合、功率耦合和牵引力耦合等。

1. 转矩耦合

转矩耦合式动力系统是指两个(或多个)动力源的输出动力在耦合过程中,两动力源的输出转矩相互独立,而输出转速必须互成比例,最终的合成转矩是两动力源输出转矩的耦合叠加。

转矩耦合可以通过齿轮耦合、磁场耦合、链或带耦合等多种方式实现。

(1) 齿轮耦合。齿轮耦合通过啮合齿轮(组)将多个输入动力合成在一起输出。这种耦合方式结构简单,可以实现单输入、多输入等多种驱动形式,耦合效率较高,控制相对简单;但由于齿轮是刚性啮合的,在动力切换、耦合过程中易产生冲击。

齿轮耦合式混合动力电动汽车系统结构如图 2.53 所示。

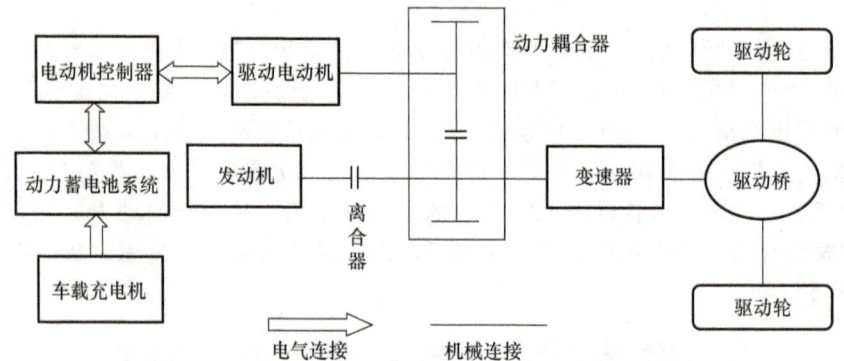

图 2.53 齿轮耦合式混合动力电动汽车系统结构

合成输出转矩为

$$T_3 = \eta_0(T_1 + i_k T_2) \qquad (2-1)$$

式中,T_1 为发动机输出转矩;T_2 为电动机输出转矩;T_3 为发动机和电动机的合成输出转矩;η_0 为耦合效率;i_k 为从电动机到发动机的传动比。

合成输出转速为

$$n_3 = n_1 = n_2/i_k \qquad (2-2)$$

式中,n_1 为发动机输出转速;n_2 为电动机输出转速;n_3 为发动机和电动机的合成输出转速;i_k 为从电动机到发动机的传动比。

(2) 磁场耦合。磁场耦合是将电动机的转子与发动机输出轴做成一体,通过磁场作用力将电动机输出动力和发动机输出动力耦合在一起。这种耦合方式效率高,结构紧凑,耦合冲击小,能量回馈方便;但混合度低,电动机一般只能起辅助驱动的作用。由于电动机转子具有一定的惯性,因此多用于轻度混合动力电动汽车上,是目前采用较多的动力耦合方式,如本田 Insight 混合动力电动汽车采用的就是磁场耦合。

磁场耦合式混合动力电动汽车系统结构如图 2.54 所示。

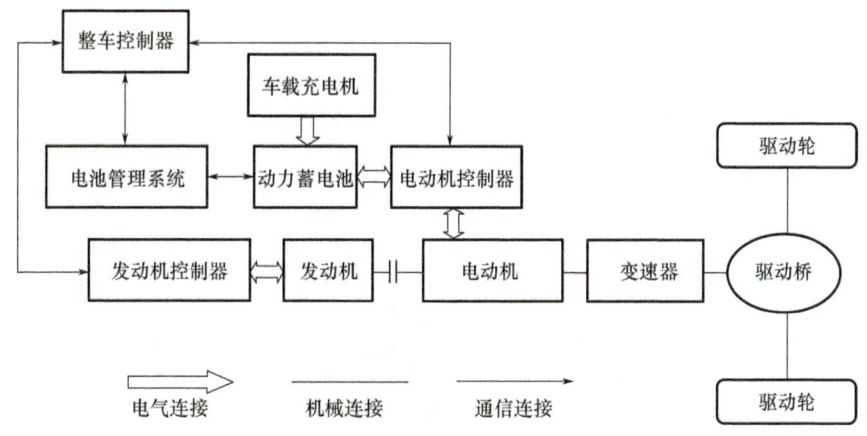

图 2.54 磁场耦合式混合动力电动汽车系统结构

合成输出转矩为

$$T_3 = T_1 = T_2 \tag{2-3}$$

合成输出转速为

$$n_3 = n_1 = n_2 \tag{2-4}$$

(3) **链或带耦合**。链或带耦合是把齿轮改为链条或皮带,通过链条或皮带将两个动力源输出的动力进行合成。这种耦合方式结构简单,冲击小,但耦合效率低。

转矩耦合的特点是发动机的转矩可控,而发动机转速不可控。通过控制电动机转矩的大小来调节发动机转矩,使发动机工作在最佳油耗曲线附近。转矩耦合结构简单,传动效率高,而且无须专门设计耦合机构,便于在原车基础上改装。

2. 转速耦合

转速耦合式动力系统是指具有两个(或多个)动力源的输出动力在耦合过程中,两个(或多个)动力源的输出转速相互独立,而输出转矩必须互成比例,最终的合成转速是两个动力源输出转速的耦合叠加,而合成转矩则不是两个动力源输出转矩的叠加。合成转速为

$$n_3 = pn_1 + qn_2 \tag{2-5}$$

式中,n_1 为动力源 1 的输出转速;n_2 为动力源 2 的输出转速;n_3 为动力源 1 和动力源 2 的合成转速;p、q 由耦合器的结构决定。

转速耦合可以通过行星齿轮耦合、差速器耦合等方式实现。

(1) **行星齿轮耦合**。行星齿轮耦合是一种普遍采用的动力耦合方式,通常发动机输出轴与太阳轮连接,电动机与齿圈连接,行星架作为输出端。这种耦合方式结构简单,传动效率高,混合度高,并且可以实现多种形式驱动,动力切换过程中冲击力小,但整车驱动控制难度较大。图 2.55 所示为行星齿轮耦合。

(2) **差速器耦合**。差速器耦合是行星齿轮耦合的一种特殊情况,其耦合方式与行星齿轮耦合基本类似,只是二者对发动机和电动机的动力性能要求不同,从而导致动力混合程度不同。差速器耦合要求发动机和电动机动力参数相当,动力混合程度比较高。图 2.56 所示为差速器耦合。

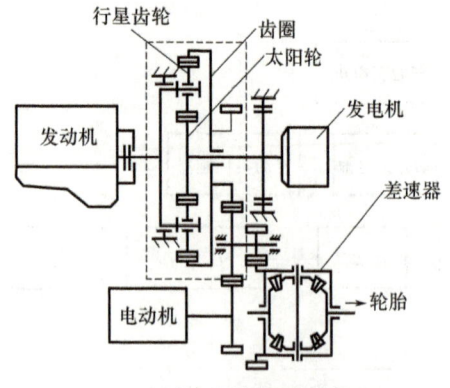

(a) 圆柱齿轮行星轮系

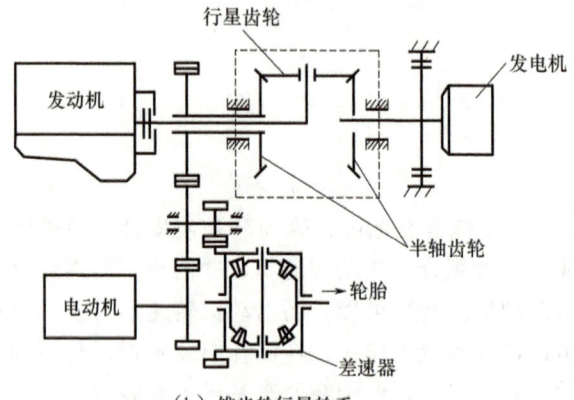

(b) 锥齿轮行星轮系

图 2.55　行星齿轮耦合

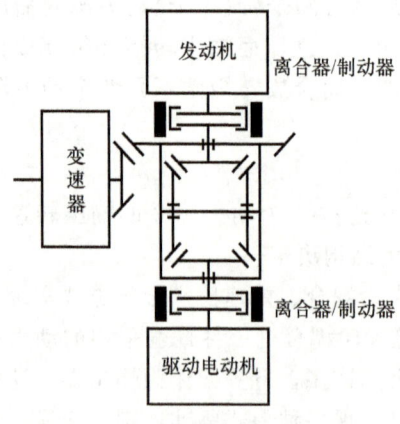

图 2.56　差速器耦合

转速耦合的特点是发动机的转矩不可控，发动机的转速可以通过调整电动机的转速而得到控制。在行驶过程中采用转速耦合方式的混合动力电动汽车，可以通过调整电动机转速来调节发动机转速，使发动机工作在最佳油耗曲线附近。即使在发动机的工作点不变的情况下，通过连续调整电动汽车电动机转速，也可以使车速连续变化，因此，采用转速耦合的混合动力电动汽车无须采用无级变速器便可以实现整车的无级变速。

3. 功率耦合

功率耦合方式的输出转矩与转速分别是发动机与电动机转矩和转速的线性和，因此发动机的转矩和转速都可控。

在采用功率耦合方式的混合动力电动汽车中，发动机的转矩和转速都可以自由控制，不受汽车工况的影响。因此，理论上可以通过调整电动机的转速和转矩，使发动机始终处在最佳油耗点工作。但实际上，频繁调整发动机工作点也可能会使经济性有所下降，因此，通常的做法是将发动机的工作点限定在经济区域，缓慢调整发动机的工作点，使发动机工作相对稳定，经济性能提高。采用功率耦合方式的混合动力电动汽车理论上不需要离合器和变速器，而且可实现无级变速。与前两种耦合系统相比，功率耦合无论是对发动机工作点的优化，还是在整车变速方面，都更具优越性。丰田普锐斯混合动力电动汽车采用的单/双行星排混合动力系统、雷克萨斯 RX400h 混合动力电动汽车采用的双行星排混合动力系统，都属于功率耦合方式。

雷克萨斯 RX400h 混合动力电动汽车的动力耦合系统如图 2.57 所示。发动机和 M1 电动机通过前排行星齿轮进行转速耦合，通过速度合成实现 M1 电动机对发动机转速的调节，使发动机转速与车速相独立，实现动力耦合器功能，转速合成之后的动力再与 M2 电动机的动力形成转矩耦合。功率耦合汇集了转矩耦合和转速耦合的优点，能实现多种工作模式，可以充分发挥混合动力电动汽车节能减排的优势。功率耦合虽然结构复杂，控制困难，但随着制造技术和控制技术的发展，这种耦合方式已经成为混合动力电动汽车的发展趋势。

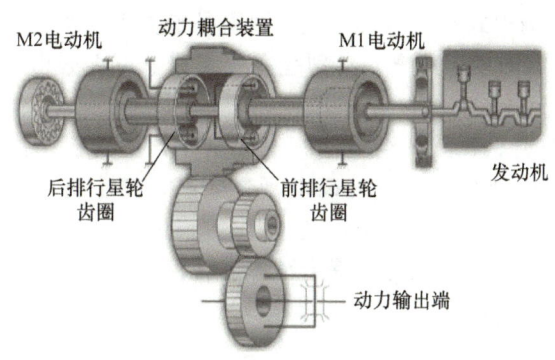

图 2.57 雷克萨斯 RX400h 混合动力电动汽车的动力耦合系统

4. 牵引力耦合

牵引力耦合是指发动机驱动前轮（后轮），电动机驱动后轮（前轮），通过前后车轮驱动力将多个动力源输出动力耦合在一起。这种耦合方式结构简单，改装方便，可实现单、双模式驱动及制动再生等多种驱动方式，但整车的驱动控制更复杂，适合于四轮驱动。

各种动力耦合方式的比较见表 2-1。

表 2-1 各种动力耦合方式的比较

耦合方式		混合度	平顺性	复杂性	效率	控制	能量回收	成本
转矩耦合	齿轮耦合	中	差	低	高	容易	中	低
	磁场耦合	中	好	中	高	中	容易	中
	链或带耦合	低	中	低	低	容易	中	低
转速耦合	行星齿轮耦合	中	中	低	高	中	难	低
	差速器耦合	高	中	低	高	中	难	低
功率耦合		高	好	高	中	较难	容易	高
牵引力耦合		高	好	中	高	难	中	中

2.3.4 混合动力电动汽车的特点

插电式混合动力电动汽车是一种新型的混合动力电动汽车,与常规混合动力电动汽车和纯电动汽车相比,主要有以下几方面区别。

(1) 需要配套充电装置。插电式混合动力电动汽车需要连接外部电网对动力蓄电池充电蓄能,并且要求充电装置充电速率较快。

(2) 需要大功率电动机。常规混合动力电动汽车以发动机作为主要动力源,电动机只作为辅助动力,通常不会通过电动机单独驱动车辆,因此所需电动机功率不用太大。插电式混合动力电动汽车具有纯电动驱动模式,在电量充足时,完全由驱动电动机驱动车辆行驶,这就要求驱动电动机具有较大功率。

(3) 需要较大容量电池。常规混合动力电动汽车的电池容量很小,一般仅在汽车起步低速工况下使用,纯电动模式运行里程较短,没有外部充电功能;插电式混合动力电动汽车的电池可利用220V电网迅速充电,特别是在夜间充电可提升电网整体利用率,同时续驶里程也大大提高。

(4) 多动力分离/复合机构。在纯电动行驶模式下,发动机不工作,此时就需要将发动机与驱动电动机的机械连接分离,提高电动机效率,减小机械损耗,提升车辆整体动力性。

串联式、并联式、混联式的插电式混合动力电动汽车,每种结构具有不同的优缺点。

1. 串联插电式混合动力电动汽车的特点

(1) 串联插电式混合动力电动汽车具有以下优点。

① 发动机独立于行驶工况,使发动机始终处于高效率区域运转,避免在低速、怠速区域所造成的能源浪费及排放差的情况,因此,提高了发动机的经济性和排放性。

② 串联式结构使混合动力系统只有单一的驱动路线,动力系统的控制策略较简单。

③ 动力蓄电池具有储能作用,能够根据驱动功率的需求对电动机进行功率的补充,发动机用于储能,因此可以选择功率较小的发动机。

④ 发电机和电动机之间采用电气连接,发动机只与发电机采用机械连接,使传动系统及底盘的布置具有较大的空间和灵活性,有利于整车传动系统的布置。

⑤ 由于发动机与车轮在机械上的解耦,发动机运转速度与整车运行速度没有关联,

因此发动机选型范围较大。

⑥ 当发动机关闭时，可实现纯电动模式行驶，发动机可以延长汽车的续驶里程。

（2）串联插电式混合动力电动汽车具有以下缺点。

① 串联系统只能由电动机驱动车轮，在化学能→机械能→电能→机械能的能量转换过程中，能量损失较大，能量利用率降低。

② 动力蓄电池就像一个调节水库，除了要满足发电机的输出功率，还要使充放电水平处于合理的区间，避免充电过度和放电过度，这就需要容量较大的动力蓄电池，成本增加，整车质量也增加。

③ 由于只有电动机直接驱动，就需要较大功率的电动机，增加了整车的质量，同时也增加了成本。

2. 并联插电式混合动力电动汽车的特点

（1）并联插电式混合动力电动汽车具有以下优点。

① 良好的燃料经济性。并联式结构布置两套动力传递路线，可根据实际工况选择不同的动力输出路线和动力组合，具有更强的选择性和适应性，避免所有能量在多次转换中的浪费和损失，提高燃料经济性。

② 良好的动力性。在高负荷运行时，发动机和电动机动力耦合，同时对汽车进行驱动，具有良好的动力性。

③ 较高的系统稳定性。并联式结构布置两套独立动力传递路线，当一条传递路线出现故障时，可以启用另外一条传递路线，保证汽车的正常运行。

④ 发动机与电动机是两套相互独立的动力系统，都可以单独作为动力源驱动汽车，因此系统整体可靠性较高。

⑤ 电动机功率较小。由于发动机可以单独驱动汽车，或与电动机共同驱动汽车，因此可以选择功率较小的电动机。

⑥ 电池容量较小。电动机作为辅助动力，所需动力电池容量较小。

（2）并联插电式混合动力电动汽车具有以下缺点。

① 控制策略较复杂。并联插电式混合动力电动汽车具有两条驱动路线，可以单独或耦合参与驱动，使该结构具有多种驱动模式，多种驱动模式之间的切换及两种动力的耦合的控制比较复杂。

② 整车布置复杂。由于存在两套动力系统，并且发动机和驱动轴之间存在机械连接，以及考虑两种动力的耦合，因此底盘的布置比较复杂。

③ 排放性能相对较差。由于不同驱动模式之间的切换，发动机频繁出现点火起动、熄火，使发动机不能稳定在高效率区域工作，因此排放性能较差。

④ 纯电动续驶里程较短。

3. 混联插电式混合动力电动汽车的特点

（1）混联插电式混合动力电动汽车具有以下优点。

① 低排放性。应对复杂的运行工况，混联插电式混合动力电动汽车具有多种驱动模式，能保证发动机在最佳工作区域工作，最大限度降低有害气体排放。

② 低油耗性。在低速运行时，动力系统主要以串联模式运行，燃料经济性好。

③ 较强的动力性。在加速或高速运行时，动力系统主要以并联模式运行，发动机和电动机同时提供驱动力，为汽车运行提供较强动力。

④ 较好的舒适性。起动及中速以下行驶时，电动机独立驱动汽车行驶，减少了噪声，提高舒适性。

(2) 混联插电式混合动力电动汽车具有以下缺点。

① 控制策略较复杂。由于混联插电式混合动力电动汽车有两套动力系统，可以分别单独驱动或耦合参与驱动，因此该结构具有多种驱动模式。多种驱动模式之间的切换及两种动力的耦合的控制比较复杂。

② 整车布置复杂。由于混联插电式混合动力电动汽车存在两套动力系统，并且发动机和驱动轴之间存在机械连接，以及考虑两种动力的耦合，因此底盘的布置比较复杂。

③ 技术难度大，成本高。

2.3.5 混合动力电动汽车的关键技术

混合动力电动汽车以先进控制技术为纽带，是传统燃油汽车与纯电动汽车的一种过渡性车型，其关键技术涵盖机电工程、电力电子、电化学、控制工程、汽车电子和车辆工程等多学科。混合动力电动汽车的关键技术包括驱动电动机及其控制技术、动力蓄电池及其管理系统、整车能量管理控制系统、动力传动系统匹配、再生制动能量回收系统、先进车辆控制技术等。

1. 驱动电动机及其控制技术

电动机是电动汽车的心脏，对于混合动力电动汽车来说，电动机的重要性与发动机是等同的。混合动力电动汽车对驱动电动机的要求是能量密度高、体积小、质量轻、效率高。从发展趋势来看，电驱动系统的研发主要集中在交流感应电动机和永磁同步电动机上，对于高速、匀速行驶工况，采用感应电动机驱动较为合适；而对于经常起动、停车、低速运行的城市工况，永磁同步电动机驱动效率较高。

驱动电动机的控制技术包括大功率电子器件、转换器、微处理器及电动机控制算法等。高性能的电力电子器件仍处于研发中，并且向微电子技术与电力电子技术集成的第4代功率集成电路方向发展。转换器技术随着功率器件的发展而发展，可分为 DC/DC 直流斩波器和 DC/AC 逆变器，分别用于直流和交流电动机。电动机控制微处理器主要有单片机和 DSP 芯片，目前电动机控制专用 DSP 芯片已被广泛采用，将微处理器与功率器件集成到一块芯片上(即 PTC 芯片)是目前的研究热点。

当前常规电动机驱动领域的控制方法如矢量控制、变压变频控制、模型参考自适应控制、直接转矩控制、自调整控制等都被用到电动汽车的驱动控制中，但电动汽车控制有其自身特点，要求在恒转矩、恒功率区都保持效率高、调速范围大、动态响应快等性能。从目前的实践看，感应电动机和永磁同步电动机矢量控制是比较好的控制方法。近年来兴起的变结构控制、模糊控制、神经网络控制及专家系统控制等新兴控制方法也不断被电动汽车采用，效果也较为理想。

2. 动力蓄电池及其管理系统

动力蓄电池是混合动力汽车的基本组成单元，其性能直接影响到驱动电动机的性能，从而影响整车的燃油经济性和排放性。混合动力电动汽车使用的电池工作负荷大，对功率密度要求较高，但体积和容量小，而且电池的 SOC 工作区间较窄，对循环寿命要求高。能否开发出适合混合动力电动汽车的专用动力蓄电池是决定混合动力电动汽车能否大量推广使用的重要因素之一。能否全面、准确地对动力蓄电池进行管理，是决定动力蓄电池能否发挥最佳效能的重要因素。

3. 整车能量管理控制系统

混合动力电动汽车的整车能量控制系统的主要功能是进行整车功率控制和工作模式切换的控制。整车能量控制系统如同混合动力电动汽车的大脑，指挥各个子系统的协调工作，以达到效率、排放性和动力性的最佳，同时兼顾行驶车辆的平顺性。

整车能量控制系统根据驾驶人的操作，如加速踏板、制动踏板、换挡杆的操作等，判断驾驶人的意图，在满足驾驶人需求的前提下，分配电动机、发动机、电池等动力部件的功率输出，实现能量利用率的最优管理，使有限的燃油发挥最大的功效。目前的混合动力电动汽车都不需要外部充电，与传统汽车一样，其整车驱动能量全部来自发动机的燃油热能，电动机驱动所需的电能是燃油热能在车辆行驶中转换为电能后储存在蓄电池中的。能量管理策略的目标就是使燃油能量转换效率尽可能高。

整车能量控制必须通过有效地控制混合动力系统的工作才能实现，此外，能量控制还需考虑其他车载电气附件和机械附件的能量消耗，如空调、动力转向、制动助力等系统的能耗，以综合考虑整车的能量使用。

4. 动力传动系统匹配

混合动力电动汽车动力传动系统的参数匹配是混合动力电动汽车设计的一个重要内容，包括合理地选择和匹配发动机功率、动力蓄电池容量和电动机的功率等，以确定车辆的混合度，组成性能最优的混合驱动系统。其直接影响混合动力电动汽车将来的排放性和燃油经济性。

5. 再生制动能量回收系统

再生制动能量回收是混合动力电动汽车提高燃油经济性的又一重要途径。制动关系到行车安全，如何在最大限度回收制动时的车辆动能与保证安全的制动距离和车辆行驶稳定性之间取得平衡，是再生制动系统需要解决的难题之一。再生制动系统与车辆防抱死制动系统的结合可以完美地解决这一难题。

6. 先进车辆控制技术

传统汽车的车辆动力学控制系统与混合动力系统控制及制动能量回收控制的结合，将是混合动力电动汽车控制技术的下一个研究热点。混合动力电动汽车的再生制动系统与传统汽车的 ABS 的结合，在国外已经得到了较好的解决，而国内尚无真正解决方案。另外，随着对混合动力电动汽车研究的深入，传统汽车的驱动控制系统、车辆稳定性控制系统等如何与混合动力电动汽车的能量管理及动力系统控制相结合，将越来越显示出其重要性与必要性。传统汽车的控制技术与现代电动汽车控制技术的融汇集成，将使未来的混合动力电动汽车更加节能、舒适和安全。

2.3.6 混合动力电动汽车车型实例

1. 丰田普锐斯混合动力电动汽车

丰田普锐斯是世界上首款量产的混合动力电动汽车。一汽丰田普锐斯混合动力电动汽车（图2.58）车身尺寸为4485mm×1745mm×1510mm，轴距为2700mm；整备质量为1385kg。它采用了汽油机和电动机强混联的方式，搭载了1台排量为1.8L、最大功率为73kW、最大转矩为142N·m的4缸汽油发动机，1台最大功率为60kW、最大转矩为207N·m的电动机及一个500V的镍氢蓄电池。厂家公布的丰田普锐斯最高车速为180km/h，综合工况油耗为4.3L/100km。

图2.58　一汽丰田普锐斯混合动力电动汽车

2. 荣威550插电式混合动力电动汽车

荣威550插电式混合动力电动汽车（图2.59）是上海汽车集团股份有限公司推出的一款插电式混合动力电动汽车，其车身尺寸为4648mm×1827mm×1479mm，轴距为2705mm；整备质量为1699kg。

图2.59　荣威550插电式混合动力电动汽车

荣威550插电式混合动力电动汽车的动力总成由汽油发动机、起动发电机（ISG）和牵引电动机(TM)构成。汽油发动机排量为1.5L，最大功率为80kW，最大转矩为135N·m；起动发电机的最大功率为23kW，最大转矩为147N·m；牵引电动机的最大功率为44kW，最大转矩为317N·m。发动机和电动机的最大综合功率为147kW，最大综合转矩为587N·m。

荣威550插电式混合动力电动汽车配备锂离子蓄电池，电池容量为11.8kW·h，慢充6～8h充满电量。

荣威550插电式混合动力电动汽车搭配的是智能电驱变速器。它可以灵活实现串/并联混合驱动和油/电驱动自动切换，并提供E—经济模式、N—普通模式、M—山地模式3种不同的行车模式。E—经济模式，尽可能地以电力驱动，在较大的动力需求下才启用发动机。N—普通模式，可以均衡地利用油和电力驱动车辆，有更好的动力储备，此模式下有纯电动、串联、并联等模式。M—山地模式，为提高爬坡能力，此模式有最高的动力储备，具有较高的换挡点。

荣威550插电式混合动力电动汽车的最高车速为200km/h，0～100km/h的加速时间为10.5s；最大爬坡度为30%；综合油耗为2.3L/100km，综合电耗为12kW·h/100km；综合工况纯电续驶里程为58km，60km/h等速纯电续驶里程为88km；配备了35L的油箱，综合工况油电综合续驶里程为500km。

3. 比亚迪秦插电式混合动力电动汽车

比亚迪秦插电式混合动力电动汽车（图2.60）车身尺寸为4740mm×1770mm×1480mm，轴距为2670mm。在动力配置方面，比亚迪秦插电式混合动力电动汽车采用1.5TI涡轮增压发动机＋电动机的组合类型，1.5TI涡轮增压发动机的最大功率为113kW，最大转矩为240N·m；永磁同步电动机的最大功率为110kW，最大转矩为250N·m；发动机和电动机的最大综合功率为217kW，最大综合转矩为479N·m。用于储能的电池位于汽车尾箱位置。该电池组容量为13kW·h，标称电压为506V，类型为磷酸铁锂离子蓄电池。

在驾驶模式选择上，比亚迪秦插电式混合动力电动汽车的灵活性较大，驾驶人可以根据自身需求及路况来选择不同的驾驶模式。例如，在堵车时可以选择纯电动＋节能模式，以达到更好的节油效果；在需要更多动力时，可以选择混动＋运动模式。

比亚迪秦插电式混合动力电动汽车的最高车速为185km/h，0～100km/h的加速时间为5.9s；保证强劲动力的同时，油耗仅为1.6L/100km；纯电续驶里程为70km。

图2.60 比亚迪秦插电式混合动力电动汽车

4. 沃尔沃 S60L 插电式混合动力电动汽车

沃尔沃 S60L 插电式混合动力电动汽车(图 2.61)采用 175kW 的高效 Drive－E"E 驱智能科技"动力总成与电气化技术协同工作,它提供纯电动、混动和高性能 3 种不同的驾驶模式,驾驶人可以根据自己的偏爱进行选择,能够同时满足日常通勤与长途出行的需求,完美实现性能与环保的平衡。在纯电动模式下,单次续驶里程超过 50km,尾气排放为零;在混动模式下,最大续驶里程可以达到 1000km,油耗仅 2L,转化为二氧化碳排放量为 50g/km;在性能模式下,即汽油发动机和电动机同时开启时,汽车最大功率为 225kW,最大转矩为 550N·m,0～100km/h 的加速时间仅 5.5s。

图 2.61 沃尔沃 S60L 插电式混合动力电动汽车

2.4 燃料电池电动汽车

以燃料电池系统作为动力源或主动力源的汽车称为燃料电池电动汽车(Fuel Cell Electric Vehicle,FCEV)。燃料电池电动汽车是未来电动汽车的重要发展方向之一。

【燃料电池电动汽车】

2.4.1 燃料电池电动汽车的分类

燃料电池电动汽车按燃料特点不同,可分为直接燃料电池电动汽车和重整燃料电池电动汽车。

直接燃料电池电动汽车的燃料主要是氢气;重整燃料电池电动汽车的燃料主要有汽油、天然气、甲醇、甲烷、液化石油气等。氢燃料电池电动汽车排放无污染,被认为是最理想的汽车,但氢的制取和储存有困难;重整燃料电池电动汽车的结构比氢燃料电池电动汽车复杂得多。

燃料电池电动汽车按燃料氢的储存方式不同,可分为压缩氢燃料电池电动汽车、液氢燃料电池电动汽车和合金(碳纳米管)吸附氢燃料电池电动汽车。

燃料电池电动汽车按"多电源"的配置不同,可分为纯燃料电池(PFC)驱动的燃料电池电动汽车、燃料电池与辅助动力蓄电池(FC+B)联合驱动的燃料电池电动汽车、燃料电池与超级电容器(FC+C)联合驱动的燃料电池电动汽车,以及燃料电池与辅助动力蓄电和超级电容器(FC+B+C)联合驱动的燃料电池电动汽车。

1. 纯燃料电池驱动的燃料电池电动汽车

纯燃料电池电动汽车只有燃料电池一个动力源,汽车需要的所有功率都由燃料电池提供。纯燃料电池驱动的燃料电池电动汽车动力系统如图 2.62 所示。

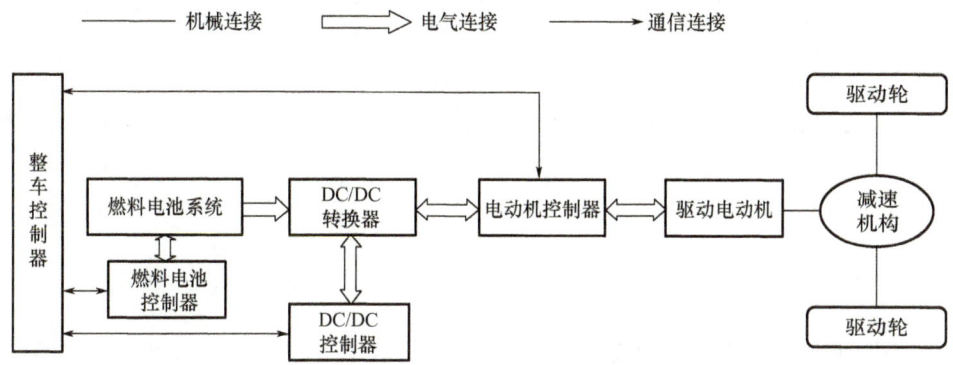

图 2.62 纯燃料电池驱动的燃料电池电动汽车动力系统

燃料电池系统将氢气与氧气反应产生的电能通过 DC/DC 转换器和电动机控制器传给驱动电动机,驱动电动机将电能转换为机械能再传给减速机构,从而驱动汽车行驶。这种系统的优点是结构简单,系统控制和整体布置容易;系统部件少,有利于整车的轻量化;整体的能量传递效率高,从而提高整车的燃料经济性。缺点是燃料电池功率大、成本高;对燃料电池系统的动态性能和可靠性提出了很高的要求;不能进行制动能量回收。

为了有效地克服上述缺点,必须使用辅助能量储存系统作为燃料电池系统的辅助动力源,与燃料电池联合工作,组成混合驱动系统共同驱动汽车。从本质上来讲,这种结构的燃料电池电动汽车采用的是混合动力结构。它与传统意义上的混合动力结构的差别仅在于发动机是燃料电池而不是内燃机。在燃料电池混合动力结构汽车中,燃料电池和辅助能量储存装置共同向驱动电动机提供电能,通过减速机构来驱动汽车。

2. 燃料电池与辅助动力蓄电池联合驱动的燃料电池电动汽车

燃料电池与辅助动力蓄电池联合驱动的燃料电池电动汽车动力系统如图 2.63 所示。在该动力系统结构中,燃料电池和动力蓄电池一起为驱动电动机提供能量,驱动电动机将电能转换为机械能传给减速机构,从而驱动汽车行驶;在汽车制动时,驱动电动机变成发电机,动力蓄电池将储存回馈的能量。在燃料电池和动力蓄电池联合供能时,燃料电池的能量输出变化较平缓,随时间变化波动较小,而能量需求变化的高频部分由动力蓄电池分担。

目前这种结构形式应用比较广泛,解决了诸如辅助设备供电、水热管理系统供电、燃料电池堆加热、能量回收等问题。主要优点是系统对燃料电池的功率要求较纯燃料电池结构形式有很大的降低,从而大大地降低了整车成本;燃料电池可以在比较好的设定工作条件下工作,工作时燃料电池的效率较高;系统对燃料电池的动态响应性能要求较低;汽车的冷起动性能较好;可以回收汽车制动时的部分动能。但这种结构形式由于动力蓄电池的使用使得整车的质量增加,动力性和经济性受到影响,这一点在能量复合型混合动力电动

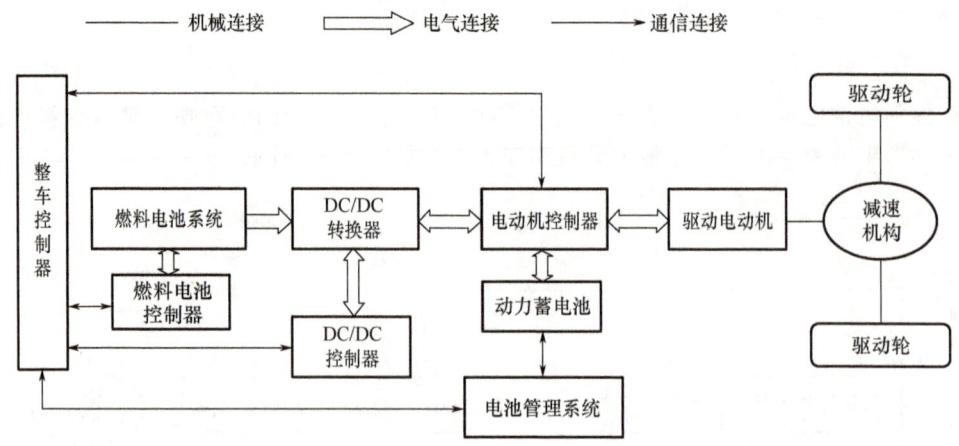

图 2.63　燃料电池与辅助动力蓄电池联合驱动的燃料电池电动汽车动力系统

汽车上表现更明显；动力蓄电池充放电过程会有能量损耗；系统变得复杂，系统控制和整体布置难度增加。

3. 燃料电池与超级电容器联合驱动的燃料电池电动汽车

这种结构形式与燃料电池＋动力蓄电池结构相似，只是把动力蓄电池换成超级电容器，如图 2.64 所示。相对于动力蓄电池，超级电容器充放电效率高，能量损失小，循环寿命长，常规制动时再生能量回收率高，正常工作温度范围宽；超级电容器瞬时功率比动力蓄电池大，汽车起动更容易。燃料电池和超级电容器动力系统可以降低燃料电池的放电电流，发挥超级电容器均衡负载的作用，提高整车的续驶里程及动力性。

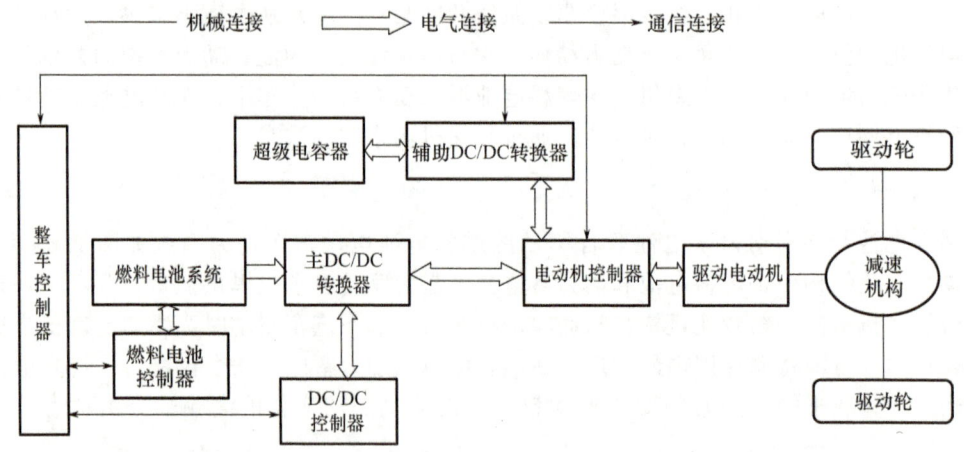

图 2.64　燃料电池与超级电容器联合驱动的燃料电池电动汽车动力系统

但是，超级电容器的比能量低，能量储存有限，峰值功率持续时间短，同时这种混合动力系统结构复杂，对系统各部件之间的匹配及控制要求高，这些成为制约燃料电池和超级电容器动力系统发展的关键因素。随着超级电容器技术的不断进步，这种结构将成为重要的发展方向。

4. 燃料电池与辅助动力蓄电池和超级电容器联合驱动(FC＋B＋C)的燃料电池电动汽车

燃料电池与辅助动力蓄电池和超级电容器联合驱动的燃料电池电动汽车动力系统如图 2.65 所示。在该动力系统结构中，燃料电池、动力蓄电池和超级电容器一起为驱动电动机提供能量，驱动电动机将电能转换为机械能并传给减速机构，从而驱动汽车行驶。在汽车制动时，驱动电动机变成发电机，动力蓄电池和超级电容器将储存回馈的能量。

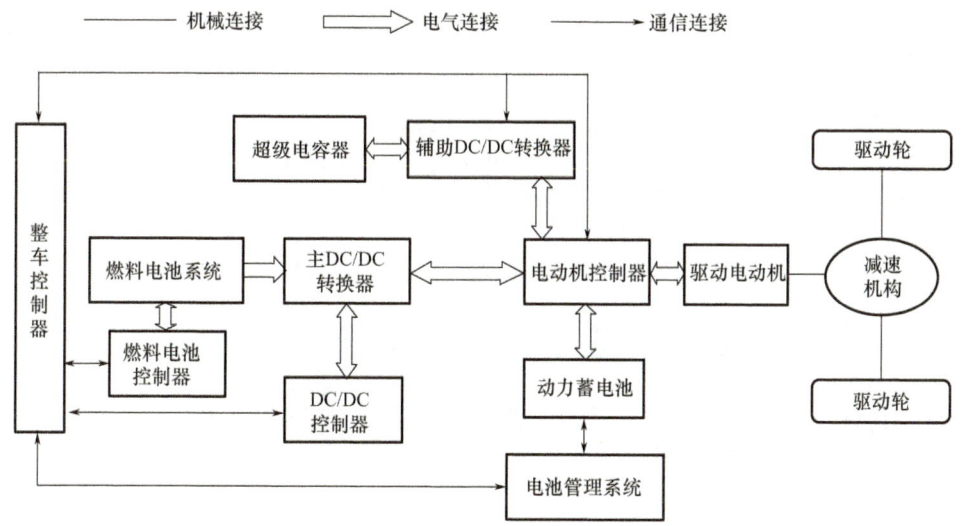

图 2.65　燃料电池与辅助动力蓄电池和超级电容器联合驱动的燃料电池电动汽车动力系统

在燃料电池、动力蓄电池和超级电容器联合供能时，燃料电池的能量输出较平缓，随时间变化波动较小，而能量需求变化的低频部分由动力蓄电池承担，能量需求变化的高频部分由超级电容器承担。在这种结构中，各动力源的分工更加明细，因此它们的优势也得到更好的发挥。

燃料电池＋辅助动力蓄电池＋超级电容器结构与燃料电池与辅助动力蓄电池的结构相比优点更加明显，尤其是在部件效率、动态特性、制动能量回馈等方面。但燃料电池＋辅助动力蓄电池＋超级电容器结构的缺点也更加明显，增加了超级电容器，整个系统的质量将可能增加；系统更加复杂化，系统控制和整体布置的难度也随之增大。

如果能够对系统进行很好的匹配和优化，燃料电池＋辅助动力蓄电池＋超级电容器结构带来的汽车良好的性能具有很大的吸引力。

在三种混合动力系统中，燃料电池＋动力蓄电池＋超级电容器组合被认为能够最大限度满足整车的起动、加速、制动的动力和效率需求，但成本最高，结构和控制也最复杂。目前燃料电池电动汽车动力系统的一般结构是燃料电池＋动力蓄电池，这是因为它具有以下特点。

(1) 燃料电池单独或与动力蓄电池共同提供持续功率，而且在有车辆起动、爬坡和加速等峰值功率需求时，动力蓄电池提供峰值功率。

(2) 在车辆起步和功率需求量不大时，动力蓄电池可以单独输出能量。

(3) 动力蓄电池技术比较成熟，可以在一定程度上弥补燃料电池在技术上的不足。

目前，燃料电池与辅助动力蓄电池联合驱动的燃料电池电动汽车动力系统分为直接型和间接型两种结构形式。

(1) **直接型燃料电池混合动力系统**。直接型燃料电池混合动力系统是指燃料电池系统与系统总线直接相连的系统，如图 2.66 所示。在该系统中，由于燃料电池系统和动力蓄电池均直接并入动力系统总线，直接与电动机控制器相连，结构简单易行。此外，由于动力蓄电池既可输出功率改善燃料电池系统本身在汽车行驶过程中可能出现动力性较差的情况，又可在燃料电池功率输出过剩时将多余的功率储存在其内部，因此提高了整车的能量利用率。

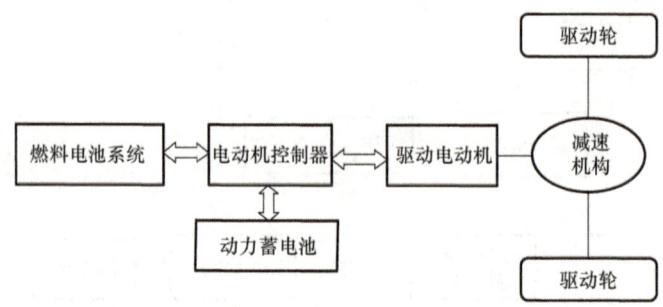

图 2.66　直接型燃料电池混合动力系统（无 DC/DC 转换器）

直接型燃料电池混合动力系统还有一种燃料电池系统直接连入主线、动力蓄电池，与双向 DC/DC 转换器相连，然后并入主线的结构形式，如图 2.67 所示。

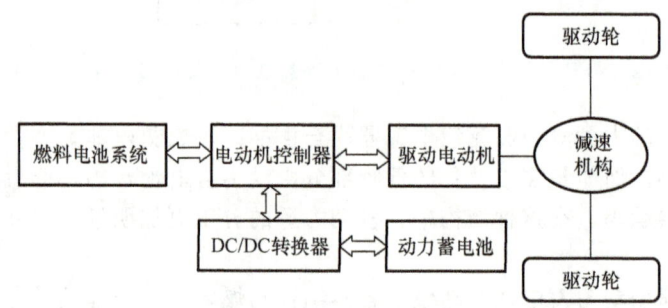

图 2.67　直接型燃料电池混合动力系统（有 DC/DC 转换器）

这种结构形式的动力系统，由于在动力蓄电池和总线之间增加了一个双向 DC/DC 转换器，使得动力蓄电池的电压可以不用与总线上的电压保持一致，降低了动力蓄电池的设计要求，因此可以在一定程度上提高动力蓄电池的性能；另一方面，对于系统控制而言，DC/DC 转换器的引入可以更加方便灵活地控制动力蓄电池的充放电，改善系统的可操作性。

总的来说，直接型燃料电池混合动力系统具有结构简单、易于实现等优点，但却存在一个不可避免的问题，那就是由于燃料电池系统与总线直接相连，总线电压即为燃料电池的输出电压。而在汽车行驶时，驱动电动机的工作电压会与燃料电池的输出电压产生一定的电压差，当燃料电池正常工作时，其输出电压为总线电压，此时若输出电压小于驱动电动机的工作电压，会导致驱动电动机的输出功率降低，进而影响整车行驶的动力性能；与之相反，当驱动电动机在其最大输出功率的电压下工作时，若驱动电动机工作电压小于燃料电池的输出电压,则会影响燃料电池系统的工作效率,降低整车的经济性能。

(2) **间接型燃料电池混合动力系统**。该系统的结构形式是燃料电池系统与 DC/DC 转换器连接后,动力蓄电池与其一起并联入动力系统总线,如图 2.68 所示。

间接型燃料电池混合动力系统在一定程度上解决了直接型燃料电池混合动力系统中存在的燃料电池输出电压与驱动电动机工作电压之间矛盾的问题,既保证了驱动电动机始终工作在其最佳工作电压范围内,又保证了燃料电池的输出电压不受干扰和限制,改善了系统的工作性能。

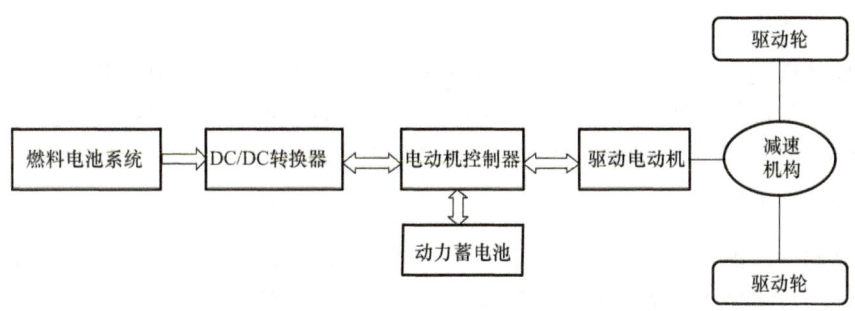

图 2.68 间接型燃料电池混合动力系统

2.4.2 燃料电池电动汽车的结构原理

典型燃料电池电动汽车主要由燃料电池、高压储氢罐、辅助动力源、DC/DC 转换器、驱动电动机和整车控制器等组成,如图 2.69 所示。

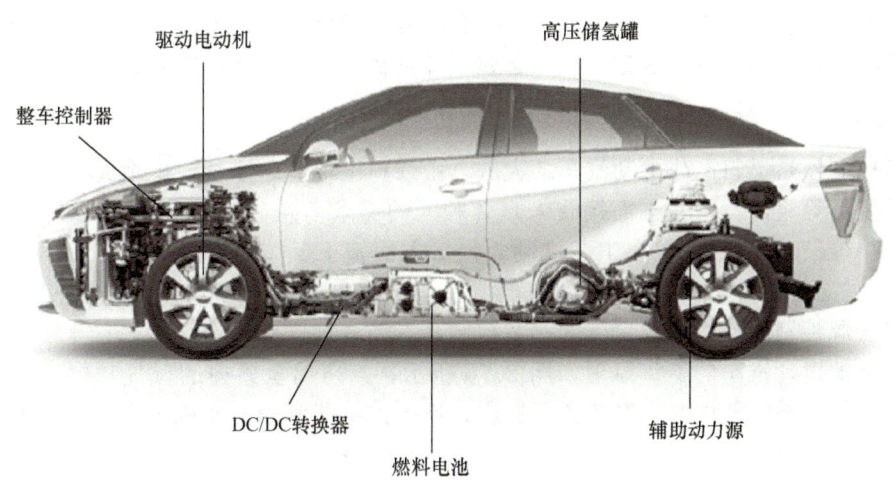

图 2.69 燃料电池电动汽车的结构

1. 燃料电池

燃料电池是燃料电池电动汽车的主要动力源,是一种不燃烧燃料而直接以电化学反应方式将燃料的化学能转换为电能的高效发电装置。

发电的基本原理:电池的阳极(燃料极)输入氢气(燃料),氢分子在阳极催化剂的作用下被离解成为氢离子和电子，氢离子穿过燃料电池的电解质层向阴极（氧化极）方向运动，电子因通不过电解质层而由一个外部电路流向阴极；在电池阴极输入氧气，氧气在阴极催化剂的作用下离解成为氧原子，与通过外部电路流向阴极的电子和燃料穿过电解质的氢离子结合生成稳定结构的水，完成电化学反应，放出热量。这种电化学反应与氢气在氧气中发生的剧烈燃烧反应是完全不同的，只要阳极不断输入氢气，阴极不断输入氧气，电化学反应就会连续不断地进行下去，电子就会不断通过外部电路流动形成电流，从而连续不断地向汽车提供电力。

2. 高压储氢罐

高压储氢罐是气态氢的储存装置，用于给燃料电池供应氢气。为保证燃料电池电动汽车一次充气有足够的续驶里程，就需要使用多个高压储氢罐来储存气态氢气。一般轿车需要2～4个高压储氢罐，大客车需要5～10个高压储氢罐。

3. 辅助动力源

根据燃料电池电动汽车的设计方案不同，其所采用的辅助动力源也有所不同，可以用动力蓄电池、飞轮储能器或超级电容器等共同组成双电源系统。

4. DC/DC 转换器

燃料电池电动汽车的燃料电池需要装置单向 DC/DC 转换器，动力蓄电池和超级电容器需要装置双向 DC/DC 转换器。DC/DC 转换器的主要功能：调节燃料电池的输出电压，能够升压到 650V；调节整车能量分配；稳定整车直流母线电压。

5. 驱动电动机

燃料电池电动汽车用的驱动电动机主要有直流电动机、交流电动机、永磁同步电动机和开关磁阻电动机等，具体选型必须结合整车开发目标，综合考虑电动机的特点。

6. 整车控制器

整车控制器是燃料电池电动汽车的大脑，由燃料电池管理系统、电池管理系统、驱动电动机控制器等组成。它一方面接收来自驾驶人的需求信息（如点火开关、加速踏板、制动踏板、挡位信息等）实现整车工况控制，另一方面基于反馈的实际工况（如车速、制动、电动机转速等）及动力系统的状况（燃料电池及动力蓄电池的电压、电流等），根据预先匹配好的多能源控制策略进行能量分配调节控制。

燃料电池电动汽车的工作原理如图 2.70 所示，高压储氢罐中的氢气和空气中的氧气在汽车搭载的燃料电池中发生氧化还原反应，产生出电能驱动电动机工作，驱动电动机产生的机械能经变速传动装置传给驱动轮，驱动汽车行驶。

2.4.3 燃料电池电动汽车的特点

燃料电池电动汽车与内燃机汽车和纯电动汽车相比，具有以下优点。

（1）**效率高**。燃料电池的工作过程是化学能转换为电能的过程，不受卡诺循环的限制，能量转换效率较高，可以达到30%以上，而汽油机汽车和柴油机汽车整车效率分别为16%～18%和22%～24%。

（2）**续驶里程长**。燃料电池电动汽车采用燃料电池系统作为能量源，克服了纯电动汽

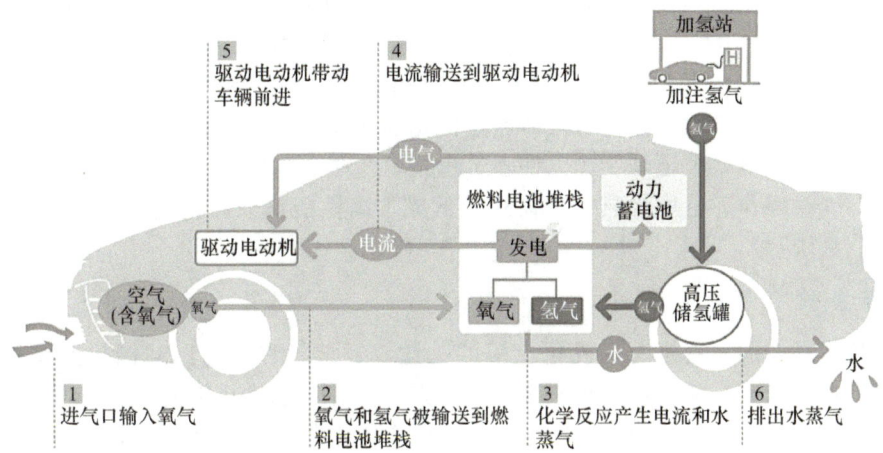

图 2.70 燃料电池电动汽车的工作原理

车续驶里程短的缺点,其长途行驶能力及动力性已经接近于传统汽车。

(3) 绿色环保。燃料电池没有燃烧过程,以纯氢作燃料,生成物只有水,属于零排放。燃料电池电动汽车采用其他富氢有机化合物用车载重整器制氢作为燃料电池的燃料,生产物除水之外还可能有少量的 CO_2,接近零排放。

(4) 过载能力强。燃料电池除了在较宽的工作范围内具有较高的工作效率外,其短时过载能力可达额定功率的 200% 或更大。

(5) 噪声低。燃料电池属于静态能量转换装置,除了空气压缩机和冷却系统以外无其他运动部件,因此与内燃机汽车相比,运行过程中噪声和振动都较小。

(6) 设计方便灵活。燃料电池电动汽车可以按照 X-by-Wire 的思路进行汽车设计,改变传统的汽车设计概念,可以在空间和质量等问题上进行灵活的配置。

燃料电池电动汽车的主要缺点如下。

(1) 燃料电池电动汽车的制造成本和使用成本过高。

(2) 辅助设备复杂,而且质量和体积较大。

(3) 起动时间长,系统抗振能力有待进一步提高。此外,在燃料电池电动汽车受到振动或者冲击时,各种管道的连接和密封的可靠性需要进一步提高,以防止泄漏及降低效率,避免引发安全事故。

2.4.4 燃料电池电动汽车的关键技术

1. 燃料电池系统

燃料电池是燃料电池电动汽车发展的最关键技术之一。车用燃料电池系统的核心是燃料电池堆。燃料电池堆技术发展趋势可用耐久性、低温起动温度、净输出比功率及制造成本这 4 个要素来评判。燃料电池堆研究正在向高性能、高效率和更高耐久性方向发展。

降低成本也是燃料电池堆研究的目标,降低成本的有效手段是减少材料(电催化剂、电解质膜、双极板等)的费用,降低(膜电极制作、双极板加工和系统装配等)加工费。但是如何在材料价格与系统性能之间取得平衡,依然需要继续研究。以电催化剂为例,非铂催化剂体系虽然在降低成本上有潜力,但是其性能却远远无法达到车用燃料电池系统的要求。人们一直努力减少铂的使用量,但即便是膜电极中有高负载量(如 Pt 担载量为 $1mg/cm^2$),其性能也不能满足车用功率的需求。如何更有效地利用电催化剂的活性组分,使活性组分长期处于高活性状态,延长催化剂使用寿命已是催化剂研究应该考虑的重点。

另外,燃料电池系统还需要攻克许多工程技术壁垒,包括系统起动与关闭时间、系统能量管理与变换操作、电堆水热管理模式及低成本高性能辅助设施(包括空气压缩机、传感器和控制系统)等。

2. 车载储氢系统

储氢技术是氢能利用走向规模化应用的关键。目前,常见的车载储氢系统有高压储氢、低温储存液氢和金属氢化物储氢 3 种基本方案。对于车载储氢系统,美国能源部提出在续驶里程与标准汽油车相当的燃料电池电动汽车的车载储氢目标是质量储氢密度为 6%、体积储氢密度为 $60kg/m^3$。纵观现有储氢方案,除了低温储存液氢技术,其他技术都不能完全达到以上指标。而低温储存液氢的成本与能耗都很大,作为车载储氢并不是最佳选择。

如何有效减小储氢系统的质量与体积,是车载储氢技术开发的重点。一个比较理想的方案是,采用储氢材料与高压储氢复合的车载储氢新模式,即在高压储氢容器中装填质量较轻的储氢材料。这与纯高压(大于 40MPa)储氢方式相比,既可以降低储氢压力(约 10MPa),又可以提高储氢能力。复合式储氢模式的技术难点是如何开发吸氢和放氢性能好、成型加工性良好、质量轻的储氢材料。

3. 整车热管理

燃料电池电动汽车整车热管理有两方面特性需要关注。

(1)燃料电池发动机自身的运行温度为 60~70℃,实际散热系统的工作温度大致可以控制在 60℃,这样一来与整车运行的环境温度相比温差不大,造成燃料电池电动汽车无法像传统汽车一样依赖环境温差散热,转而必须依赖整车动力系统提供额外的冷却动力为系统散热,这样从动力系统效率角度出发是不经济的,两者之间的平衡是热管理开发方面必须关注的。

(2)目前整车各零部件的体积留给整车布置回旋的余地很小,造成散热系统设计的改良空间不大,无法采用通用的解决方案应对,必须开发专用的零部件(如特殊构造或布置的冷凝器、高功率的冷却风扇等),这样就要求有丰富的整车散热系统的基础数据以支持相关开发设计,而这点正好是目前国内整车企业所欠缺的。

另外,与整车散热系统密切相关的车用空调系统开发也是整车企业必须关注的。由于没有传统的汽油发动机,传统空调的压缩机动力源发生了颠覆性变化,改用纯电动压缩机作为空调系统的动力源,因而在做整车散热系统需求分析时,空调系统性能需求作为整车散热系统的"负载"因素也成为散热系统开发的技术难点。

4. 整车与动力系统的参数选择与优化设计

燃料电池电动汽车的整车性能参数是整个燃料电池蓄动力系统开发的信息输入,而虚拟配置的动力系统的特性参数也影响整车性能。两者之间的参数选择是一个多变量、多目标的优化设计过程,而且参数的选择与行驶工况和控制策略紧密相关,只有在建立准确的仿真模型基础上经过反复寻优计算,才可能达到较好的设计结果。目前,参数设计主要借助于通用的或专用的仿真软件（如 ADVISOR、Easy5、PSCAD、V2ELPH、FAHRSIM 等）进行离线仿真，其优点是方便快捷，适合在设计初期对系统性能进行宏观的预估和评价，但难以对动力系统进行深入细致的分析与设计。随着系统开发的不断深入，某些已经存在的部件或环节将会集成仿真回路进行测试与研究，这些部件包括难建模部件、整车控制器及驾驶人等。为了实现虚拟模型与真实部件的联系，必须建立实时的仿真开发环境。目前实时仿真在燃料电池电动汽车领域主要用于整车控制器的在环仿真。例如，采用 dSPACE 建立整车控制器的硬件在环仿真环境，而集成真实部件的动力系统实时仿真测试环境将是整车与动力系统的参数选择与优化设计的技术升级方向。

5. 多能源动力系统的能量管理策略

能量管理策略对燃料经济性影响很大，而且受到动力系统参数和行驶工况的双重影响。目前的开发方式一般是借助仿真技术建立一个虚拟开发环境对动力系统模型进行合理简化，从理论分析的角度得到最优功率分配策略与能量源参数和工况特征之间的解析关系，并从该关系出发定量地分析功率缓冲器特性参数对最优功率分配策略的影响，为功率缓冲器的参数选择提供理论依据，最终目的是定量地分析工况特征参数与最优功率分配策略之间的映射关系，完成功率分配策略的工况适应性研究。

完成能量管理策略的工况适应性开发后，其核心问题转变为功率分配优化，当然还必须考虑一些限制条件，如蓄电池容量的限制和各部件额定值的限制等。可用作功率分配的决策输入量很多，如 SOC 值、总线电压、车速、驾驶人功率需求等。按照是否考虑这些变量的历史状态，可以把功率分配策略分为瞬时策略与非瞬时策略两大类。

作为能量管理策略的一部分，制动能量回收是提高燃料经济性的重要措施，也是一个难点问题，必须综合考虑制动稳定性、制动效能、驾驶人感觉、蓄电池充电接受能力等限制条件。制动系统关乎生命安全，而且制动过程通常很短暂，在研究初期一般不直接进行道路试验，而是在建立系统动态模型的基础上再进行深入细致的仿真研究。

以上是燃料电池电动汽车的主要关键技术，它们对整车的动力性、经济性和安全性影响非常大，是需要解决的核心问题。

2.4.5　燃料电池电动汽车车型实例

1. 荣威 950 燃料电池电动汽车

上海汽车集团股份有限公司推出的荣威 950 燃料电池电动汽车（图 2.71）搭载有动力蓄电池和氢燃料电池双动力源系统。荣威 950 燃料电池电动汽车行驶以氢燃料电池为主，动力蓄电池为辅，基于车载的蓄电池充电器，荣威 950 燃料电池电动汽车可通过市网电力系统为动力蓄电池充电。氢燃料电池方面，荣威 950 燃料电池电动汽车搭载两个 70MPa 氢燃料高压储气罐，其氢气储量可达 4.34kg，最大续驶里程为 400km。此外，通过优化车辆起动系统，即使是在 －20℃ 的环境中，荣威 950 燃料电池电动汽车也可以正常起动与行驶。

2. 丰田燃料电池电动汽车

丰田一直致力于燃料电池电动汽车的研发，其推出的第一款燃料电池电动汽车（图 2.72）：在车身底板上布置了两个 70MPa 氢燃料高压储气罐，升功率达到 3kW/L，氢

图 2.71　荣威 950 燃料电池电动汽车

燃料电池的输出功率至少达到 100kW；一次燃料充满时间仅为 3min，但续驶里程可达 500km。

图 2.72　丰田燃料电池电动汽车

3. 奔驰 B 级 F-Cell 燃料电池电动汽车

奔驰 B 级 F-Cell 燃料电池电动汽车（图 2.73）使用氢燃料作为动力来源，车身底部安装了 3 个储氢罐，每个储氢罐装可储存约 4kg 的气态燃料；一次充满燃料的时间仅为 3min，但续驶里程可达 400km；在行李舱底板下部，还装有一个输出功率为 35kW、容量为 1.4kW·h 的锂离子蓄电池组，它和氢燃料组成双重动力一起推动车辆。

图 2.73　奔驰 B 级 F-Cell 燃料电池电动汽车

4. 现代 NEXO 燃料电池电动汽车

现代 NEXO 燃料电池电动汽车（图 2.74）最大输出功率为 120kW，最大转矩为 395N·m，最高车速为 172km/h，0～100km/h 的加速时间为 9.2s；5min 充满储氢罐，续驶里程可达 800km。

图 2.74　现代 NEXO 燃料电池电动汽车

1. 纯电动汽车由哪几部分组成？
2. 纯电动汽车有哪些布置形式？其特点是什么？
3. 增程式电动汽车由哪几部分组成？其特点是什么？
4. 混合动力电动汽车有哪些类型？其特点是什么？
5. 燃料电池电动汽车有哪些类型？其特点是什么？

第3章 电动汽车用动力电池

通过本章学习,要求读者了解电池的类型,电动汽车对动力电池的要求和技术路线;熟悉电池的主要性能指标;掌握电动汽车用各种动力电池的结构和原理;初步认识蓄电池的充电方法和性能测试。

知识要点	能力要求	相关知识
电池的分类、性能指标、电动汽车对动力电池的要求和技术路线	了解什么是化学电池、物理电池和生物电池;熟悉电池容量、能量、功率等主要性能指标;知道电动汽车对动力电池有哪些要求和技术路线	电池的类型、性能指标,电池与电动汽车的关系
蓄电池	了解蓄电池有哪些类型;重点掌握铅酸蓄电池、镍氢蓄电池和锂离子蓄电池的结构原理和特点;对蓄电池的充电方法和性能测试有一个初步的认识	铅酸蓄电池、镍氢蓄电池、镍镉蓄电池、锂离子蓄电池、镍锌蓄电池、空气电池;蓄电池的充电方法、性能测试
燃料电池	了解燃料电池有哪些类型和特点,电动汽车对燃料电池的要求;重点掌握质子交换膜燃料电池的结构原理和特点;熟悉氢的存储和输送方法	质子交换膜燃料电池、碱性燃料电池、磷酸燃料电池、熔融碳酸盐燃料电池、固体氧化物燃料电池、直接甲醇燃料电池
太阳电池	了解太阳电池的发电原理和特点	太阳电池的结构原理
超级电容器	了解超级电容器的结构、分类和特点	电容器的结构原理
飞轮电池	了解飞轮电池的结构原理和特点	飞轮电池的结构原理

电动汽车用动力电池 第3章

导入案例

随着全球能源危机与环境污染的加剧，作为重要影响因素的汽车，向电气化方向发展已经成为必然的趋势。作为新能源汽车的主导，电动汽车的发展受到了广泛的关注。特别是美国电动汽车制造商特斯拉生产的电动汽车，引起了消费者的关注。除了其高端的定位、独特的设计、智能化的配置外，超长的续驶里程是消费者关注的焦点。而影响续驶里程的主导因素，就是电动汽车的动力电池。特斯拉选择的是能量密度很大的钴酸铁锂离子蓄电池。特斯拉的工程师用6831颗圆柱形锂离子蓄电池串并联成一个大型电池组，来满足电动汽车的动力需求：用69个小电池并联封装成一个电池砖，9个电池砖串联成一个电池片，11个电池片并联成一个电池系统。每个小电池、电池砖和电池片都有熔丝，但仅仅有熔丝还是不够，特斯拉在每个电池片上均设置了电池监控板，用以监控每个电池砖的电压、温度及整个电池片的输出电压。在整个电池组上，设置电池系统监控器，用以监控整个电池组的工作环境。在整车层面，设置汽车系统监控器，用以监控电池系统监控器。这套电池控制系统是特斯拉电动汽车的技术核心，使特斯拉电动汽车的续驶里程超过500km，满足了消费者对电动汽车续驶里程的要求。图3.1所示为特拉斯电动汽车用的锂离子蓄电池。

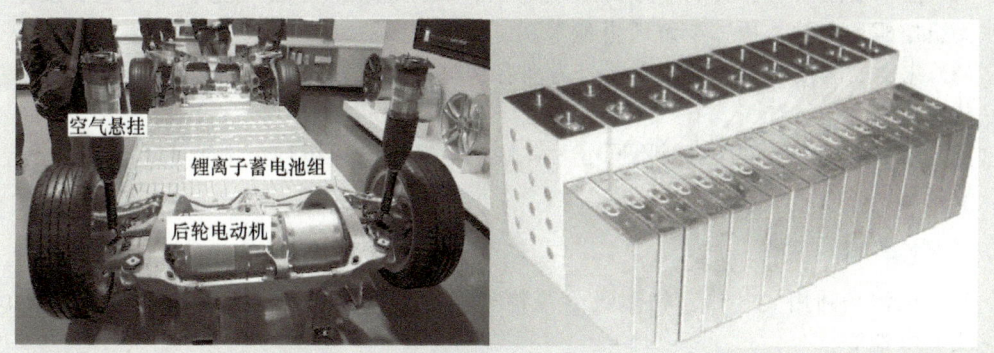

图3.1 特斯拉电动汽车用的锂离子蓄电池

除了锂离子蓄电池，还有哪些电池可以作为电动汽车的动力电池？通过本章的学习，读者可以得到答案。

电动汽车用动力电池主要有蓄电池、燃料电池、太阳电池、超级电容器和飞轮电池等。其中蓄电池是电动汽车最常用的能量储存装置，也是目前制约电动汽车发展的关键因素。要使电动汽车能与燃油汽车相竞争，开发出比能量高、比功率大、使用寿命长、成本低的电池是关键。

3.1 概 述

3.1.1 电池的类型

电池是电动汽车的动力源，是能量的存储装置，分为化学电池、物理电池和生物电池三大类。

1. 化学电池

（1）化学电池是利用物质的化学反应发电，按工作性质不同分为原电池、蓄电池、燃料电池和储备电池。

① 原电池又称一次电池，是指电池放电后不能用简单的充电方法使活性物质复原而继续使用的电池，如锌-二氧化锰干电池、锂锰电池、一次锌银电池等。

② 蓄电池又称二次电池，是指电池在放电后可以通过充电的方法使活性物质复原而继续使用的电池。这种电池的充放电次数可以达数十次到上千次，如铅酸蓄电池、镍镉蓄电池、镍氢蓄电池、锂离子蓄电池、锂聚合物电池、锂铁电池等。

③ 燃料电池又称连续电池，是指参加反应的活性物质从电池外部连续不断地输入电池，电池就连续不断地工作而提供电能，如质子交换膜燃料电池、碱性燃料电池、磷酸燃料电池、熔融碳酸盐燃料电池、固体氧化物燃料电池等。

④ 储备电池是指电池正负极与电解质在储存期间不直接接触，使用前注入电解液或者使用其他方法使电解液与正负极接触，此后电池进入待放电状态的电池，如镁电池、热电池等。

（2）化学电池按电解质不同分为酸性电池、碱性电池、中性电池、有机电解质电池、非水无机电解质电池、固体电解质电池等。

（3）化学电池按电池的特性不同分为高容量电池、密封电池、高功率电池、免维护电池、防爆电池等。

（4）化学电池按正负极材料不同分为锌锰电池系列、镍镉镍氢电池系列、铅酸电池系列、锂电池系列等。

2. 物理电池

物理电池是利用光、热、物理吸附等物理能量发电的电池，如太阳电池、超级电容器、飞轮电池等。

3. 生物电池

生物电池是利用生物化学反应发电的电池，如微生物电池、酶电池、生物太阳电池等。

迄今已经实用化的车用动力蓄电池有传统的铅酸蓄电池、镍镉蓄电池、镍氢蓄电池和锂离子蓄电池。在物理电池领域中，超级电容器已应用于电动汽车中。生物燃料电池在车用动力中应用前景也十分广阔，以氢为燃料的燃料电池和氧化物燃料电池的研发已进入重要发展阶段。

3.1.2 电池的性能指标

电池作为电动汽车的储能装置，在电动汽车上发挥着非常重要的作用，要评定电池的实际效应，主要是看电池的性能指标。电池的性能指标主要有电压、容量、内阻、能量、功率、输出效率、自放电率、放电倍率、使用寿命等。电池种类不同，其性能指标也有差异。

1. 电压

电池电压主要有端电压、标称电压、开路电压、工作电压、充电终止电压和放电终止电压等。

(1) **端电压**。电池的端电压是指电池正极与负极之间的电位差。

(2) **标称电压**。标称电压也称额定电压,是指电池在标准规定条件下工作时应达到的电压。标称电压由极板材料的电极电位和内部电解液的浓度决定。铅酸蓄电池的标称电压是2V,镍氢蓄电池的标称电压为1.2V,磷酸铁锂离子蓄电池的标称电压为3.2V,锰酸锂离子电池的标称电压为3.7V。

(3) **开路电压**。电池在开路条件下的端电压称为开路电压,即电池在没有负载情况下的端电压。

(4) **工作电压**。工作电压也称负载电压,是指电池接通负载后处于放电状态下的端电压。电池放电初始的工作电压称为初始电压。

(5) **充电终止电压**。蓄电池充足电时,极板上的活性物质已达到饱和状态,再继续充电,电池的电压也不会上升,此时的电压称为充电终止电压。铅酸蓄电池的充电终止电压为2.7~2.8V,镍氢蓄电池的充电终止电压为1.5V,锂离子蓄电池的充电终止电压为4.25V。

(6) **放电终止电压**。放电终止电压是指电池在一定标准所规定的放电条件下放电时,电池的电压将逐渐降低,当电池不宜再继续放电时,电池的最低工作电压。如果电压低于放电终止电压后电池继续放电,电池两端电压会迅速下降,形成深度放电。这样,极板上形成的生成物在正常充电时就不易再恢复,从而影响电池的寿命。放电终止电压和放电率有关,放电电流直接影响放电终止电压。在规定的放电终止电压下,放电电流越大,电池的容量越小。镍氢蓄电池的放电终止电压为1.0V,锂离子蓄电池的放电终止电压为3.0V。

2. 容量

容量是指完全充电的蓄电池在规定条件下所释放的总电量,单位为A·h或kA·h,它等于放电电流与放电时间的乘积,1A·h就是能在1A的电流下放电1h。单元电池内活性物质的数量决定单元电池含有的电荷量,而活性物质的含量则由电池使用的材料和体积决定,通常电池体积越大,容量越高。电池的容量可以分为额定容量、n小时率容量、理论容量、实际容量等。

(1) **额定容量**。额定容量是指在室温下完全充电的蓄电池以$1I_1$(A)电流放电,达到终止电压时所放出的容量。

(2) **n小时率容量**。n小时率容量是指完全充电的蓄电池以n小时率放电电流放电,达到规定终止电压时所释放的电量。

(3) **理论容量**。理论容量是指将活性物质的质量按法拉第定律计算而得到的最高理论值。为了比较不同系列的电池,常用比容量的概念,即单位体积或单位质量电池所能给出的理论电量,单位为A·h/L或A·h/kg。

(4) **实际容量**。实际容量也称可用容量,是指蓄电池在一定条件下所能输出的电量,它等于放电电流与放电时间的乘积,其值小于理论容量。实际容量反映了蓄电池实际存储电量的大小,蓄电池容量越大,电动汽车的续驶里程就越远。在使用过程中,蓄电池的实际容量会逐步衰减。国家标准规定新出厂的蓄电池实际容量大于额定容量值为合格蓄电池。

(5) **荷电状态**。荷电状态是指蓄电池在一定放电倍率下，剩余电量与相同条件下额定容量的比值，反映蓄电池容量变化的特性。SOC＝1 即表示蓄电池充满状态。随着蓄电池的放电，蓄电池的电荷逐渐减少，此时可以用 SOC 值的百分数的相对量来表示蓄电池中电荷的变化状态。一般蓄电池放电高效率区为（50%～80%）SOC。对蓄电池 SOC 值的估算已成为蓄电池管理的重要环节。

3. 内阻

电池的内阻是指电流流过电池内部时所受到的阻力，一般是蓄电池中电解质、正负极群、隔板等电阻的总和。电池内阻越大，电池自身消耗掉的能量越多，电池的使用效率越低。内阻很大的电池在充电时发热很厉害，使电池的温度急剧上升，对电池和充电机的影响都很大。电池内阻通过专用仪器测量得到。随着电池使用次数的增多，由于电解液的消耗及电池内部化学物质活性的降低，蓄电池的内阻会有不同程度的升高。

绝缘电阻是电池端子与电池箱或车体之间的电阻。

4. 能量

电池的能量是指在一定放电制度下电池所能输出的电能，单位为 W·h。它影响电动汽车的续驶里程。电池的能量分为总能量、理论能量、实际能量、比能量、能量密度、充电能量、放电能量等。

(1) **总能量**。总能量是指电池在其寿命周期内电能输出的总和。

(2) **理论能量**。理论能量是电池的理论容量与额定电压的乘积，是指在一定标准所规定的放电条件下，电池所输出的能量。

(3) **实际能量**。实际能量是电池实际容量与平均工作电压的乘积，表示在一定条件下电池所能输出的能量。

(4) **比能量**。比能量也称质量比能量，是指电池单位质量所能输出的电能，单位为 W·h/kg。比能量常用来比较不同的电池系统。

比能量有理论比能量和实际比能量之分。理论比能量是指 1kg 电池反应物质完全放电时理论上所能输出的能量；实际比能量是指 1kg 电池反应物质所能输出的实际能量。由于各种因素的影响，电池的实际比能量远小于理论比能量。

电池的比能量是综合性指标，它反映了电池的质量水平。电池的比能量影响电动汽车的整车质量和续驶里程，是评价电动汽车的动力电池是否满足预定的续驶里程的重要指标。

(5) **能量密度**。能量密度也称体积比能量，是指电池单位体积所能输出的电能，单位为 W·h/L。

(6) **充电能量**。充电能量是指通过充电机输入电池的电能。

(7) **放电能量**。放电能量是指电池放电时输出的电能。

5. 功率

电池的功率是指电池在一定放电制度下，单位时间内所输出能量的大小，单位为 W 或 kW。电池的功率决定了电动汽车的加速性能和爬坡能力。

(1) **比功率**。单位质量电池所能输出的功率称为比功率，也称质量比功率，单位为 W/kg。

(2) **功率密度**。从蓄电池的单位质量或单位体积电池所获取的输出功率称为功率密度,单位为 W/kg 或 W/L。从蓄电池的单位质量所获取的输出功率称为质量功率密度,单位为 W/kg;从蓄电池的单位体积电池所获取的输出功率称为体积功率密度,单位为 W/L。

6. **输出效率**

动力电池作为能量储存器,充电时把电能转换为化学能储存起来,放电时把电能释放出来。在这个可逆的电化学转换过程中,有一定的能量损耗。通常用电池的容量效率和能量效率来表示。

(1) **容量效率**。容量效率是指电池放电时输出的容量与充电时输入的容量之比,即

$$\eta_c = \frac{C_o}{C_i} \times 100\% \tag{3-1}$$

式中,η_c 为电池的容量效率;C_o 为电池放电时输出的容量,单位为 A·h;C_i 为电池充电时输入的容量,单位为 A·h。

影响电池容量效率的主要因素是副反应。当电池充电时,有一部分电量消耗在水的分解上。此外,自放电,电极活性物质的脱落、结块,孔率收缩等也降低容量输出。

(2) **能量效率**。能量效率也称电能效率,是指电池放电时输出的能量与充电时输入的能量之比,即

$$\eta_E = \frac{E_o}{E_i} \times 100\% \tag{3-2}$$

式中,η_E 为电池的能量效率;E_o 为电池放电时输出的能量,单位为 W·h;E_i 为电池充电时输入的能量,单位为 W·h。

影响能量效率的原因是电池存在内阻,它使电池充电电压增加,放电电压下降。内阻的能量损耗以电池发热的形式损耗掉。

7. **自放电率**

自放电率是指电池在存放期间容量的下降率,即电池无负荷时自身放电使容量损失的速度,表示蓄电池搁置后容量变化的特性。自放电率用单位时间容量降低的百分数表示,其表达式为

$$\eta_{\Delta c} = \frac{C_a - C_b}{C_a \times T_t} \times 100\% \tag{3-3}$$

式中,$\eta_{\Delta c}$ 为电池自放电率;C_a 为电池存放前的容量,单位为 A·h;C_b 为电池存放后的容量,单位为 A·h;T_t 为电池存放的时间,常用天、月计算。

8. **放电倍率**

电池放电电流的大小常用放电倍率表示,即电池的放电倍率用放电时间表示或者说以一定的放电电流放完额定容量所需的小时数来表示。由此可见,放电时间越短,即放电倍率越高,则放电电流越大。

放电倍率等于额定容量与放电电流之比。根据放电倍率的大小,可分为低倍率(<0.5C)、中倍率[(0.5~3.5)C]、高倍率[(3.5~7.0)C]、超高倍率(>7.0C)。

例如,某电池的额定容量为 20A·h,若用 4A 电流放电,则放完 20A·h 的额定容量需用 5h,也就是说以 5 倍率放电,用符号 C/5 或 0.2C 表示,为低倍率。

9. 使用寿命

使用寿命是指电池在规定条件下的有效寿命期限。电池发生内部短路或损坏而不能使用，以及容量达不到规范要求时电池使用失效，这时电池的使用寿命终止。

电池的使用寿命包括使用期限和循环寿命。使用期限是指电池可供使用的时间，包括电池的存放时间。循环寿命是指电池可供重复使用的次数。

除此之外，成本也是一个重要的指标。目前，电动汽车发展的瓶颈之一就是电池价格高。

3.1.3 电动汽车对动力电池的要求

电动汽车对动力电池的要求主要有如下几点：

（1）**比能量高**。为了提高电动汽车的续驶里程，要求电动汽车上的动力电池能储存尽可能多的能量，但电动汽车又不能太重，其安装动力电池的空间也有限，这就要求动力电池具有高的比能量。

（2）**比功率大**。为了使电动汽车在加速行驶、爬坡和负载行驶等方面能与燃油汽车相竞争，要求动力电池具有大的比功率。

（3）**循环寿命长**。循环寿命越长，则动力电池支撑电动汽车行驶的里程数就越多，有助于降低车辆使用期内的运行成本。

（4）**均匀一致性好**。对于电动汽车而言，电池组的工作电压大多要求达到数百伏，这就要求有几十到上百只单体电池串联。为达到设计容量的要求，有时甚至需要更多的单体电池并联。由于电池组的使用性能会受到性能最差的某些单体电池的制约，因此设计上要求各单体电池在容量、内阻、功率特性和循环特性等方面具有高度的均匀一致性。

（5）**高低温性能好、环境适应性强**。电动汽车作为一种交通工具，要求动力电池既要在北方冬天极冷的环境下长期稳定地工作，又要在南方夏天炎热的环境中长期稳定地工作。在最恶劣的气候条件下，动力电池的工作温度可能要从 $-40℃$ 变到 $60℃$，甚至 $80℃$。因此，要求动力电池应当具有良好的高低温特性。

（6）**安全性好**。动力电池应能够有效避免因泄漏、短路、撞击、颠簸等引起起火或爆炸等危险事故发生，确保汽车在正常行驶或非正常行驶过程中的安全。

（7）**价格低廉**。动力电池要求材料来源丰富，制造成本低，以降低整车价格，提高电动汽车的市场竞争力。

（8）**绿色、环保**。动力电池的制作材料要求与环境友好、无二次污染，并可再生利用。

3.1.4 电动汽车动力电池的技术路线

1. 总体思路

（1）近中期。在优化现有体系锂离子动力电池技术，满足新能源汽车规模化发展需要的同时，以开发新型锂离子动力电池为重点，提升其安全性、一致性和寿命等关键技术，同步开展新体系动力电池的前瞻性研发。

（2）中远期。在持续优化提升新型锂离子动力电池的同时，重点研发新体系动力电池，显著提升能量密度，大幅度降低成本，实现新体系动力电池实用化和规模化应用。

2. 技术路线

动力电池发展技术路线如图 3.2 所示。

发展目标	技术路径	发展重点
为了支撑新能源汽车的发展，需要持续提升单体电池的能量密度并降低电池系统成本 ➤ 单体电池能量密度(W·h/kg) | | 2020年 | 2025年 | 2030年 | |---|---|---|---| | BET | 350 | 400 | 500 | | RHEV | 200 | 250 | 300 | ➤ 电池系统成本[元/(W·h)] | | 2020年 | 2025年 | 2030年 | |---|---|---|---| | BEV | 1 | 0.9 | 0.8 | | RHEV | 1.5 | 1.3 | 1.1 |	➤ 加大新体系动力电池的研发 ➤ 提升关键材料及关键装备水平 ➤ 提升电池的安全性、一致性和寿命 ➤ 加速动力电池标准体系的建设和电池回收再利用技术的研究	✓ 动力电池新材料与新体系 ✓ 动力电池安全性及长寿命技术 ✓ 动力电池设计及仿真技术 ✓ 动力电池及其关键材料产业化技术 ✓ 动力电池系统及控制技术 ✓ 动力电池测试分析技术及标准体系 ✓ 动力电池梯级利用及资源回收技术

图 3.2 动力电池发展技术路线

3.2 蓄 电 池

电动汽车使用的蓄电池主要有铅酸蓄电池、镍氢蓄电池、镍镉蓄电池、锂离子蓄电池、镍锌蓄电池、金属空气电池等。

3.2.1 铅酸蓄电池

铅酸蓄电池自 1859 年发明以来，其使用和发展已有 160 余年的历史，广泛用作内燃机汽车的起动动力源。铅酸蓄电池作为纯电动汽车动力电源在比能量、深放电循环寿命、快速充电等方面均比镍氢蓄电池、锂离子蓄电池差，不适合于电动轿车。但由于其价格低廉，国内外将它的应用定位在速度不高、路线固定、充电站设立容易规划的车辆上。铅酸蓄电池的主要发展方向是提高比能量，增大循环使用寿命。

1. 铅酸蓄电池的分类

铅酸蓄电池分为免维护铅酸蓄电池和阀控密封式铅酸蓄电池。

免维护铅酸蓄电池具有结构上的优势，电解液的消耗量非常小，在使用寿命内基本不需要补充蒸馏水。它具有耐振、耐高温、体积小、自放电小的特点，使用寿命一般为普通铅酸蓄电池的两倍。市场上的免维护铅酸蓄电池有两种：一种在购买时一次性加电解液，以后使用中不需要添加补充液；另一种是电池出厂时就已经加好电解液并封死，用户根本就不能添加补充液。

阀控密封式铅酸蓄电池在使用期间不用加酸加水维护，电池为密封结构，不会漏酸，也不会排酸雾。电池盖上设有安全阀(也叫溢气阀),该阀的作用是当电池内部气体量超过一定值,即当电池内部气压升高到一定值时,安全阀自动打开,排出气体,然后自动关闭,防止空气进入电池内部。

阀控密封式铅酸蓄电池分为吸液式和胶体式两种。吸液式采用吸附式玻璃纤维棉作隔膜,电解液吸附在极板和隔膜中,电池内无流动的电解液,电池可以立放工作,也可以卧放工作;胶体式以二氧化硅作为凝固剂,电解液吸附在极板和胶体内,一般立放工作。如无特殊说明,阀控密封式铅酸蓄电池皆指吸液式。

电动汽车使用的动力蓄电池一般是阀控密封式铅酸蓄电池。

2. 铅酸蓄电池的结构

铅酸蓄电池由正极板、负极板、隔板、电解液、安全阀、壳体等部分组成,其基本结构如图 3.3 所示。极板是铅酸蓄电池的核心部件,正极板上的活性物质是二氧化铅,负极板上的活性物质为海绵状纯铅。隔板隔离正、负极板,防止短路;隔板作为电解液的载体,能够吸收大量的电解液,起到促进离子良好扩散的作用;隔板还是正极板产生的氧气到达负极板的"通道",可顺利建立氧循环,减少水的损失。电解液由蒸馏水和纯硫酸按一定比例配制而成,主要作用是参与电化学反应,是铅酸蓄电池的活性物质之一。电池槽中装入一定密度的电解液后,由于电化学反应,正、负极板间会产生约 2.0V 的电动势。安全阀位于电池顶部,起到安全、密封、防爆等作用。

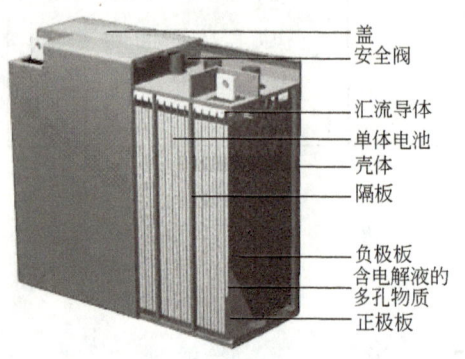

图 3.3 铅酸蓄电池的基本结构

3. 铅酸蓄电池的工作原理

铅酸蓄电池使用时,把化学能转换为电能的过程称为放电。在使用后,借助于直流电在电池内进行化学反应,把电能转换为化学能储存起来,这种蓄电过程称为充电。铅酸蓄电池是酸性蓄电池,其化学反应式为

$$PbO + H_2SO_4 \longrightarrow PbSO_4 + H_2O$$

铅酸蓄电池充电时,把铅板分别和直流电源的正、负极相连,进行充电电解,阴极的还原反应为

$$PbSO_4 + 2e^- \longrightarrow Pb + SO_4^{2-}$$

阳极的氧化反应为

$$PbSO_4 + 2H_2O \longrightarrow PbO_2 + 4H^+ + SO_4^{2-} + 2e^-$$

铅酸蓄电池充电时的总反应为

$$2PbSO_4 + 2H_2O \longrightarrow Pb + PbO_2 + 2H_2SO_4$$

随着电流的通过,$PbSO_4$ 在阴极上变成蓬松的金属铅,在阳极上变成黑褐色的 PbO_2,溶液中有 H_2SO_4 生成。铅酸蓄电池放电过程如图 3.4 所示。

铅酸蓄电池放电时阴极的氧化反应为

$$Pb \longrightarrow Pb^{2+} + 2e^-$$

由于 H_2SO_4 的存在,Pb^{2+} 立即生成难溶解的 $PbSO_4$。

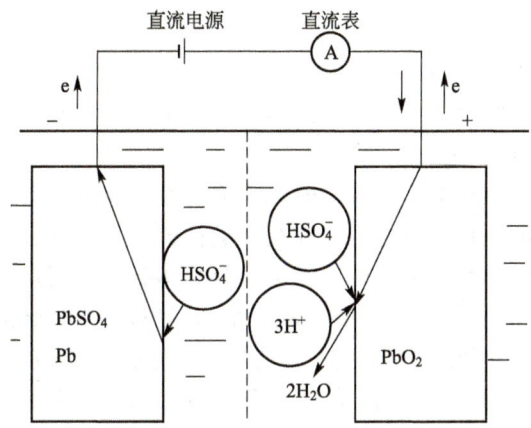

图 3.4 铅酸蓄电池放电过程

阳极的还原反应为
$$PbO_2 + 4H^+ + 2e^- \longrightarrow Pb^{2+} + 2H_2O$$
同样，由于 H_2SO_4 的存在，Pb^{2+} 也立即生成 $PbSO_4$。

铅酸蓄电池放电时的总反应为
$$Pb + PbO_2 + 2H_2SO_4 \longrightarrow 2PbSO_4 + 2H_2O$$

铅酸蓄电池充电的时候，随着电池端电压的升高，水开始被电解，当单体电池电压达到约 2.39V 时，水的电解不可忽视。水电解时阳极和阴极的化学反应式分别为

$$H_2O \longrightarrow \frac{1}{2}O_2 + 2H^+ + 2e^-$$

$$2H^+ + 2e^- \longrightarrow H_2$$

阳极给出电子，阴极得到电子，从而形成了回路电流。端电压越高，水电解也越激烈，此时充入的大部分电荷会参加水电解，形成的活性物质很少。

4．铅酸蓄电池的特点

铅酸蓄电池具有以下优点。
(1) 除锂离子蓄电池外，在常用蓄电池中，铅酸蓄电池的电压最高，为 2.0V。
(2) 价格低廉。
(3) 可制成小至 1A·h、大至几千安时的各种尺寸和结构的蓄电池。
(4) 高倍率放电性能良好，可用于发动机起动。
(5) 高低温性能良好，可在 −40～60℃ 条件下工作。
(6) 电能效率高达 60%。
(7) 易于浮充使用，没有记忆效应。
(8) 易于识别荷电状态。

铅酸蓄电池具有以下缺点。
(1) 比能量低，在电动汽车中所占的质量和体积较大，一次充电续驶里程短。
(2) 使用寿命短，使用成本高。
(3) 充电时间长。
(4) 铅是重金属，存在环境污染。

5. 对铅酸蓄电池的要求

电动汽车对铅酸蓄电池有以下要求。

(1) 外观。用目测法检测蓄电池外观时,外壳不得有变形及裂纹,表面干燥、无酸液,并且标志清晰、正确。

(2) 极性。用电压表检查蓄电池极性时,电池极性应与标志的极性符号一致。

(3) 外形尺寸及质量。蓄电池外形尺寸及质量符合相关标准。

(4) 端子。端子的位置及端子的外观、结构等具体要求由用户与制造厂协商决定。

(5) 3h率额定容量。蓄电池按规定试验时,第1次容量应不低于额定值的90%;蓄电池应在第10次容量试验或之前达到额定值,并且最终放电容量不应高于企业提供额定值的110%。

(6) 大电流放电。完全充电的蓄电池在温度为20℃±5℃的环境中静置5h,然后以$3I_3(A)$的电流恒电流放电到1.5V/单体终止,放电时间应不少于40min;完全充电的蓄电池在温度为20℃±5℃的环境中静置5h,然后以$9I_3(A)$的电流恒电流放电3min,电压应不低于1.4V/单体。

(7) 快速充电能力。蓄电池按规定方法放电时,充电容量应不小于额定值的70%。

(8) -20℃低温放电。完全充电的蓄电池在温度为20℃±2℃环境中静置20h,并在该环境中以$6I_3(A)$的电流连续放电至1.4V/单体,放电时间应不少于5min;完全充电的蓄电池在温度为20℃±2℃环境中静置20h,并在该环境中以$I_3(A)$电流连续放电至1.4V/单体,容量应不低于额定值的55%。

(9) 安全性。蓄电池按规定方法完全充电后,以$0.7I_3(A)$的电流连续充电5h,然后目视检查蓄电池外观,外壳不得出现漏液、破裂等异常现象。

(10) 密封反应效率。对于阀控密封式铅酸蓄电池,按规定方法试验时,其密封反应效率应不低于90%。

(11) 对于免维护铅酸蓄电池,按规定方法试验时,按额定容量计算,其水损耗应不大于3g/(A·h)。

(12) 荷电保持能力。蓄电池按规定方法试验时,其常温容量应不低于储存前容量的85%;高温容量应不低于储存前容量的70%。

(13) 循环耐久能力。蓄电池按规定方法试验时,当蓄电池容量降至额定值的80%时,循环次数应不少于400次。

(14) 耐振动性能。蓄电池按规定方法进行试验,试验期间,蓄电池放电电压应无异常;试验后,检查蓄电池应无机械损伤,无电解液渗漏。

具体试验方法参照QC/T 742—2006《电动汽车用铅酸蓄电池》。

3.2.2　镍氢蓄电池

镍氢蓄电池是20世纪90年代发展起来的一种新型电池。它的正极活性物质主要由镍制成,负极活性物质主要由储氢合金制成。镍氢蓄电池是一种碱性蓄电池。镍氢蓄电池具有高比能量、高功率、适合大电流放电、可循环充放电、无污染等优点,被誉为"绿色电源"。

在电动汽车领域,目前镍氢蓄电池是商业化的主流。从产业周期来看,镍氢蓄电池已经进入成熟期,形成了规模化生产,具有价格上的优势。而且镍氢蓄电池也是目前混合动力电动汽车所用电池体系中被实际验证并被商业化、规模化生产的动力蓄电池。

虽然镍氢蓄电池在技术上取得了很大突破,但仍有不少因素制约其实际应用,包括高温性能、储存性能、循环寿命、电池组管理系统和热管理等。

1. 镍氢蓄电池的分类

按照外形,镍氢蓄电池分为方形镍氢蓄电池和圆形镍氢蓄电池。

2. 镍氢蓄电池的结构

镍氢蓄电池的基本结构如图 3.5 所示。镍氢蓄电池主要由正极、负极、分离层、外壳、电解液等组成。镍氢蓄电池正极是活性物质 $Ni(OH)_2$,负极是储氢合金,分离层是隔膜纸,用 KOH 作为电解质,在正、负极之间有分离层,共同组成镍氢单体蓄电池。在金属铂的催化作用下,完成充电和放电的可逆反应。在圆形镍氢蓄电池中,正、负极用隔膜纸分开卷绕在一起,然后密封在金属外壳中。在方形镍氢蓄电池中,正、负极由隔膜纸分开后叠成层状密封在外壳中。

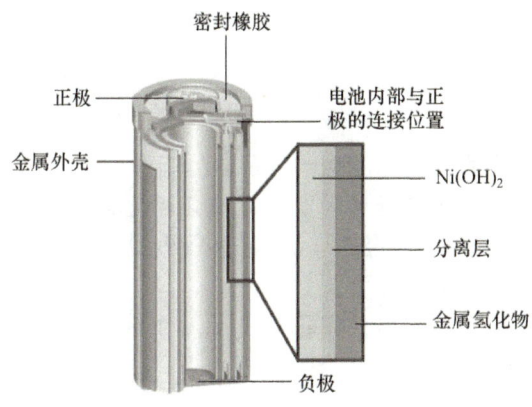

图 3.5 镍氢蓄电池的基本结构

电动汽车用镍氢蓄电池的基本单元是单体电池。按使用要求组合成不同电压和不同电荷量的镍氢蓄电池总成如图 3.6 所示。

图 3.6 镍氢蓄电池总成

3. 镍氢蓄电池的工作原理

镍氢蓄电池是将物质的化学反应产生的能量直接转换为电能的一种装置。镍氢蓄电池由镍氢化合物正电极、储氢合金负电极及碱性电解液（如30%的KOH溶液）组成。镍氢蓄电池的性能特点主要取决于本身体系的电极反应。

充电时正、负极的电化学反应分别为

$$Ni(OH)_2 - e^- + OH^- \longrightarrow NiOOH + H_2O$$

$$2MH + 2e^- \longrightarrow 2M^- + H_2$$

放电时正、负极的电化学反应分别为

$$NiOOH + H_2O + e^- \longrightarrow Ni(OH)_2 + OH^-$$

$$2M^- + H_2 \longrightarrow 2MH + 2e^-$$

当镍氢蓄电池以标准电流放电时，平均工作电压为1.2V。当镍氢蓄电池以8C率放电时，端电压降至1.1V，则认为放电已完成。电压1.1V称为8C率放电时的放电终止电压（0.6～0.8V）。

4. 镍氢蓄电池的特点

镍氢蓄电池具有如下特点。

（1）比功率高。目前商业化的镍氢功率型蓄电池能做到1350W/kg。

（2）循环次数多。目前应用在电动汽车上的镍氢蓄电池，80%放电深度循环寿命可以达1000次以上，为铅酸蓄电池的3倍以上，100%放电深度循环寿命也在500次以上，在混合动力电动汽车中可使用5年以上。

（3）无污染。镍氢蓄电池不含铅、镉等对人体有害的金属，被称为21世纪"绿色环保电源"。

（4）耐过充及过放。

（5）无记忆效应。

（6）使用温度范围宽。正常使用温度为-30～55℃；储存温度为-40～70℃。

（7）安全可靠。经短路、挤压、针刺、安全阀工作能力、跌落、加热、耐振动等安全性及可靠性试验，无爆炸、燃烧现象。

与铅酸蓄电池相比，镍氢蓄电池具有比能量高、质量轻、体积小、循环寿命长的优点。

镍氢蓄电池的基本单元是镍氢单体蓄电池，单体电压为1.2V，按使用要求组合成不同电压和不同电荷量的镍氢蓄电池总成。

5. 对镍氢蓄电池的要求

对镍氢蓄电池的要求分为对镍氢单体蓄电池的要求和对镍氢蓄电池模块的要求。单体蓄电池是构成蓄电池的最小单元，一般由正极、负极及电解质等组成，其标称电压为电化学偶的标称电压；蓄电池模块是指一组相连的单体蓄电池的组合。

对镍氢单体蓄电池有以下要求。

（1）外观。在良好的光线条件下，用目测法检查单体蓄电池的外观，外壳不得有变形及裂纹，表面平整、干燥、无碱痕、无污物，并且标志清晰。

（2）极性。用电压表检查单体蓄电池极性时，电池极性应与标志的极性符号一致。

（3）外形尺寸及质量。单体蓄电池外形尺寸、质量应符合生产企业提供的技术条件。

(4) 室温放电容量。单体蓄电池按规定方法进行试验时，其放电容量应不低于额定容量，并且不超过额定容量的 110%，同时所有测试对象的初始容量极差不大于初始容量平均值的 5%。

对镍氢蓄电池模块有以下要求。

(1) 外观。在良好的光线条件下，用目测法检查蓄电池模块的外观，外观不得有变形及裂纹，表面应平整干燥、无外伤，并且排列整齐、连接可靠、标志清晰等。

(2) 极性。用电压表检查蓄电池模块极性时，蓄电池模块的极性应与标志的极性符号一致。

(3) 外形尺寸及质量。蓄电池模块外形尺寸及质量应符合生产企业提供的技术条件。

(4) 室温放电容量。蓄电池模块按规定方法进行试验时，其放电容量应不低于额定值，并且不超过额定容量的 110%，同时所有测试对象的初始容量极差不大于初始容量平均值的 7%。

(5) 室温倍率放电容量。按照厂家提供电池类型分别进行试验，高能量蓄电池模块按规定方法进行试验时，其放电容量应不低于初始容量的 90%；高功率蓄电池模块按规定方法进行试验时，其放电容量应不低于初始容量的 80%。

(6) 室温倍率充电性能。蓄电池模块按规定方法试验时，其放电容量应不低于初始容量的 80%。

(7) 低温放电容量。蓄电池模块按规定方法试验时，其放电容量应不低于初始容量的 80%。

(8) 高温放电容量。蓄电池模块按规定方法试验时，其放电容量应不低于初始容量的 90%。

(9) 荷电保持与容量恢复能力。蓄电池模块按规定方法试验时，其室温荷电保持率应不低于初始容量的 85%，高温荷电保持率应不低于初始容量的 70%，容量恢复应不低于初始容量的 95%。

(10) 耐振动性。蓄电池模块按规定方法进行耐振动性试验时，不允许出现放电电流锐变、电压异常、蓄电池壳变形、电解液溢出等现象，并保持连接可靠、结构完好。

(11) 储存。蓄电池模块按规定方法试验时，容量恢复应不低于初始容量的 90%。

(12) 安全性。蓄电池模块按规定方法进行短路、过放电、过充电、加热、针刺、挤压等试验时，应不爆震、不起火、不漏液。

具体试验方法参照 GB/T 31486—2015《电动汽车用动力蓄电池电性能要求及试验方法》和 GB/T 31485—2015《电动汽车用动力蓄电池安全要求及试验方法》。

3.2.3　镍镉蓄电池

镍镉蓄电池是一种碱性蓄电池，它的比能量可达 55W·h/kg，比功率超过 190W/kg，可快速充电，循环寿命较长，可达到 2000 多次。使用中要注意做好回收工作，以免重金属镉造成环境污染。

镍镉蓄电池的结构、原理与镍氢蓄电池相似。

1. 镍镉蓄电池的结构

镍镉蓄电池是采用金属镉作为负极活性物质，$Ni(OH)_2$ 作为正极活性物质的碱性蓄电池。正、负极材料分别填充在穿孔的附镍钢带（或镍带）中，经拉浆、滚压、烧结、化成或涂膏、烘干、压片等方法制成极板；用聚酰胺非织布等材料作为隔离层；用 KOH 水溶液作为电解质溶液；电极经卷绕或叠合组装在塑料或镀镍钢壳内。

电解液通常为 NaOH 溶液或 KOH 溶液。当环境温度较高时，使用相对密度为 1.17~1.19(15℃时)的 NaOH 溶液。当环境温度较低时，使用相对密度为 1.19~1.21(15℃时)的 KOH 溶液。在-15℃以下时，使用相对密度为 1.25~1.27(15℃时)的 KOH 溶液。为兼顾低温性能和荷电保持能力，密封镍镉蓄电池采用相对密度为 1.40(15℃时)的 KOH 溶液。为了增加蓄电池的容量和循环寿命，通常在电解液中加入少量 LiOH(每升电解液加 15~20g)。

2. 镍镉蓄电池充放电时的电化学反应

镍镉蓄电池放电时，负极和正极发生的电化学反应分别为

$$Cd - 2e^- + 2OH^- \longrightarrow Cd(OH)_2$$
$$NiOOH + H_2O + e^- \longrightarrow Ni(OH)_2 + OH^-$$

总的电化学反应为

$$2NiOOH + 2H_2O + Cd \longrightarrow 2Ni(OH)_2 + Cd(OH)_2$$

镍镉蓄电池充电时，负极和正极发生的电化学反应分别为

$$Ni(OH)_2 - e^- + OH^- \longrightarrow NiOOH + H_2O$$
$$Cd(OH)_2 + 2e^- \longrightarrow Cd + 2OH^-$$

总的电化学反应为

$$2Ni(OH)_2 + Cd(OH)_2 \longrightarrow 2NiOOH + Cd + 2H_2O$$

与其他电池相比，镍镉蓄电池的自放电率适中。镍镉蓄电池在使用过程中，如果放电不完全就又充电，下次再放电时，就不能放出全部电量。例如，放出 80% 电量后再充足电，该电池只能放出 80% 的电量，这就是所谓的记忆效应。当然，几次完整的放电/充电循环将使镍镉蓄电池恢复正常工作。由于镍镉蓄电池具有记忆效应，因此若未完全放电，应在充电前将每节电池放电至 1V 以下。

3. 镍镉蓄电池的容量

镍镉蓄电池的容量与活性物质的数量、放电率和电解液等因素有关。

放电电流直接影响放电终止电压。在规定的放电终止电压下，放电电流越大，蓄电池的容量越小。

使用不同成分的电解液，对镍镉蓄电池的容量和寿命有一定的影响。通常，在高温环境下，为了提高镍镉蓄电池容量，常在电解液中添加少量 LiOH 组成混合溶液。实验证明：每升电解液中加入 15~20g 含水 LiOH，在常温下，镍镉蓄电池的容量可提高 4%~5%，在 40℃ 时，镍镉蓄电池的容量可提高 20%。然而，电解液中 Li^+ 的含量过多，不仅使电解液的电阻增大，还会使残留在正极板上的 Li^+ 慢慢渗入晶格内部，对正极的化学变化产生有害影响。

电解液的温度对镍镉蓄电池的容量影响较大。这是因为随着电解液温度的升高，极板活性物质的化学反应也逐步改善。

电解液中的有害杂质越多，镍镉蓄电池的容量越小。电解液中主要的有害杂质是碳酸盐和硫酸盐，它们能使电解液的电阻增大，并且低温时容易结晶，堵塞极板微孔，使镍镉蓄电池的容量显著下降。此外，CO_3^{2-} 离子还能与负极板作用，生成 $CdCO_3$ 附着在负极板表面，从而引起导电不良，使镍镉蓄电池内阻增大，容量下降。

在正常使用的条件下,镍镉蓄电池的容量效率为 67%~75%,电能效率为 55%~65%,循环寿命约为 2000 次。

3.2.4 锂离子蓄电池

锂离子蓄电池是 1990 年由日本索尼公司首先推向市场的新型高能蓄电池,是目前世界最新一代的充电电池。与其他蓄电池比较,锂离子蓄电池具有电压高、比能量高、充放电寿命长、无记忆效应、无污染、快速充电、自放电率低、工作温度范围宽和安全可靠等优点,已成为未来电动汽车较理想的动力电源。

【锂离子电池】

1. 锂离子蓄电池的分类

按照锂离子蓄电池外形不同,可以将锂离子蓄电池分为方形锂离子蓄电池和圆柱形锂离子蓄电池,如图 3.7 所示。

(a) 方形锂离子蓄电池　　　　(b) 圆柱形锂离子蓄电池

图 3.7　锂离子蓄电池

按照锂离子蓄电池正极的材料不同,汽车用锂离子蓄电池主要分为锰酸锂离子蓄电池、磷酸铁锂离子蓄电池、钴酸锂离子蓄电池、镍钴锰锂离子蓄电池等。

(1) 锰酸锂离子蓄电池。锰酸锂离子蓄电池是指正极使用 $LiMn_2O_4$ 材料的电池,其标称电压可达到 3.7V,因成本低、安全性好而被广泛使用。$LiMn_2O_4$ 具有尖晶石结构,其理论克容量为 148mA·h/g,实际容量为 90~120mA·h/g,工作电压为 3~4V。锰酸锂离子蓄电池的主要优点是锰资源丰富、价格便宜、安全性高、比较容易制备;缺点是理论克容量不高,材料在电解质中会缓慢溶解,即与电解质的相容性不太好,而且在深度充放电的过程中,材料容易发生晶格畸变,造成蓄电池容量迅速衰减,特别是在较高温度下使用时更是如此。

(2) 磷酸铁锂离子蓄电池。磷酸铁锂离子蓄电池是指用 $LiFePO_4$ 作为正极材料的锂离子蓄电池。$LiFePO_4$ 具有橄榄石晶体结构,其理论克容量为 170mA·h/g,在没有掺杂改性时其实际容量已高达 110mA·h/g。通过对 $LiFePO_4$ 进行表面修饰,其实际容量可高达 165mA·h/g,已经非常接近理论克容量,工作电压在 3.4V 左右。$LiFePO_4$ 具有高稳定性,更安全可靠,更环保,并且价格低廉。磷酸铁锂正极材料被认为是最有发展前途的动力电池正极材料。磷酸铁锂材料的缺点是电阻率较大,电极材料利用率低。

目前,正极材料广泛采用碳复合磷酸铁锂。碳复合磷酸铁锂正极材料按照充放电特性和使用要求分为能量型和功率型。

（3）**钴酸锂离子蓄电池**。钴酸锂离子蓄电池是指用 $LiCoO_2$ 作为正极材料的锂离子蓄电池。钴酸锂离子蓄电池电化学性能优越，易加工，性能稳定，一致性好，比容量高，综合性能突出；但是安全性较差，而且成本高。

（4）**镍钴锰锂离子蓄电池**。镍钴锰锂离子蓄电池是指用镍钴锰三元材料作为正极的锂离子蓄电池。镍钴锰锂离子蓄电池能量密度大，功率密度高，循环寿命长，易加工，安全性较好；但其制备条件非常苛刻、商业化生产困难。

几种正极材料的比较见表3-1。

表3-1 几种正极材料的比较

正极材料	锰酸锂	磷酸铁锂	钴酸锂	镍钴锰锂
振实密度/(g/cm³)	2.2～2.4	1.0～1.4	2.8～3.0	2.0～2.3
比表面积/(m²/g)	0.4～0.8	12～20	0.4～0.6	0.2～0.4
克容量/(mA·h/g)	100～120	110～140	135～145	140～165
标称电压/V	3.7	3.2	3.6	3.5
循环寿命	≥500	≥2000	≥300	≥800
原料成本	低	低	很高	高
制备工艺	比较容易	较难	容易	比较容易
环保性	环保	环保	环保（含钴）	环保（含镍和钴）
安全性	良好	优秀	差	较好
高温性能	差	很好	差	较好
低温性能	较好	差	好	较好
倍率性能	较差	较差	好	好

2. 锂离子蓄电池的结构

锂离子蓄电池主要由正极、负极、隔膜板、电解液和安全阀等组成。圆柱形锂离子蓄电池的基本结构如图3.8所示。

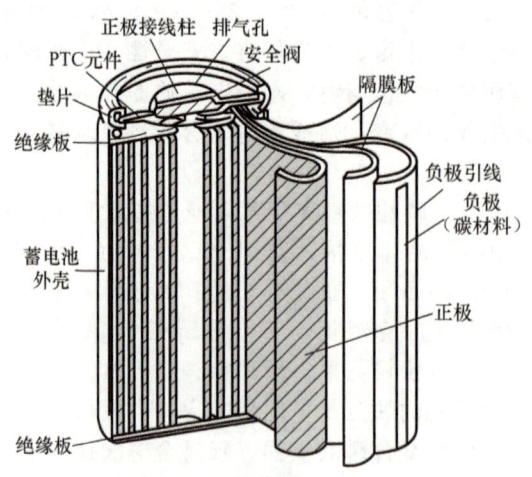

图3.8 圆柱形锂离子蓄电池的基本结构

(1) **正极**。正极活性物质由含锂的过渡金属氧化物组成,在锰酸锂离子蓄电池中以锰酸锂为主要原料,在磷酸铁锂离子蓄电池中以磷酸铁锂为主要原料,在镍钴锂离子蓄电池中以镍钴锂为主要材料,在镍钴锰锂离子蓄电池中以镍钴锰锂为主要材料,在正极活性物质中再加入导电剂、树脂黏合剂,并涂覆在铝基体上,呈细薄层分布。

(2) **负极**。负极活性物质是由碳材料与黏合剂的混合物再加上有机溶剂调合制成糊状,并涂覆在铜基上,呈薄层状分布。

(3) **隔膜板**。隔膜板起关闭或阻断通道的作用,一般使用聚乙烯或聚丙烯材料的微多孔膜。所谓关闭或阻断功能,是指蓄电池出现异常,温度上升,阻塞或阻断作为离子通道的细孔,使蓄电池停止充、放电反应。隔膜板可以有效防止因外部短路等引起的过大电流而使蓄电池产生异常发热现象。异常发热现象只要产生一次,蓄电池就不能正常使用。

(4) **电解液**。电解液是以混合溶剂为主体的有机电解液。为了使主要电解质成分的锂盐溶解,电解液必须具有高电容率,并且具有与锂离子相容性好的溶剂,即以不阻碍离子移动的低黏度有机溶液为宜。而且在锂离子蓄电池的工作温度范围内,电解液必须呈液体状态,凝固点低,沸点高。电解液对于活性物质具有化学稳定性,必须良好适应充放电反应过程中发生的剧烈的氧化还原反应。由于使用单一溶剂很难满足上述严酷条件,因此电解液一般混合不同性质的几种溶剂使用。

(5) **安全阀**。为了保证锂离子蓄电池的使用安全性,一般通过对外部电路进行控制或者在蓄电池内部设置异常电流切断的安全装置。即使这样,在使用过程中也有可能因其他原因引起蓄电池内压异常上升,此时,安全阀释放气体,可以防止蓄电池破裂。安全阀实际上是一次性非修复式的破裂膜,一旦进入工作状态,可保护蓄电池使其停止工作,因此是蓄电池的最后保护手段。

3. 锂离子蓄电池的工作原理

锂离子蓄电池的正极材料必须有能够接纳锂离子的位置和扩散路径。目前应用性能较好的正极材料是具有高插入电位的层状结构的过渡金属氧化物和锂的化合物,如锂化合物 $LiCoO_2$、$LiNiO_2$ 或尖晶石结构的 $LiMn_2O_4$。这些正极材料的插锂电位都可以达到 4V 以上。负极材料一般采用锂碳层间化合物 Li_xC_6。电解液一般采用溶解有锂盐 $LiPF_6$、$LiAsF_6$ 的有机溶液。

图 3.9 所示为锂离子蓄电池的工作原理。充电时锂离子在正极脱嵌,通过电解质进入负极,同时由于隔膜板的作用,电子只能通过外电路从正极流向负极,形成充电电流,保持正负极电荷平衡。同理,放电时锂离子在负极脱嵌,流向正极,电子在外电路形成放电电流。

锂离子蓄电池的正极和负极的电化学反应分别为

$$LiMO_2 \rightleftharpoons Li_{1-x}MO_2 + xLi^+ + xe^-$$

$$nC + xLi^+ + xe^- \rightleftharpoons Li_xC_n$$

总的电化学反应为

$$LiMO_2 + nC \rightleftharpoons Li_{1-x}MO_2 + Li_xC_n$$

式中,M=Co、Ni、Fe、W 等。

例如,以 $LiCoO_2$ 为正极材料,石墨为负极材料的锂离子蓄电池,正极和负极的电化学反应分别为

$$LiCoO_2 \rightleftharpoons Li_{1-x}CoO_2 + x\, Li^+ + xe^-$$
$$6C + x\, Li^+ + xe^- \rightleftharpoons Li_xC_6$$

总的电化学反应为

$$LiCoO_2 + 6C \rightleftharpoons Li_{1-x}CoO_2 + Li_xC_6$$

电池反应过程中既没有消耗电解液,也不产生气体,只是锂离子在正负极间移动,所以锂离子蓄电池可以做成完全封闭结构。此外,正常条件下,电池充放电过程中没有其他副反应,所以锂离子蓄电池充电效率很高,甚至达到100%。

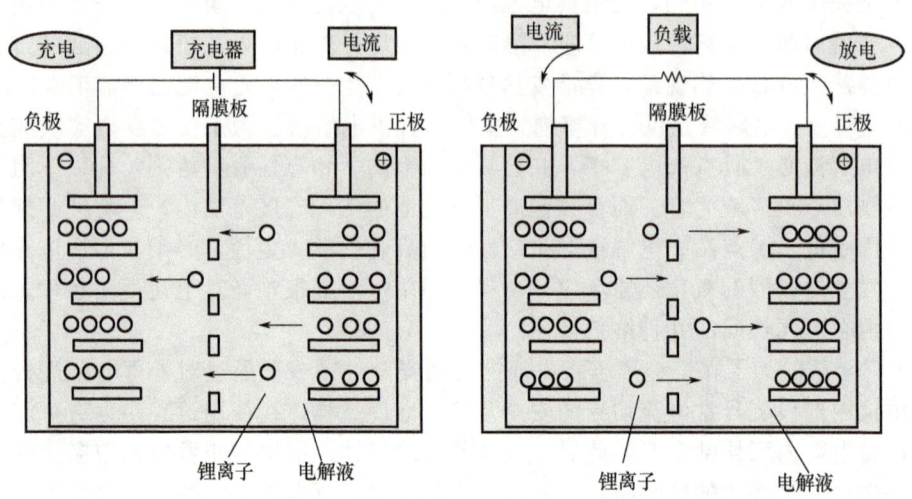

图 3.9　锂离子蓄电池的工作原理

4. 锂离子蓄电池的特点

锂离子蓄电池有许多显著优点,主要如下。

(1) 工作电压高。锂离子蓄电池工作电压为 3.6V,是镍氢蓄电池和镍镉蓄电池工作电压的 3 倍。

(2) 比能量高。锂离子蓄电池比能量已达到 150W·h/kg,是镍镉蓄电池的 3 倍,镍氢蓄电池的 1.5 倍。

(3) 循环寿命长。目前锂离子蓄电池循环寿命已达到 1000 次以上,在低放电深度下可达几万次,超过了其他几种二次电池。

(4) 自放电率低。锂离子蓄电池每月自放电率仅为 6%~8%,远低于镍镉蓄电池(25%~30%)和镍氢蓄电池(15%~20%)。

(5) 无记忆性。锂离子蓄电池可以根据要求随时充电,而不会降低电池性能。

(6) 对环境无污染。锂离子蓄电池中不存在有害物质,是名副其实的"绿色电池"。

(7) 能够制造成任意形状。

锂离子蓄电池也有一些缺点,主要如下。

(1) 成本高。主要是正极材料 $LiCoO_2$ 的价格高,但按单位瓦时的价格来计算,已经低于镍氢蓄电池,与镍镉蓄电池持平,但高于铅酸蓄电池。

(2) 必须有特殊的保护电路,以防止过充电。

5. 对锂离子蓄电池的要求

对锂离子蓄电池的要求分为对单体蓄电池的要求、对蓄电池模块的要求及对蓄电池总成的要求。

(1)对锂离子单体蓄电池的要求和对镍氢单体蓄电池的要求是一样的。

(2)对锂离子蓄电池模块的要求与对镍氢蓄电池模块的要求相比,基本上只有低温放电容量、荷电保持与容量恢复能力不同,其他是一样的。

① 对锂离子蓄电池模块低温放电容量的要求:锂离子蓄电池模块按规定方法进行试验时,其放电容量应不低于初始容量的70%。

② 对锂离子蓄电池模块荷电保持与容量恢复能力的要求:锂离子蓄电池模块按规定方法进行试验时,其室温及高温荷电保持率应不低于初始容量的85%,容量恢复应不低于初始容量的90%。

(3)锂离子蓄电池总成是指由一个或若干个锂离子蓄电池模块和电路设备(保护电路、锂离子蓄电池管理系统、电路和通讯接口)等组成的,用来为用电装置提供电能的电源系统。对锂离子蓄电池总成主要有以下技术要求。

① 锂离子蓄电池一致性。锂离子蓄电池一致性是指组成锂离子蓄电池模块和总成的单体蓄电池性能的一致性特性。这些性能主要包括实际电能、阻抗、电极的电气特性、电气连接、温度特性差异、衰变速度等多种复杂因素。这些因素的差异,将直接影响运行过程中输出电参数的差异。组成锂离子蓄电池模块和总成的单体蓄电池的一致性特性应在规定的负荷条件和荷电状态下进行试验。锂离子蓄电池的一致性特性分为充电状态一致性特性和放电状态一致性特性。若没有具体规定,应以放电状态测试的一致性特性为锂离子蓄电池模块和总成的一致性特性。

锂离子蓄电池一致性等级和规范见表3-2。一致性指数超过5级的为不合格产品。

表3-2 锂离子蓄电池一致性等级和规范

一致性等级	1级	2级	3级	4级	5级
一致性指数	≤5F	≤8F	≤11F	≤14F	≤18F

② 正极和负极输出连接。组成锂离子蓄电池总成的锂离子蓄电池模块正极和负极连接可采用螺栓连接方式或可插拔连接器连接方式。正极和负极连接处应有清晰的极性标志。正极采用红色标志和红色电缆,负极采用黑色标志和黑色电缆。

③ 接口和协议。组成锂离子蓄电池总成的蓄电池管理系统的接口和协议包括电路接口和接口协议、通讯接口和通讯协议。电路接口和接口协议包括充电控制导引接口和接口协议、单体蓄电池电压监测电路接口和接口协议、充放电控制电路接口和接口协议、I/O充放电接口电路和接口协议。通讯接口和通讯协议包括内部通讯接口和通讯协议、充放电通讯接口和通讯协议、用户通讯接口和通讯协议。蓄电池总成的接口和通讯协议应符合JB/T 11138—2011《锂离子蓄电池总成接口和通讯协议》的规定。

④ 额定电能。当采用标称电压相同的锂离子蓄电池模块组成锂离子蓄电池总成时,蓄电池总成的额定电能值等于组成锂离子蓄电池总成中电能最小的蓄电池模块的电能与模块数量的乘积。当采用不同标称电压的蓄电池模块组成蓄电池总成时,蓄电池总成的额定电能等于由蓄电池模块的额定电能除以蓄电池模块标称电压最小值与蓄电池总成标称电压的乘积。

⑤ 电源功率消耗。电源功率消耗特指组成锂离子蓄电池总成的蓄电池管理系统电路消耗的峰值功率,应符合制造厂商提供的产品技术文件的规定。

⑥ 标称电压。采用锂离子蓄电池模块组成的锂离子蓄电池总成的标称电压见表3-3。

表3-3 采用锂离子蓄电池模块组成的锂离子蓄电池总成的标称电压

模块数量/个	12V系列标称电压/V	24V系列标称电压/V	36V系列标称电压/V	48V系列标称电压/V	72V系列标称电压/V
2	24	48	72	96	144
3	36	72	—	144	216
4	48	96	144	—	288
5	60	120	—	240	360
6	72	144	—	288	432
7	—	—	—	336	—
8	96	—	288	384	—
9	—	—	—	432	—
10	120	240	—	480	—
11	—	—	396	—	—
12	144	288	—	—	—
13	—	312	—	—	—
14	—	336	—	—	—
15	—	—	—	—	—
16	—	384	—	—	—

注:锰酸锂蓄电池模块没有12V系列的锂离子蓄电池模块。

⑦ 使用寿命。锂离子蓄电池总成的使用寿命分为标准循环使用寿命和工况循环使用寿命。磷酸亚铁锂蓄电池标准循环使用寿命大于或等于1200次;锰酸锂蓄电池标准循环使用寿命应大于或等于800次。电动汽车用锂离子蓄电池总成的工况循环使用寿命可采用续驶里程数来表示。

3.2.5 镍锌蓄电池

镍锌蓄电池由镍电极和锌电极组成,兼有镍镉蓄电池中镍正极长寿命和锌银蓄电池中锌负极高容量的优越性能,是一种高性能绿色二次动力蓄电池。

1. 镍锌蓄电池的结构

镍锌蓄电池的正极为氧化镍电极,负极为锌电极;负极外包裹多层隔膜,隔膜一般为无纺布(常用聚丙烯和聚酰胺两种),分为储存电解液的吸液隔膜和防止锌枝晶穿透的隔膜;电极以极耳引出。除了这些基本组成单元之外,镍锌蓄电池的组成还包含电解液、气阀、辅助电极和电池容器等。

(1) 正极。正极采用$Ni(OH)_2$作为活性材料。根据所用的基底和制备方法不同,正极可以分为烧结型正极、非烧结型正极和电化学沉积轻质正极。前两种类型是目前镍锌蓄电池主要使用的正极。烧结型正极较传统,而要得到高容量、高活性的正极,一般采用非烧结型正极,即以高孔隙率的泡沫镍或纤维镍材料作为骨架,填涂高密度的球形氢氧化镍。电化学沉积轻质正极应用不多。

(2) **负极**。负极由氧化锌、金属锌粉、改善电极性能的导电剂、少量的添加剂和聚四氟乙烯乳液等混合压制而成,主要活性物质为氧化锌。锌电极的主要制备方法有压成法、涂膏法、烧结法、电沉积法及化成法等。目前在各种锌电池中,锌电极一般采用多孔电极形式。由于锌电极在循环过程中会不断溶解,造成锌电极出现形变、钝化、枝晶等问题,因此必须在锌负极中添加大量的添加剂抑制这些问题的出现。

(3) **隔膜**。隔膜置于蓄电池的正极和负极之间,防止正极和负极的活性材料直接接触造成蓄电池内部短路。隔膜的性能是影响蓄电池电性能和机械性能的主要因素,因此镍锌蓄电池对隔膜有很高的要求,除了要能抗锌枝晶穿透外,还要求能耐强碱、抗氧化、易被电解液润湿,具有好的机械强度和充分的柔韧性、低电阻、高离子导电性,这些要求很难在单一隔膜上都具备,因此目前镍锌蓄电池都是将多种隔膜组合使用,常用的隔膜为聚酰胺无纺布和聚丙烯毡。

(4) **电解液**。镍锌蓄电池的电解液一般采用 $6mol/L$ 的 KOH 水溶液。由于镍氢蓄电池在长期使用过程中,$Ni(OH)_2$ 晶粒会逐渐聚结而造成充电困难,因此实际生产中的电解液通常添加适量的 LiOH,一般为 $0.6mol/L$。

2. 镍锌蓄电池的电化学反应机理

镍锌蓄电池使用 $Ni(OH)_2/NiOOH$ 作为正极(阳极),ZnO/Zn 作为负极(阴极),KOH 水溶液作为电解液。放电时,金属 Zn 被氧化为 ZnO,NiOOH 还原为 $Ni(OH)_2$,充电时反之。

镍锌蓄电池放电时正极和负极发生的电化学反应分别为

$$NiOOH + H_2O + e^- \longrightarrow Ni(OH)_2 + OH^-$$
$$Zn + 4OH^- \longrightarrow Zn(OH)_4^{2-} + 2e^-$$

总的电化学反应为

$$Zn + 2NiOOH + H_2O \longrightarrow ZnO + 2Ni(OH)_2$$

镍锌蓄电池的理论开路电压是 1.3V,其中负极电位为 -1.24V,正极电位为 0.49V。KOH 水溶液在电化学反应中不仅起到离子迁移电荷的作用,而且 H_2O 与 OH^- 在充放电过程中参与了电极反应。

若镍锌蓄电池过充电,氢氧化镍电极上产生 O_2,锌电极上生成 H_2,这些气体可能会结合形成水,正极和负极发生的电化学反应分别为

$$2OH^- \longrightarrow 1/2 O_2 + H_2O + 2e^-$$
$$H_2O + 2e^- \longrightarrow H_2 + 2OH^-$$

总的电化学反应为

$$H_2O \longrightarrow H_2 + 1/2 O_2$$

过充电时,在正极上产生的 O_2 也可能在负极上直接与金属 Zn 结合生成 ZnO。H_2 和 O_2 的产生增加了电池内压,使电池密封困难。过充电时,正极上产生 O_2 和锌电极上生成 H_2 这两个反应的发生取决于正负极上活性材料的数量和它们的利用率。

3. 镍锌蓄电池的特点

镍锌蓄电池具有以下优点。
(1) 比能量高，可达 50~80W·h/kg，明显高于铅酸蓄电池和镍镉蓄电池。
(2) 比功率高，仅次于锂离子蓄电池。
(3) 工作电压高，可达 1.65V，高于镍氢蓄电池和镍镉蓄电池。
(4) 工作温度范围宽，为 -20~60℃。
(5) 无记忆效应。
(6) 生产和使用过程对环境不产生污染。
(7) 价格低。

镍锌蓄电池的寿命问题一直是其商品化的重大障碍，因此延长镍锌蓄电池的寿命是解决问题的关键。有资料显示，由于采用一种新的锌阳极化学体系，在放电深度为 80% 时，镍锌蓄电池的循环寿命达到了 600~1000 次。据此认为镍锌蓄电池将是电动汽车电池应用的有力竞争者。影响镍锌蓄电池寿命的 3 个方面为锌电极的变形和锌枝晶的产生、隔膜的氧化和穿透、镍电极的毒化。

3.2.6 金属空气电池

金属空气电池是用金属燃料代替氢能源而形成的一种新概念电池，有望成为新一代绿色能源。它发挥了燃料电池的众多优点，将锌、铝等金属像氢气一样提供到电池中的反应位置，与氧气一起构成一个连续的电能产生装置，具有无毒、无污染、放电电压平稳、比能量高、内阻小、储存寿命长、价格相对较低、工艺技术要求较低、比功率高等优点。它既有丰富的廉价资源，又能再生利用，而且结构比氢燃料电池简单，是很有发展和应用前景的新能源。

1. 锌空气电池

锌空气电池是以空气中的氧气为正极活性物质，金属锌为负极活性物质的一种新型化学电池。锌空气电池是一种半蓄电池半燃料电池。首先，负极活性物质同锌锰蓄电池、铅酸蓄电池等蓄电池一样封装在电池内部，具有蓄电池的特点；其次，正极活性物质来自电池外部的空气中所含的氧，理论上有无限容量，是燃料电池的典型特征。

锌空气电池可以表达为

$$(-)Zn\,|\,KOH\,|\,O_2(空气)(+)$$

锌空气电池放电时负极的电化学反应为

$$Zn + 4OH^- \longrightarrow Zn(OH)_4^{2-} + 2e^-$$
$$Zn(OH)_4^{2-} \longrightarrow ZnO + 2OH^- + H_2O$$

正极的电化学反应为

$$O_2 + 2H_2O + 4e^- \longrightarrow 4OH^-$$

总的电化学反应为

$$2Zn + O_2 \longrightarrow 2ZnO$$

锌空气电池具有如下优点。
(1) 比能量高。由于正极活性物质来自电池的外部，无须占用电池的空间，在相同体积、质量的情况下，锌空气电池内可以装入更多的负极活性物质，使得锌空气电池比普通电池的容量大出很多，其理论比能量达到1350W·h/kg以上，实际比能量在1000W·h/kg以上，属于大容量高能化学电池。

（2）价格低廉。阳极活性物质锌来源丰富，价格便宜。阴极活性物质氧气来源于周围空气，基本等同于现在普遍使用的铅酸蓄电池。

（3）性能稳定，放电平稳。因放电时阴极催化剂本身不起变化，加之锌电极电压稳定，故放电时电压变化很小。

（4）储存寿命特佳。锌空气电池属于储备型电池，因为储存过程中均采用密封措施将电池的空气孔与外界空气隔离，所以电池的容量损失极小，每年小于2%。

（5）安全可靠，无污染。从生产到使用，从新产品到废品回收，锌空气电池都不会污染环境，更不会燃烧爆炸，堪称绿色能源。

由于锌空气电池采用多孔气体电极，而且正极活性物质氧气来源于周围空气，使得电极工作时暴露于空气中，因此对电池的使用寿命与性能产生很大的危害，具体表现主要有以下几点。

（1）电解液中水分蒸发或吸潮。由于空气电极露于空气中，必然会发生电解液水分的蒸发和吸潮，这将改变电解液的性能，从而使电池性能下降。

（2）负极的直接氧化。由于空气电极中的O_2直接进入电池溶于电解液，在反应过程中形成HO_2，如果形成的HO_2未分解，会在空气电极周围积累，使正极电位负移，负极直接氧化，从而负极出现钝化，降低了负极的活性。

（3）锌枝晶的生长。由于负极本身的自放电反应，会使锌腐蚀产生锌枝晶，当锌枝晶生长到一定程度，就会刺穿电池隔膜，使电池发生短路，降低电池性能。

（4）电解液碳酸化。在空气中的O_2进入电池的同时，空气中的CO_2也进入电池，溶于电解液中，使得电解液碳酸化，导致电解液的导电性能下降，电池内阻增大，同时碳酸盐在正极上的析出使正极的性能下降，不仅影响了电池的放电性能，而且使电池的使用寿命受到很大影响。

（5）正极催化剂活性偏低。选择正极的催化剂，改善正极的极化特征，提高电池的工作电压及开路电压是非常重要的。过去正极采用铂、铑、银等贵金属作为催化剂，催化效果比较好，但是这使得电池的成本很高，电池很难商品化。后来采用别的催化剂（如炭黑、石墨与二氧化锰的混合物），使锌空气电池的成本降低，但是催化剂活性偏低，影响电池的充放电电流密度。

此外，锌空气电池还有工作温度范围不宽、间歇放电性能差、容易漏液爬碱、电池及其附属设施的结构复杂且电池的抗振性能较差等问题。这些都是锌空气电池大规模应用的障碍，因此，若要发展锌空气电池，就需要解决这些困难。

2. 铝空气电池

铝空气电池用高纯铝或铝合金作为负极，空气（氧）电极作为正极，碱或盐作为电解液。在放电过程中负极溶解，空气中的氧被还原而释放出电能。

铝空气电池可以表达为

$$(-)Al|电解液|O_2(空气)(+)$$

铝空气电池放电时负极的电化学反应为

$$Al-3e^- \longrightarrow Al^{3+}$$

$$Al^{3+} + 3OH^- \longrightarrow Al(OH)_3 \quad （中性溶液）$$

$$Al^{3+} + 4OH^- \longrightarrow Al(OH)_4^- \quad （碱性溶液）$$

正极的电化学反应为

$$O_2 + 2H_2O + 4e^- \longrightarrow 4OH^-$$

总的电化学反应为

$$4Al + 3O_2 + 6H_2O \longrightarrow 4Al(OH)_3 \quad （中性溶液）$$

$$4Al + 3O_2 + 4OH^- + 6H_2O \longrightarrow 4Al(OH)_4^- \quad （碱性溶液）$$

另外，铝在两种条件下都存在腐蚀反应

$$2Al + 6H_2O \longrightarrow 2Al(OH)_3 + 3H_2$$

铝空气电池具有如下优点。

(1) 铝是一种活泼金属，比锌、镁等金属更有吸引力。铝的电化学当量很高，为 2980A·h/kg，是除锂之外比能量最高的金属。铝空气电池的比能量实际可达到 450W·h/kg，比能量密度小于铅酸蓄电池，比功率为 50~200W/kg，寿命达 3~4 年。因此，对铝的化学电源的研究和开发，具有诱人的前景。铝反应时每个原子释放 3 个电子，而锌、镁仅释放 2 个，锂释放 1 个。也就是说要产生相同数量的能量所需要的原料量，铝的最少。因此综合众多因素，铝成为金属空气电池负极材料的最佳选择。

(2) 铝空气电池的正极活性物质来源于空气中的氧气，其正极是一种透气不透液、能导电、有催化活性的薄膜，在整个电池中所占的比例很小，余下的空间可以用来充填负极材料，因此在现有的小型电池系统中具有最高的比能量。由于铝空气电池的正极很薄，使得电池很轻巧，适用于便携式设备。

(3) 铝空气电池可携带燃料长距离行驶，节约能源，元件可快速更换，是电动自行车的理想电源。另外，该电池用在电动自行车上，无毒、无有害气体，可减小因燃油和燃气带来的噪声，对保护环境有利。

(4) 铝空气电池安全可靠，无污染，从生产到使用，从新产品到废品回收，都不会污染环境，更不会燃烧爆炸，堪称绿色能源。

(5) 铝的储量丰富，价格便宜。铝是地球上含量最丰富的金属元素之一，在元素分布中占第 3 位，全球铝工业储量已超过 250 亿吨。铝是世界上产量最大、应用最广的金属。

(6) 铝空气电池无须充电，补充铝电极和电解液后即可产生电流，放电曲线平稳，放电时间长，操作方便。

(7) 铝电极的生产工艺和设备比较简单，投资少，研制费用低。铝空气电池可设计成电解液循环和不循环两种结构形式，便于因使用场合不同而进行选择。

虽然铝空气电池的比能量高，但比功率较低，充电和放电速度比较缓慢，电压滞后，自放电率较大，需要采用热管理系统来防止铝空气电池工作时的过热。

3.2.7　蓄电池的充电方法

蓄电池的充电方法可以分为常规充电和快速充电两种。

1. 蓄电池的常规充电方法

蓄电池的常规充电方法主要有恒流充电法、分段电流充电法、恒压充电法、恒压限流充电法等。

(1) **恒流充电法**

恒流充电法是通过调整充电装置输出电压或改变与蓄电池串联的电阻的方式使充电电流强度保持不变的充电方法。该方法控制简单，但由于蓄电池可接受的电流能力是随着充电过程的进行而逐渐下降的，到充电后期，充电电流多用于电解水，产生气体，使得析气过多，此时电能不能有效转换为化学能，多转换为热能消耗掉了，因此常选用分段电流充电法。恒流充电曲线如图 3.10 所示，充电电流选择 10h 率或 20h 率。

恒流充电法能使蓄电池充电比较彻底，但需经常调节充电电压，且充电时间较长。

(2) **分段电流充电法**

在充电过程中，为更有效地利用电能，通常采用逐渐减小电流的方法。考虑到蓄电池的具体情况，分段电流充电法一般分为数段进行充电，如二阶段充电法和三阶段充电法。

① 二阶段充电法。二阶段充电法采用恒电流和恒电压相结合的快速充电方法，其充电曲线如图 3.11 所示。首先，以恒电流充电至预定的电压值，然后，改为恒电压完成剩余的充电。一般两个阶段之间的转换电压就是第二阶段的恒电压。

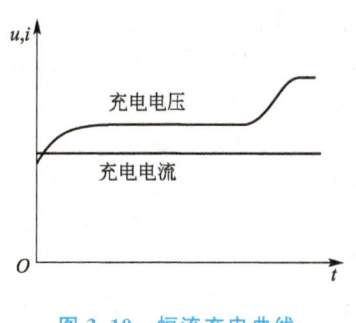

图 3.10　恒流充电曲线

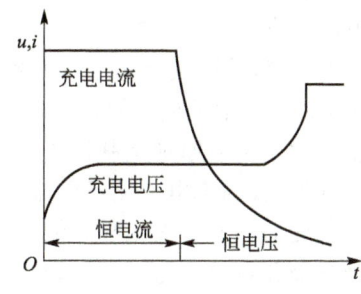

图 3.11　二阶段法充电曲线

② 三阶段充电法。三阶段充电法在充电开始和结束时采用恒电流充电，中间用恒电压充电。当电流衰减到预定值时，由第二阶段转换到第三阶段。这种方法可以将出气量减到最少，但作为一种快速充电方法使用时受到一定的限制。

(3) **恒压充电法**

恒压充电法指充电电源的电压在全部充电时间里保持恒定的数值，随着蓄电池端电压的逐渐升高，电流逐渐减小。与恒流充电法相比，其充电过程更接近于最佳充电曲线。用恒压充电法快速充电的曲线如图 3.12 所示。由于充电初期蓄电池电动势较低，充电电流很大，随着充电的进行，电流将逐渐减小，因此只需简易控制系统即可。

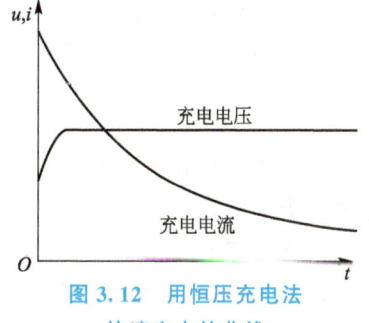

图 3.12　用恒压充电法快速充电的曲线

恒压充电法电解水很少，避免了蓄电池过充电。但在充电初期电流过大，会对蓄电池寿命造成很大影响，并且容易使蓄电池极板弯曲，造成蓄电池报废。恒压充电法一般很少使用，只有在充电电源电压低而电流大时采用，如汽车行驶过程中，蓄电池就是以恒压充电法充电的。

(4) **恒压限流充电法**

为了克服恒压充电法中初期电流过大使充电设备不能承受的缺点，常采用恒压限流充电法来代替恒压充电法。在充电第一阶段，用恒定的电流充电；在蓄电池电压达到一定电压后，维持此电压恒定不变，转为第二阶段的恒压充电过程；当充电电流下降到一定值后，继续维持恒压充电大约1h即可停止充电。

2. 蓄电池的快速充电法

为了能够最大限度地加快蓄电池的化学反应速度，缩短蓄电池达到满充状态的时间，同时保证蓄电池正负极板的极化现象尽量地少或轻，提高蓄电池使用效率，快速充电技术近年来得到了迅速发展。

(1) **蓄电池快速充电的原理**

由蓄电池的化学反应原理可知，蓄电池在充放电的过程中要产生氧气。在密封式铅酸蓄电池中，正极产生的氧气可以通过隔膜和气室被负极吸收，整个化学反应变成一个循环的反应形式，从而达到免维护的目的。但它的内压是有限的，致使负极吸收速度也是有限的。如果充电电压过高，正极产生氧气的速度过快，负极吸收速度跟不上氧气的产生速度，长时间之后必然造成电池失水，从而诱发蓄电池的微短路、硫酸化等失效现象，损害蓄电池的质量并缩短蓄电池的使用寿命。同时，高速率充电时蓄电池的极化会造成蓄电池内部压力上升、温度上升、内阻增大等，这不仅会缩短蓄电池的使用寿命，而且有可能对蓄电池造成永久性伤害。同时也使蓄电池可接受的充电电流下降，蓄电池不能充到标称容量。

蓄电池的化学反应原理是制订快速充电方法的依据。快速充电要想方设法加快蓄电池的化学反应速度（提高充电电压或电流等），使充电速度得到最大的提高；快速充电又要保证负极的吸收能力，使负极的吸收能力能够跟得上正极产生氧气的速度，同时尽可能地消除蓄电池的极化现象。这一原理表明，蓄电池的快速充电的速度是有上限的。

提高蓄电池的化学反应速度有两种方式：一是改进蓄电池的结构，以减小内阻并提高反应离子的扩散速度；二是改进蓄电池的充电方法，允许加大充电电流，缩短充电时间。

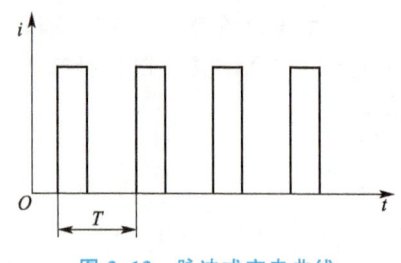

图 3.13 脉冲式充电曲线

(2) **几种快速充电方法**

① 脉冲式充电法。脉冲式充电法首先是用脉冲电流对蓄电池充电，然后停充一段时间，如此循环，其充电曲线如图 3.13 所示。充电脉冲使蓄电池充满电量，而间歇期使蓄电池经化学反应产生的氧气和氢气有时间重新化合而被吸收掉，使浓差极化和欧姆极化自然得到消除，从而减小蓄电池的内压，使下一轮的恒流充电能够更加顺利地进行，使蓄电池可以吸收更多的电量。间歇脉冲使蓄电池有较充分的反应时间，减少了析气量，提高了蓄电池的充电电流接受率。

② 变电流间歇充电法。变电流间歇充电法建立在恒流充电和脉冲充电的基础上，其充电曲线如图 3.14 所示。它的特点是将恒流充电段改为限压变电流间歇充电段。充电前期的各段采用变电流间歇充电的方法，保证加大充电电流，获得绝大部分充电量。充电后期采用定电压充电段，获得过充电量，将蓄电池恢复至完全充电态。通过间歇停充，使蓄电池经化学反应产生的氧气和氢气有时间重新化合而被吸收掉，使浓差极化和欧姆极化自然得到消除，从而减小蓄电池的内压，使下一轮的恒流充电能够更加顺利地进行，使蓄电池可以吸收更多的电量。

③ 变电压间歇充电法。变电压间歇充电法的充电曲线如图 3.15 所示，其与变电流间歇充电方法不同之处在于第一阶段不是间歇恒流，而是间歇恒压。

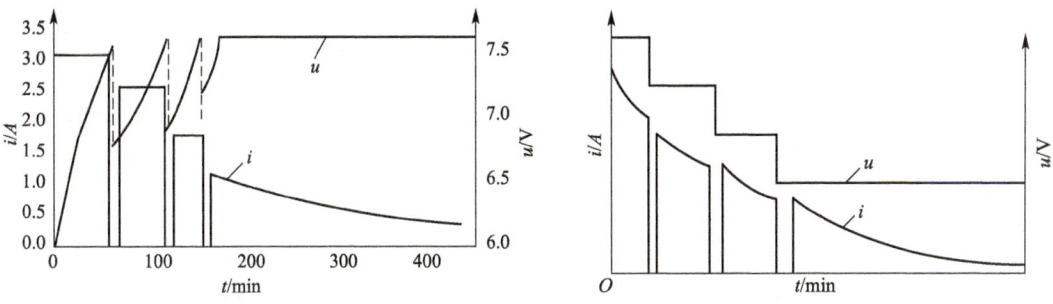

图 3.14　变电流间歇充电曲线　　　　图 3.15　变电压间歇充电曲线

比较图 3.14 和图 3.15 可以看出，图 3.15 更加符合最佳充电的充电曲线。在每个恒电压充电阶段，由于是恒压充电，充电电流自然按照指数规律下降，符合蓄电池电流可接受率随着充电的进行逐渐下降的特点。

3.2.8　蓄电池的性能测试

1. 蓄电池充放电性能测试

（1）蓄电池充电性能测试

蓄电池充电性能主要是指充电效率、充电最高电压和耐过充能力等。

充电效率是指蓄电池在充电时充入的电能与所消耗的总电能之比，以百分数表示。充电电流的大小、充电方法、充电时的温度直接影响充电效率。充电效率高表示蓄电池接受充电的能力强，一般充电初期充电效率较高，接近 100%，充电后期由于电极极化增加，充电效率下降，电极上析出大量的气体。

充电最高电压是指蓄电池在充电过程中所能达到的最高电压。充电电压越低，说明蓄电池在充电过程中的极化就越小，蓄电池的充电效率就越高，蓄电池的使用寿命就有可能更长。

蓄电池应具有良好的耐过充能力，即使蓄电池处于极端充电条件下，也能拥有较优良的使用性能。

（2）蓄电池放电性能测试

蓄电池放电性能受放电时间、放电电流、环境温度、终止电压等因素影响。蓄电池的放电方法有恒流放电法、恒阻放电法、恒压放电法、恒压恒流放电法、连续放电法和间歇放电法等，其中恒流放电法是最常见的放电方法。

放电电流直接影响蓄电池的放电性能。在标注蓄电池的放电性能时，应标明放电电流的大小。蓄电池的工作电压是衡量蓄电池放电性能的一个重要指标，放电曲线反映了整个放电过程中工作电压的变化过程，是一个变化的值，因此一般以中点电压来表示工作电压的大小。中点电压是指额定放电时间中点时刻蓄电池的工作电压，主要用来衡量大电流放电系列蓄电池高倍率放电的能力。

蓄电池的充放电性能可用蓄电池充放电性能测试仪来测试。

2. 蓄电池容量的测试

蓄电池容量的测试方法与蓄电池放电性能的测试方法基本相同，可分为恒流放电法、恒阻放电法、恒压放电法、恒压恒流放电法、连续放电法和间歇放电法等。根据放电的时间和电流的大小可以计算蓄电池的容量。对于恒流放电，蓄电池容量等于放电电流和放电时间的乘积。恒流放电的蓄电池容量不仅与放电电流有很大关系，而且与放电温度、充电制度、搁置时间等也有关系。

蓄电池容量可以用专用的蓄电池容量检测仪测试。

3. 蓄电池循环寿命的测试

蓄电池循环寿命是衡量蓄电池性能的一个重要参数。影响蓄电池循环寿命的因素有电极材料、电解液、隔膜、制造工艺、充放电制度、环境温度等。

在进行寿命测试时，要严格控制测试条件。通常是在一定的充放电条件下进行循环，然后检测蓄电池容量的衰减，当蓄电池容量小于额定容量的80%（不同的蓄电池有不同的规定，锂离子蓄电池是80%）时终止实验，此时的循环次数就是蓄电池的循环寿命。

对于不同类型的蓄电池，循环寿命的测试规定是不同的，具体可参考相应国家标准或国际电工委员会（IEC）制定的标准。

蓄电池的循环寿命可以用专用的蓄电池循环寿命检测仪来测试。

4. 蓄电池内阻、内压的测试

蓄电池的内阻是指蓄电池在工作时，电流流过蓄电池内部所受到的阻力，一般分为交流内阻和直流内阻。由于蓄电池内阻很小，测直流内阻时电极容易极化，产生极化内阻，因此无法测出其真实值；而测其交流内阻可免除极化内阻的影响，得出真实的内阻值。测试交流内阻的方法是利用蓄电池等效于一个有源电阻的特点，给蓄电池一个1000Hz、50mA的恒定电流，对其进行电压采样、整流、滤波等一系列处理，从而精确地测量其阻值。蓄电池内阻可用专门的内阻仪来测试。

蓄电池的内压是指充放电过程中产生的气体所形成的压力，主要受蓄电池材料、制造工艺、结构、使用方法等因素影响。蓄电池内压一般情况下均维持在正常水平，在过充电或过放电情况下，蓄电池内压有可能会升高。例如，过充电时正极产生的氧气透过隔膜纸与负极复合，如果负极反应的速度低于正极反应的速度，产生的氧气来不及被消耗掉，就会造成蓄电池内压升高。

镍镉蓄电池和镍氢蓄电池内压测试是将蓄电池以0.2C放电至1.0V后，以1C充电3h，根据蓄电池钢壳的轻微形变通过转换得到蓄电池的内压情况，测试中蓄电池不应膨底、漏液或爆炸。

锂离子蓄电池内压测试是（UL标准）模拟蓄电池在海拔为15240m的高空（低气压11.6kPa）下，检验蓄电池是否漏液或发鼓。具体步骤是将蓄电池1C充电恒流恒压充电到4.2V，截止电流10mA，然后将其放在气压为11.6kPa、温度为20℃±3℃的低压箱中储存6h，蓄电池不会爆炸、起火、裂口、漏液。

5. 高低温环境下蓄电池性能的测试

电动汽车的动力蓄电池可能会在不同的环境温度下使用，高温或低温对蓄电池的充放电性能都有影响，应分别对各温度下蓄电池充放电性能进行测试。

在 QC/T 743—2006《电动汽车用锂离子蓄电池》中规定，要对蓄电池在 -20℃ 低温、20℃ 常温和 55℃ 高温进行放电性能的测试。要求按规定的方法测试：在 -20℃ 时，其容量应不低于额定值的 70%；在 55℃ 时，其容量应不低于额定值的 95%；在 20℃ 高倍率放电时，对于能量型蓄电池，其容量应不低于额定值的 90%；对于功率型蓄电池，其容量应不低于额定值的 80%。

高低温测试所需的仪器和充放电性能测试基本是一致的，只是在恒温箱中测定不同温度下的蓄电池性能。

6. 自放电及储存性能的测试

自放电又称荷电保持能力，是指在开路状态下，蓄电池储存的电量在一定环境条件下的保持能力。一般而言，自放电主要受制造工艺、材料、储存条件的影响。自放电是衡量蓄电池性能的主要参数之一。一般而言，蓄电池储存温度越低，自放电率也越低，但也应注意温度过低或过高均有可能造成蓄电池损坏无法使用。蓄电池充满电开路搁置一段时间后，一定程度的自放电属于正常现象。

蓄电池的储存性能是指蓄电池开路时，在一定的温度、湿度等条件下储存时容量下降率的大小，是衡量蓄电池综合性能稳定程度的一个重要参数。蓄电池经过一定时间储存后，允许容量及内阻有一定程度的变化。经过了一段时间的储存，可以让内部各成分的电化学性能稳定下来，可以了解蓄电池的自放电性能的大小，以便保证蓄电池的品质。

7. 蓄电池安全性能测试

蓄电池的安全性测试项目非常多，不同类型的蓄电池，安全性能测试项目也不同，可根据相关标准选择测试。

3.3 燃料电池

燃料电池是一种化学电池，它直接把物质发生化学反应时释放出的能量转换为电能，工作时需要连续地供给活性物质（起反应的物质）——燃料和氧化剂。

根据燃料电池中使用电解质种类的不同，可以将燃料电池分为质子交换膜燃料电池、碱性燃料电池、磷酸燃料电池、熔融碳酸盐燃料电池、固体氧化物燃料电池、直接甲醇燃料电池等。

【燃料电池】

3.3.1 燃料电池发电系统

燃料电池发电系统是指用燃料电池模块通过电化学过程将反应物（燃料和氧化剂）的化学能转换为电能（直流电或交流电）和热能的系统，其组成如图 3.16 所示。图中实线框内为燃料电池发电系统，主要由燃料电池模块、氢燃料供应与处理系统、氧化剂处理系统、增湿系统、通风系统、水管理系统、热管理系统、功率调节系统及自动控制系统等组成。

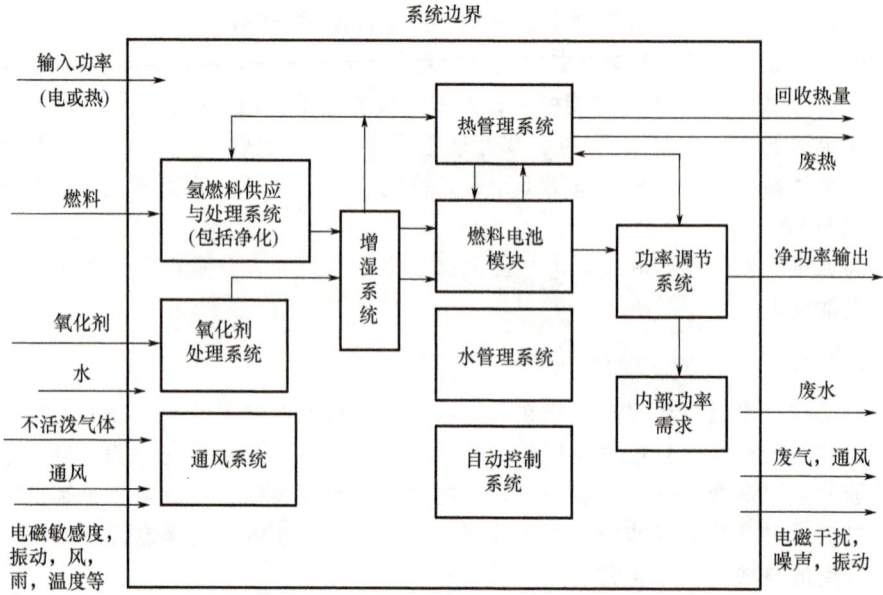

图 3.16　燃料电池发电系统组成

（1）**燃料电池模块**。燃料电池模块是由多个燃料电池堆按特定供给反应物方式和电连接方式构成的组合体。它将燃料和氧化剂中的化学能直接转换为电能，而不需要经过燃烧的过程，是一个电化学装置。

燃料电池堆是由两个或多个单体电池通过紧固结构组成的、具有共用管道和统一输出的组合体，如图 3.17 所示。

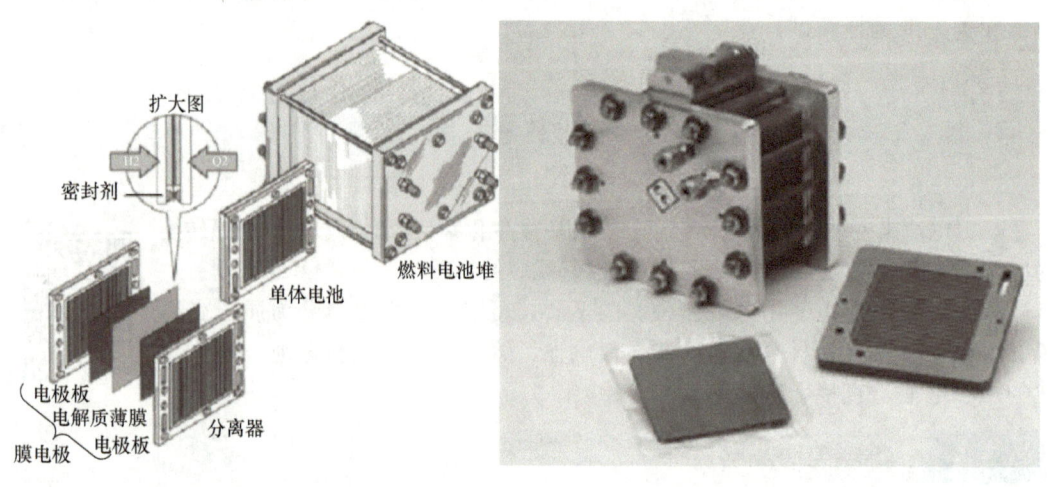

图 3.17　燃料电池堆

（2）**氢燃料供应与处理系统**。氢燃料供应与处理系统是给燃料电池提供燃料，并将输入的燃料转化为燃料电池堆所需化学组成的燃料化学处理装置及其相关的热交换器和控制装置的组合。燃料供应系统包含的管路、阀门、传感器、燃料处理装置等，应符合相关标准和使用要求。燃料电池电动汽车主要用高压储氢罐（图 3.18）供应氢燃料。高压储氢罐使用碳纤维强化塑料的三层结构，可以承受 70MPa 的高压。

图 3.18　燃料电池电动汽车高压储氢罐

（3）**氧化剂处理系统**。氧化剂处理系统包括过滤器、管路、处理装置、传感器件、阀门等，均应符合相应标准。氧化剂处理系统是可以对供给燃料电池发电系统使用的氧化剂进行计量、调整，并对其进行压缩的系统，可以从空气中获取氧气或从氧气罐中获取氧气。从空气中获取氧气，需要用压缩机来提高压力，以增加燃料电池的反应速度。

（4）**增湿系统**。增湿系统用于保证质子交换膜的质子传导能力，并向燃料电池内部提供气态或液态水。

（5）**通风系统**。通风系统通过机械的方法向燃料电池发电系统的机柜内提供空气。

（6）**水管理系统**。水管理系统包括管路、循环水泵、阀门、传感器件、水储存与补充箱等，应符合相应标准。发电系统生成水回收用作燃料或用于氧化剂增湿或作他用时，应去除水中对发电系统有害的物理颗粒与金属离子。

（7）**热管理系统**。热管理系统包括散热器和配套风扇、管路、循环流体泵、阀门、传感器件、冷却流通储存箱与补充箱等，均应符合相应标准。热管理系统提供冷却和散热功能以保持燃料电池发电系统内部的热平衡，还可以回收余热及在起动过程中协助加热动力传动系统。

（8）**功率调节系统**。燃料电池堆输出功率将根据发电系统内部装置所消耗的功率和对外输出功率的要求，通过 DC/DC 转换装置或 DC/AC 转换装置对电流、电压进行调节，提供符合使用要求的功率输出。

（9）**自动控制系统**。自动控制系统包括为保障发电系统正常运行进行调节与监控所必需的传感器、线路、执行器、控制器、软件程序等，均应符合相应标准。

3.3.2　质子交换膜燃料电池

质子交换膜燃料电池采用可传导离子的聚合膜作为电解质，所以也称聚合物电解质燃料电池（PEFC）、固体聚合物燃料电池（SPFC）或固体聚合物电解质燃料电池（SPEFC）。

1. 质子交换膜燃料电池的基本结构

质子交换膜燃料电池的基本结构如图 3.19 所示。

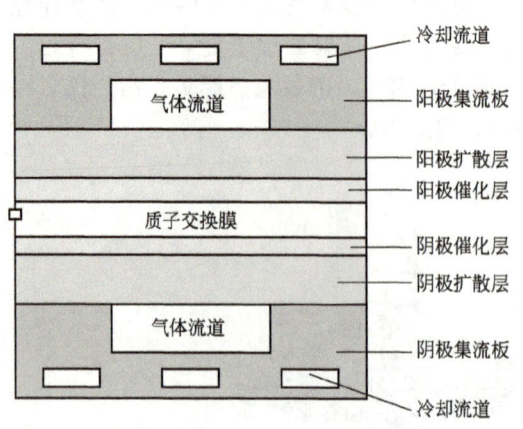

图 3.19　质子交换膜燃料电池的基本结构

（1）**质子交换膜**。质子交换膜（PEM）是质子交换膜燃料电池中最重要的部件之一，其性能直接影响电池的性能和寿命。质子交换膜燃料电池中的质子交换膜与一般化学电源中使用的隔膜有很大不同，它不只是一种将阳极的燃料与阴极的氧化剂隔开的隔膜材料，还是电解质和电极活性物质（电催化剂）的基底，即兼有隔膜和电解质的作用；另外，质子交换膜还是一种选择透过性膜，在其高分子结构中，含有多种离子基团，只允许 H^+ 穿过，不允许其他离子、气体及液体通过。

（2）**电催化剂**。为了加快电化学反应速度，气体扩散电极上都含有一定量的催化剂。质子交换膜燃料电池的电催化剂主要有铂系和非铂系两类，目前多采用铂催化剂。由于质子交换膜燃料电池是在低温条件下工作的，因此提高催化剂的活性，防止电极催化剂中毒很重要。

（3）**电极**。质子交换膜燃料电池的电极是一种多孔气体扩散电极，一般由扩散层和催化层构成。扩散层是由导电材料制成的多孔合成物，起着支撑催化层，收集电流，并为电化学反应提供电子通道、气体通道和排水通道的作用。催化层是进行电化学反应的区域，是电极的核心部分，其内部结构粗糙多孔，有足够的表面积以促进氢气和氧气的电化学反应，因此电极质量对电池的性能有重要影响。

（4）**膜电极**。膜电极（MEA）是通过热压将阴极、阳极与质子交换膜复合在一起而形成的。为了使电化学反应顺利进行，多孔气体扩散电极必须具备质子、电子、反应气体和水的连续通道。膜电极的性能不仅依赖于电催化剂活性，还与电极中 4 种通道的构成及各种组分的配比、电极孔分布与孔隙率、电导率等因素密切相关。

理想的电极结构必须满足以下条件：①反应区必须透气（即高气体渗透性）；②气体所到之处需要有催化剂粒子，即催化剂必须分布在能接触到气体分子的表面；③催化剂必须与阳离子交换膜接触，以保证反应产生离子的顺利通过（即高质子传导性）；④作为催化剂载体的炭黑导电性要高，这将有利于电子转移（即高导电性），因为催化剂不能连成片（必须有很大的催化活性表面才能提高催化反应速度，而片状金属表面积小），难以作为电导体，所以催化剂粒子上反应产生或需要的电子必须通过导电性物质与电极沟通；⑤催化剂的稳定性要好。高分散、细颗粒的铂催化剂表面自由能大，很不稳定，需要掺入一些其他催化剂以降低其表面自由能，或者掺入少量含有能与催化剂形成化学键或弱结合力元素的物质。

（5）集流板。集流板放置在膜电极的两侧，分阳极集流板和阴极集流板，其作用是阻隔和传送燃料和氧化剂，收集和传导电流，导热，将各个单体电池串联起来并通过流场为反应气体进入电极及水的排出提供通道。目前，制备集流板广泛采用的材料是炭质材料、金属材料及金属与炭质的复合材料。

集流板的流场结构与材料对电池性能具有重要的影响。流场的功能是引导反应气体流动方向,确保反应气体均匀分配到电极的各处流场,经电极扩散层到达催化层参与电化学反应。为提高电池反应气体的利用率,通常排放尾气越少越好,流场设计的好坏直接影响电池尾气的排放量。

通常,质子交换膜燃料电池的运行需要一系列辅助设备与之共同构成发电系统。质子交换膜燃料电池系统一般由电堆、氢气系统、空气系统、水热管理系统和控制系统等构成。

电堆是系统的核心,承担把化学能转换成电能的任务。氢气系统提供质子交换膜燃料电池正常工作所需氢气。空气系统提供质子交换膜燃料电池正常工作所需空气。水热管理系统保证质子交换膜燃料电池所需空气、氢气的温度和湿度,保证电堆在正常温度下工作。控制系统通过检测传感器信号和需求信号,利用一定的控制策略保证系统正常工作。

2. 质子交换膜燃料电池的工作原理

质子交换膜燃料电池在工作原理上相当于水电解的"逆"装置,其单体电池由阳极、阴极和质子交换膜组成。阳极为氢燃料发生氧化的场所,阴极为氧化剂还原的场所,两极都含有加速电极电化学反应的催化剂,质子交换膜为电解质。质子交换膜燃料电池的工作原理如图 3.20 所示。

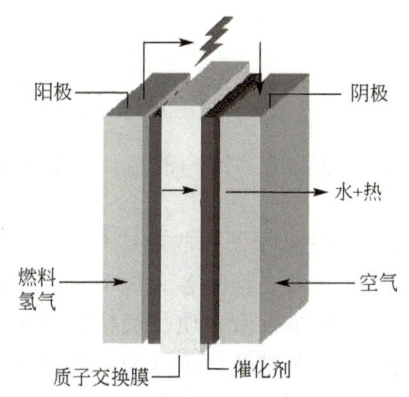

图 3.20 质子交换膜燃料电池的工作原理

导入的氢气通过阳极集流板经由阳极气体扩散层到达阳极催化剂层,在阳极催化剂的作用下,氢分子分解为带正电的氢离子(即质子)并释放出带负电的电子,完成阳极反应;氢离子穿过质子交换膜到达阴极催化剂层,而电子则由集流板收集,通过外电路到达阴极,电子在外电路形成电流,通过适当连接可向负载输出电能。在电池另一端,氧气通过阴极集流板经由阴极气体扩散层到达阴极催化剂层,在阴极催化剂的作用下,氧与透过质子交换膜的氢离子及来自外电路的电子发生反应生成水,完成阴极反应。电极反应生成的水大部分由尾气排出,一小部分在压力差的作用下通过质子交换膜向阳极扩散。阴极和阳极发生的电化学反应分别为

$$2H_2 \longrightarrow 4H^+ + 4e^-$$

$$4e^- + 4H^+ + O_2 \longrightarrow 2H_2O$$

总的电化学反应为

$$2H_2 + O_2 \longrightarrow 2H_2O$$

上述过程是理想的工作过程,实际上整个反应过程中会有很多中间步骤和中间产物的存在。

3. 质子交换膜燃料电池的特点

质子交换膜燃料电池的优点如下。

(1) 能量转化效率高。通过氢氧化合作用直接将化学能转换为电能，不通过热机过程，不受卡诺循环的限制。

(2) 可实现零排放。唯一的排放物是纯净水，没有污染物排放，是环保型能源。

(3) 运行噪声低，可靠性高。质子交换膜燃料电池无机械运动部件，工作时仅有气体和水的流动。

(4) 维护方便。质子交换膜燃料电池内部构造简单，电池模块呈现自然的"积木化"结构，使得电池组的组装和维护都非常方便，也很容易实现"免维护"设计。

(5) 发电效率平稳。发电效率受负荷变化影响很小，非常适合用作分散型发电装置（作为主机组），也适合用作电网的"调峰"发电机组（作为辅机组）。

(6) 氢来源广泛。氢是世界上最多的元素，氢气来源极其广泛，是一种可再生的能源资源。氢气可通过石油、天然气、甲醇、甲烷等进行重整制得；也可通过电解水制氢、光解水制氢、生物制氢等方法获取。

(7) 技术成熟。目前氢气的生产、储存、运输和使用等技术均已非常成熟、安全、可靠。

质子交换膜燃料电池的缺点如下。

(1) 成本高。因为膜材料和催化剂均十分昂贵，只有达到一定规模的生产，经济效益才能显示出来。

(2) 对氢的纯度要求高。这种电池需要纯净的氢，因为它们极易受到一氧化碳和其他杂质的污染。

因为质子交换膜燃料电池的工作温度低，起动速度较快，功率密度较高（体积较小），所以很适合用作新一代交通工具的动力。世界各大汽车集团竞相投入巨资，研究开发电动汽车和代用燃料汽车。从目前的发展情况看，质子交换膜燃料电池是技术最成熟的电动车动力源，质子交换膜燃料电池电动汽车被业内公认为是电动汽车的未来发展方向。燃料电池将会成为继蒸汽机和内燃机之后的第3代动力系统。

3.3.3 碱性燃料电池

碱性燃料电池以强碱（如氢氧化钾、氢氧化钠）为电解质，氢气为燃料，纯氧或脱除微量二氧化碳的空气为氧化剂，采用对氧电化学还原具有良好催化活性的 Pt/C、Ag、Ag-Au、Ni 等为电催化剂制备的多孔气体扩散电极为氧化极，以 Pt-Pd/C、Pt/C、Ni 或硼化镍等具有良好催化氢电化学氧化的电催化剂制备的多孔气体电极为氢电极。以无孔炭板、镍板或镀镍，甚至镀银、镀金的各种金属（如铝、镁、铁等）板为集流板材料，在板面上可加工出各种形状的气体流动通道。

1. 碱性燃料电池的结构

碱性燃料电池单体电池结构如图 3.21 所示。将电极以电解液保持室隔板的形式粘接在塑料制成的电池框架上，然后加上隔板即构成单体电池。

2. 碱性燃料电池的工作原理

图 3.22 所示为碱性石棉膜型氢氧燃料电池单体电池的工作原理。

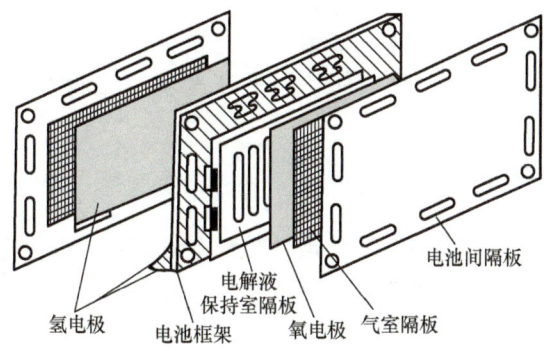

图 3.21 碱性燃料电池单体电池结构

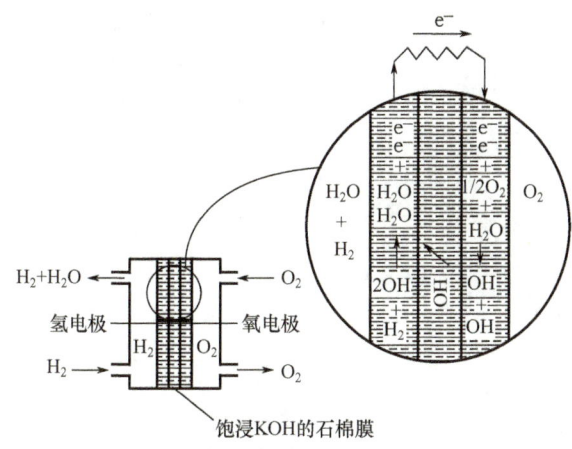

图 3.22 碱性石棉膜型氢氧燃料电池单体电池的工作原理

在阳极，氢气与碱中的 OH^- 在电催化剂的作用下，发生氧化反应生成水和电子，电子通过外电路达到阴极，在阴极电催化剂的作用下，参与氧的还原反应，生成的 OH^- 通过饱浸碱液的多孔石棉迁移到氢电极。阳极和阴极发生的电化学反应分别为

$$H_2 + 2OH^- \longrightarrow 2H_2O + 2e^-$$
$$O_2 + 2H_2O + 4e^- \longrightarrow 4OH^-$$

总的电化学反应为

$$2H_2 + O_2 \longrightarrow 2H_2O$$

3. 碱性燃料电池的特点

碱性燃料电池具有以下特点。
(1) 具有较高的效率（50%～55%）。
(2) 工作温度约为 80℃，因此它们起动也很快，但其电力密度却比质子交换膜燃料电池的差很多。
(3) 性能可靠，可用非贵金属作催化剂。
(4) 是燃料电池中生产成本最低的一种电池。
(5) 是技术发展最快的一种电池，主要用于空间任务，包括为航天飞机提供动力和饮用水；用于交通工具具有一定的发展和应用前景。

（6）使用具有腐蚀性的液态电解质，具有一定的危险性且容易造成环境污染。此外，为解决 CO_2 毒化所采用的一些方法（如使用循环电解液吸收 CO_2 等）增加了系统的复杂性。

3.3.4 磷酸燃料电池

磷酸燃料电池是以酸为导电电解质的酸性燃料电池。它是继火电、水电、核电之后的第4种发电方式，是目前燃料电池中唯一商业化运行的燃料电池。

1. 磷酸燃料电池的结构

磷酸燃料电池的电池片由基材及肋条板触媒层所组成的燃料极、保持磷酸的电解质层、与燃料极具有相同构造的空气极构成。在燃料极，燃料中的氢原子释放电子成为氢离子。氢离子通过电解质层，在空气极与氧离子发生反应生成水。将数枚单电池片进行叠加，每数枚电池片中叠加进为降低发电时内部热量的冷却板，从而构成输出功率稳定的基本电池堆，再用上用于上下固定的构件、供气用的集合管等构成磷酸燃料电池的电池堆，其结构如图3.23所示。

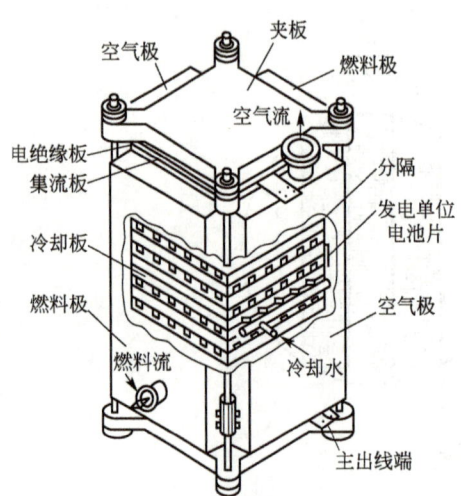

图 3.23 磷酸燃料电池电池堆结构

2. 磷酸燃料电池的工作原理

图 3.24 所示为磷酸燃料电池的工作原理。磷酸燃料电池使用磷酸水溶液为电解质。磷酸水溶液通常位于碳化硅基质中。当以氢气为燃料，氧气为氧化剂时，电池内发生电化学反应。

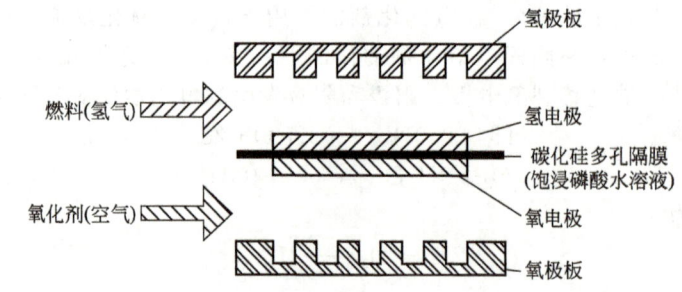

图 3.24 磷酸燃料电池的工作原理

阳极和阴极发生的电化学反应分别为

$$H_2 \longrightarrow 2H^+ + 2e^-$$

$$O_2 + 4H^+ + 4e^- \longrightarrow 2H_2O$$

总的电化学反应为

$$2H_2 + O_2 \longrightarrow 2H_2O$$

3. 磷酸燃料电池的特点

磷酸燃料电池的工作温度要比质子交换膜燃料电池和碱性燃料电池的工作温度略高,为150~200℃,但仍需电极上的铂金催化剂来加速反应。较高的工作温度也使其对杂质的耐受性较强,当其反应物中含有1%~2%的一氧化碳和百万分之几的硫时照样可以工作。

磷酸燃料电池的效率比其他燃料电池低,约为40%,其加热的时间也比质子交换膜燃料电池长。

磷酸燃料电池具有构造简单、稳定、电解质挥发度低等优点,可用作公共汽车的动力,很难用在轿车上。目前,磷酸燃料电池能成功地用于固定的应用,已有许多发电能力为0.2~20MW的工作装置被安装在世界各地,为医院、学校和小型电站提供电力。

3.3.5 熔融碳酸盐燃料电池

1. 熔融碳酸盐燃料电池的结构

熔融碳酸盐燃料电池由多孔陶瓷阴极、多孔陶瓷电解质隔膜、多孔金属阳极、金属极板构成。

熔融碳酸盐燃料电池单体电池一般是平板型的,由电极-电解质、燃料流通道、氧化剂流通道和上下隔板组成,如图3.25所示。单体的上下为隔板/电流采集板,中间部分是电解质板,电解质板的两侧为多孔的阳极极板和阴极极板,其电解质是熔融态碳酸盐。

2. 熔融碳酸盐燃料电池的工作原理

熔融碳酸盐燃料电池的工作原理如图3.26所示。

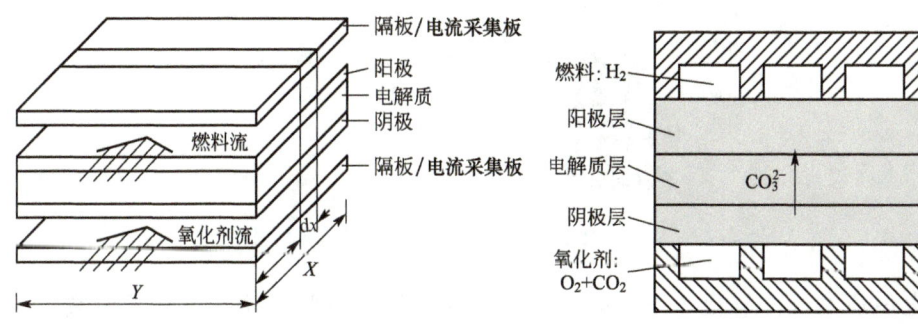

图3.25 熔融碳酸盐燃料电池单体电池结构　　图3.26 熔融碳酸盐燃料电池的工作原理

燃料电池工作过程实质上是燃料的氧化和氧化剂的还原过程。燃料和氧化剂气体流经阳极和阴极通道。氧化剂中的O_2和CO_2在阴极与电子进行氧化反应产生CO_3^{2-},电解质板中的CO_3^{2-}直接从阴极移动到阳极,燃料气中的H_2与CO_3^{2-}在阳极发生反应,生成了CO_2、H_2O和电子。电子被集流板收集起来,然后到达隔板。隔板位于燃料电池单元的上部和下部,并和负载设备相连,从而构成了包括电子传输和离子移动在内的完整的回路。

其电化学反应式为

$$H_2(a) + CO_3^{2-} \longrightarrow H_2O(a) + CO_2(a) + 2e^-(a)$$
$$2CO_2 + O_2(c) + 4e^-(c) \longrightarrow 2CO_3^{2-}(c)$$
$$2H_2 + O_2 + 2CO_2(c) \longrightarrow 2H_2O + 2CO_2(a) + 2E^0 + Q^0$$

式中，a、c 分别表示阳极、阴极；e^- 表示电子；E^0 表示基本发电量；Q^0 表示基本放热量。

3. 熔融碳酸盐燃料电池的特点

熔融碳酸盐燃料电池是一种高温电池（600～700℃），具有效率高（高于 40%）、噪声低、无污染、燃料多样化（氢气、煤气、天然气和生物燃料等）、余热利用价值高和电池构造材料价廉等诸多优点，是未来的绿色电源。

3.3.6 固体氧化物燃料电池

固体氧化物燃料电池属于第 3 代燃料电池，是一种在中高温下直接将储存在燃料和氧化剂中的化学能高效、环境友好地转换为电能的全固态化学发电装置。固体氧化物燃料电池被普遍认为是在未来会与质子交换膜燃料电池一样得到广泛应用的一种燃料电池。

1. 固体氧化物燃料电池的结构

固体氧化物燃料电池单体电池主要由电解质、阳极（燃料极）、阴极（空气极）和连接体（集流板）组成，如图 3.27 所示。

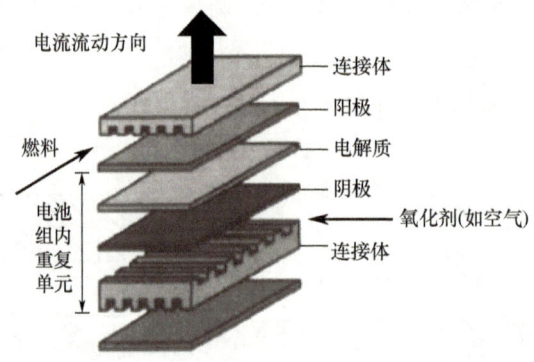

图 3.27　固体氧化物燃料电池单体电池的基本组成

固体电解质是固体氧化物燃料电池最核心的部件，主要功能在于传导氧离子。它的性能（包括电导率、稳定性、热膨胀系数、致密化温度等）不但直接影响电池的工作温度及转换效率，而且决定了与之相匹配的电极材料及其制备技术的选择。目前常用的电解质材料是镍基金属陶瓷，其离子电导率在氧分压变化十几个数量级时，都不发生明显变化。

电极材料本身首先是一种催化剂。阴极需要长期在高温和氧化环境中工作，起传递电子和扩散氧的作用，应是多孔洞的电子导电性薄膜。固体氧化物燃料电池的工作温度高，只有贵金属或电子导电的氧化物适用于阴极材料，由于铂、钯等贵金属价格昂贵，一般只在实验范围内使用。实际常应用掺锶的锰酸镧作为固体氧化物燃料电池的阴极材料。目前，镍基金属陶瓷造价最低，是实际应用中的首选阳极材料。

连接体在单体电池间起连接作用,并将阳极侧的燃料气体与阴极侧氧化气体(氧气或空气)隔离开来。钙钛矿结构的铬酸镧常用作固体氧化物燃料电池连接体材料。

2. 固体氧化物燃料电池的工作原理

固体氧化物燃料电池工作时,电子由阳极经外电路流向阴极,氧离子经电解质由阴极流向阳极。图3.28所示为固体氧化物燃料电池的工作原理。

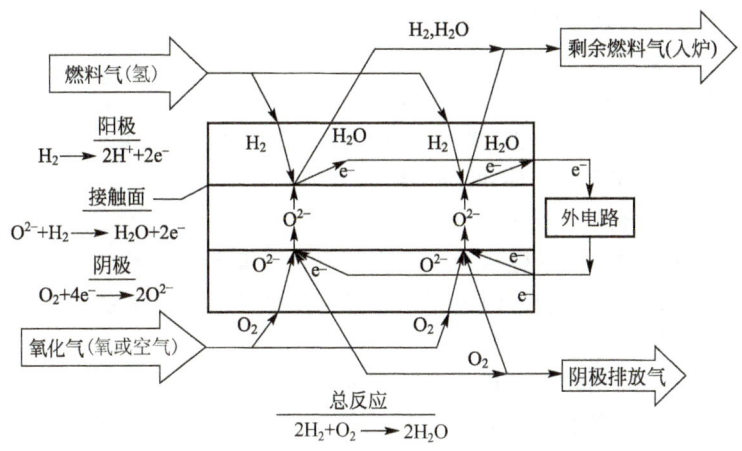

图3.28 固体氧化物燃料电池的工作原理

在阴极发生氧化剂(氧或空气)的电还原反应,即氧分子得到电子被还原为氧离子。阴极的电化学反应为

$$O_2 + 4e^- \longrightarrow 2O^{2-}$$

氧离子在电解质隔膜两侧电位差与浓差驱动力的作用下,通过电解质隔膜中的氧空位,定向跃迁到阳极侧。

在阳极发生燃料(氢或富氢气体)的电氧化反应,即燃料(如氢)与经电解质传递过来的氧离子进行氧化反应生成水,同时向外电路释放电子,电子通过外电路到达阴极形成直流电。

分别用 H_2、CO、CH_4 作为燃料时,阳极反应为

$$H_2 + O^{2-} \longrightarrow H_2O + 2e^-$$

$$CO + O^{2-} \longrightarrow CO_2 + 2e^-$$

$$CH_4 + 4O^{2-} \longrightarrow 2H_2O + CO_2 + 8e^-$$

以 H_2 为例,电池的总反应为

$$2H_2 + O_2 \longrightarrow 2H_2O$$

3. 固体氧化物燃料电池的特点

固体氧化物燃料电池除具备燃料电池高效、清洁、环境友好的共性外,还具有以下优点。

(1) 固体氧化物燃料电池是全固态的电池结构,不存在电解质渗漏问题,避免了使

用液态电解质带来的腐蚀和电解液流失等问题,无须配置电解质管理系统,可实现长寿命运行。

(2) 对燃料的适应性强,可直接使用天然气、煤气和其他碳氢化合物作为燃料。

(3) 固体氧化物燃料电池直接将化学能转换为电能,不通过热机过程,因此不受卡诺循环的限制,发电效率高、能量密度大、能量转换效率高。

(4) 工作温度高,电极反应速度快,不需要使用贵金属作为电催化剂。

(5) 可使用高温进行内部燃料重整,使系统优化。

(6) 低排放、低噪声。

(7) 废热的再利用价值高。

(8) 陶瓷电解质要求中、高温(600~1000℃)运行,加快了电池的反应,还可以实现多种碳氢燃料气体的内部还原,简化了设备。

固体氧化物燃料电池存在如下缺点。

(1) 氧化物电解质材料为陶瓷材料,质脆易裂,电堆组装较困难。

(2) 高温热应力作用会引起电池龟裂,所以主要部件的热膨胀率应严格匹配。

(3) 存在自由能损失。

(4) 工作温度高,预热时间较长,不适用于需经常起动的非固定场所。

早期开发出来的固体氧化物燃料电池的工作温度较高,一般为800~1000℃。目前科学家已经研制成功中温固体氧化物燃料电池,其工作温度一般为800℃左右。一些国家的科学家也正在努力开发低温固体氧化物燃料电池,其工作温度可以降低至650~700℃。工作温度的进一步降低,使得固体氧化物燃料电池的实际应用成为可能。

由于固体氧化物燃料电池单体电池只能产生1V左右电压,功率有限,为了使固体氧化物燃料电池具有实际应用的可能,需要大大提高固体氧化物燃料电池的功率。为此,可以将若干个单体电池以各种方式(串联、并联、混联)组装成电池组。目前固体氧化物燃料电池组的结构主要为管状、平板型和整体型3种,其中平板型因功率密度高和制作成本低而成为固体氧化物燃料电池的发展趋势。

固体氧化物燃料电池的能量密度高、燃料范围广和结构简单等优点是其他燃料电池无法比拟的。随着固体氧化物燃料电池的生产成本和操作温度的进一步降低,能量密度的增加和起动时间的进一步缩短,可以预见,固体氧化物燃料电池在今后的燃料电池电动汽车发展中有比较广阔的发展前景。

3.3.7 直接甲醇燃料电池

直接甲醇燃料电池属于质子交换膜燃料电池的一种,其直接使用水溶液及蒸汽甲醇为燃料供给来源,而不需要通过重整器重整甲醇、汽油及天然气等再制取出氢以供发电。

1. 直接甲醇燃料电池的结构与原理

直接甲醇燃料电池主要由阳极、固体电解质膜和阴极构成,阳极和阴极分别由多孔结构的扩散层和催化剂层组成,通常使用不同疏水性、亲水性的炭黑和聚四氟乙烯作为直接甲醇燃料电池的阳极和阴极材料。直接甲醇燃料电池的结构与原理如图3.29所示。

以甲醇为燃料，将甲醇和水混合物送至直接甲醇燃料电池的阳极，在阳极甲醇直接发生电催化氧化反应生成二氧化碳，并释放出电子和质子。阴极氧气发生电催化氧化还原反应，与阳极产生的质子反应生成水。电子从阳极经外电路转移至阴极形成直流电，工作温度为 25~135℃。

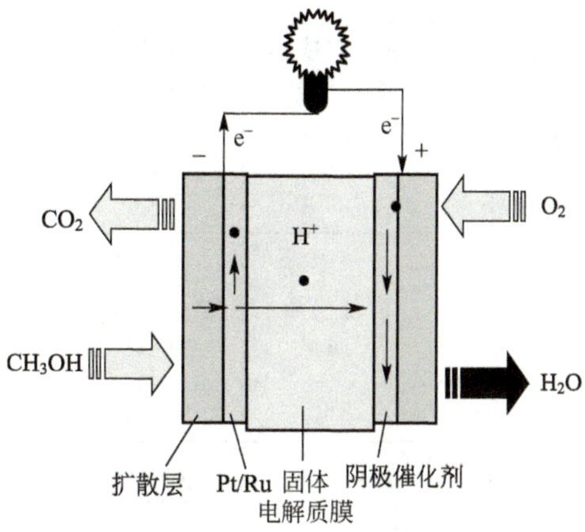

阳极和阴极发生的电化学应分别为

$$CH_3OH + H_2O \longrightarrow CO_2 + 6H^+ + 6e^-$$

$$3O_2 + 12e^- + 6H_2O \longrightarrow 12OH^-$$

总的电化学反应为

$$CH_3OH + 3/2O_2 \longrightarrow CO_2 + 2H_2O$$

图 3.29 直接甲醇燃料电池的结构与原理

2. 直接甲醇燃料电池的特点

（1）优点

直接甲醇燃料电池的突出优点如下。

① 甲醇来源丰富，价格低廉，储存携带方便。

② 与氢-氧质子交换膜燃料电池相比，结构更简单，操作更方便。

③ 与质子交换膜燃料电池相比，体积能量密度更高。

④ 与重整式甲醇燃料电池相比，它没有甲醇重整装置，质量更轻、体积更小、响应时间更短。

（2）缺点

直接甲醇燃料电池的缺点是当甲醇低温转化为氢和二氧化碳时要比常规的质子交换膜燃料电池需要更多的铂金催化剂。

直接甲醇燃料电池的使用的技术仍处于发展期，目前可以用作移动电话和膝上型计算机的电源，将来可能成为便携式电子产品应用的主流。

表 3-4 所列为 6 种燃料电池的主要特征参数。

表 3-4　6 种燃料电池的主要特征参数

项目	质子交换膜燃料电池	碱性燃料电池	磷酸燃料电池	熔融碳酸盐燃料电池	固体氧化物燃料电池	直接甲醇燃料电池
燃料	H_2	H_2	H_2	CO、H_2	CO、H_2	CH_3OH
电解质	固态高分子膜	碱溶液	液态磷酸	熔融碳酸锂	固体二氧化锆	固态高分子膜
工作温度/℃	≈80	60~120	170~210	60~650	≈1000	≈80
氧化剂	空气或氧	纯氧	空气	空气	空气	空气或氧
电极材料	C	C	C	Ni-M	Ni-YSZ	C
催化剂	Pt	Pt、Ni	Pt	Ni	Ni	Pt

(续)

项目	质子交换膜燃料电池	碱性燃料电池	磷酸燃料电池	熔融碳酸盐燃料电池	固体氧化物燃料电池	直接甲醇燃料电池
腐蚀性	中	中	强	强	无	中
寿命/h	100000	10000	15000	13000	7000	100000
特征	比功率高 运行灵活 无腐蚀	高效率 对CO_2敏感 有腐蚀	效率较低 有腐蚀	效率高 控制复杂 有腐蚀	效率高 运行温度高 有腐蚀	比功率高 运行灵活 无腐蚀
效率/%	>60	60~70	40~50	>60	>60	>60
起动时间	几分钟	几分钟	2~4h	>10h	>10h	几分钟
主要应用领域	航天、军事、汽车、固定式用途	航天、军事	大客车、中小电厂、固定式用途	大型电厂	大型电厂、热站、固定式用途	航天、军事、汽车、固定式用途

3.3.8 车载储氢技术

车载储氢技术是燃料电池电动汽车应用的关键技术之一。

1. 车载储氢系统技术条件

车载储氢系统是指从氢气加注口至燃料电池进口，与氢气加注、储存、输送、供给和控制有关的装置，如图3.30所示。

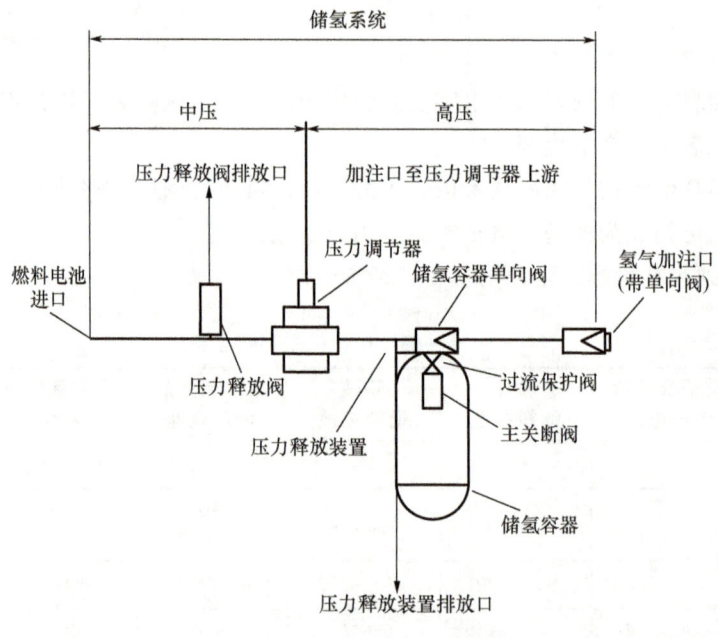

图3.30 车载储氢系统示意

图3.30中的主关断阀是一种用来关断从储氢容器向该阀下游供应氢气的阀；储氢容

器单向阀是储氢容器主阀中的一种用来防止氢气从储氢容器倒流至其加注口的阀；压力调节器实际上是一种阀，是将氢系统压力控制在设计值范围内的阀；压力释放阀是当减压阀下游管路中压力反常增高时，通过排气来控制其压力在正常范围的阀。

车载储氢系统具有以下一般要求。

（1）车载储氢系统应符合 GB/T 24549—2009《燃料电池电动汽车 安全要求》的规定，并且车载储氢系统及其装置的安装应在正常使用条件下，能安全、可靠地运行。

（2）车载储氢系统应最大限度减少高压管路连接点的数量，保证管路连接点施工方便、密封良好、易于检查和维修。

（3）车载储氢系统中与氢接触的材料应与氢兼容，并应充分考虑氢脆现象对设计使用寿命的影响。

（4）储氢容器的布置应保证车辆在空载、满载状态下的载荷分布符合规定。

（5）车载储氢系统使用的部件、元件、材料等（如储氢容器、压力调节阀、主关断阀、压力释放阀、压力释放装置、密封件及管路）应符合相关标准。

（6）主关断阀、储氢容器单向阀和压力释放装置应集成在一起，装在储氢容器的端头。主关断阀应采用电动方式操作，并应安装在驾驶人易于操作的部位，当断电时应处于自动关闭状态。

（7）储氢容器应有过流保护装置或其他保护装置。当由检测储氢容器或管道内压力的装置检测到压力反常降低或流量反常增大时，能自动关断来自储氢容器内的氢气供应；如果采用过流保护阀，应安装在主关断阀上或靠近主关断阀。

（8）每个储氢容器的进口管路上应安装手动关断阀或其他关断装置，在加氢、排氢或维修时，可用来单独地隔断各个储氢容器。

储氢容器和管路应满足以下要求。

（1）不允许采用更换储氢容器的方式为车辆加注氢气。

（2）车载储氢系统管路安装位置及走向要避开热源、电器及蓄电池等可能产生电弧的地方，至少应有 200mm 的距离，尤其管路接头不能位于密闭的空间内。高压管路及部件可能产生静电的地方要可靠接地，或采取其他控制氢泄漏及浓度的措施，使得即便在产生静电的地方，也不会发生安全问题。

（3）储氢容器和管路一般不应装在乘客舱、行李舱或其他通风不良的地方。如果不可避免要安装在乘客舱、行李舱或其他通风不良的地方时，应设计通风管路或其他措施，将可能泄漏的氢气及时排出。

（4）储氢容器和管路等应安装牢固，紧固带与储氢容器之间应有缓冲保护垫，以防行车时发生位移和损坏。当储氢容器按照标称工作压力充满氢气时，固定在储氢容器上的零件应能承受车辆加速或制动时的冲击，而不发生松动现象。有可能发生损坏的部位应采取覆盖物加以保护。储氢容器紧固螺栓应有放松装置，紧固力矩符合设计要求。储氢容器安装紧固后，在上、下、前、后、左、右 6 个方向上应能承受 $8g$ 的冲击力，保证储氢容器与固定座不损坏，相对位移不超过 13mm。

（5）支撑和固定管路的金属零件不应直接与管路接触，但管路与支撑和固定件直接焊合或使用焊料连接的情况例外。

（6）刚性管路布置合理、排列整齐，不得产生与相邻部件碰撞和摩擦；管路保护垫应能抗振和消除热胀冷缩影响，管路弯曲时，其中心线曲率半径应不小于管路外直径的 5

倍。两端固定的管路在其中间应有适当的弯曲，支撑点的间隔应不大于1m。

（7）刚性管路及附件的安装位置，应距车辆的边缘至少有100mm的距离。否则，应增加保护措施。

（8）对可能受排气管、消声器等热源影响的储氢容器、管道等应有适当的热绝缘保护。要充分考虑使用环境对储氢容器可能造成的伤害，需要对储氢容器组加装防护装置。直接暴露在阳光下的储氢容器应有必要的覆盖物或遮阳棚。

（9）当车辆发生碰撞时，主关断阀应根据设计的碰撞级别，立即自动关闭，切断向管路的燃料供应。

氢气泄漏及检测应按以下步骤进行。

（1）氢气泄漏量。对一辆标准乘用车进行氢气泄漏量、渗漏量评估时，需要将其限制在一个封闭的空间内，增压至100%的标称工作压力，确保氢气的渗透和泄漏量在稳态条件下不超过0.15NL/min。

（2）在安装储氢系统的封闭或半封闭的空间上方的适当位置，至少安装一个氢泄漏探测器，能实时检测氢气的泄漏量，并将信号传递给氢气泄漏警告装置。

（3）在驾驶人容易识别的部位安装氢气泄漏警告装置。该装置能根据氢气泄漏量的大小发出不同的警告信号。泄漏量与警告信号的级别由制造商根据车辆的使用环境和要求决定。一般情况下，在泄漏量较小时，即空气中氢气体积含量大于或等于2%时，发出一般警告信号；在氢气泄漏量较大时，即空气中氢气体积含量大于或等于4%时，立即发出严重警告信号，并立即关断氢供应；但如果车辆装有多个氢系统，允许仅关断有氢泄漏部分的氢供应。

（4）当氢泄漏探测器发生短路、断路等故障时，应能对驾驶人发出故障报警信号。

加氢口要满足以下要求。

（1）加氢口应符合GB/T 26779—2011《燃料电池电动汽车 加氢口》的规定。

（2）加氢口的安装位置和高度要考虑安全防护要求并且方便加气操作。

（3）加氢口不应位于乘客舱、行李舱和通风不良的地方。

（4）加氢口距暴露的电气端子、电气开关和点火源至少200mm。

压力释放装置和氢气的排放应满足以下要求。

（1）压力释放装置。为防止调节器下游压力异常升高，允许采用通过压力释放阀排出氢气，或关断压力调节器上游的氢气供应。

（2）氢气的排放。当压力释放阀排放氢气时，排放气体流动的方位及方向应远离人、电源、火源。放气装置应尽可能安装在汽车的高处，并且应防止排出的氢气对人员造成危害，避免流向暴露的电气端子、电气开关器件或点火源等部件。

所有压力释放装置排气时应遵循下列原则：不应直接排到乘客舱和行李舱；不应排向车轮所在的空间；不应排向暴露的电气端子、电气开关器件及点火源；不应排向其他氢气容器；不应朝本车辆正前方排放。

驾驶人易于观察的地方应装有指示储氢容器氢气压力的压力表或指示氢气剩余量的仪表。

2. 储氢

目前使用比较广泛的储氢技术有高压储氢、液态储氢和储氢材料储氢。这三种技术在实际运用中的效果很大程度上受到材料性能的制约。储氢材料储氢技术更有优势，尤其是使用碳纳米管储氢时效果更理想。表3-5为几种储氢技术的比较。

表 3-5 几种储氢技术的比较

项　目		高压储氢	液态储氢	储氢材料储氢	
				钛系储氢合金	碳纳米管
安全性		低	低	较高	
能源综合利用率		低	较低	高	
储氢能力	单位质量储氢量 /%	—	—	2	4
	单位体积储氢量 /(kg/m³)	31.5	71	61	160
能量密度	单位质量能量密度 /(kW·h/kg)	—	—	0.79	5.53
	单位体积能量密度 /(kW·h/L)	1.24	2.8	2.4	6.32
优　点		简单、方便	储运效率高、装置质量轻、体积小、储氢压力低	安全性好、运输方便、操作比较容易	
缺　点		空间有限，必须使用耐高压容器，储氢压力过大，安全性降低，充氢操作复杂，成本增加	氢气液化须耗费大量能源，必须使用耐超低温的特殊容器，使用中存在危险，充氢操作复杂	成本相对较高，受制于材料的性能、储氢容器的结构及储氢系统的整体设计	
应　用		多	少	少	

随着材料科学的发展，储氢技术的发展主要集中在开发密度更小、强度更高的材料，以提高储氢容器内的压力；开发绝热性能更好的材料，以减少液氢的蒸发，提高使用时的安全性；开发高容量的储氢材料，特别是碳纳米管等的制造技术。

3. 重整制氢

燃料电池使用的燃料——氢气可以由重整器提供。重整器使用的原料可以是天然气、汽油、柴油等各种烃类燃料，以及甲醇、酒精等各种醇类燃料。目前使用的重整技术主要有蒸汽重整、部分氧化重整、自动供热重整及等离子体重整等。不同的重整技术在结构、效率和对燃料的适应性等方面有不同的特点，并在不同的使用条件下发挥出它们各自的优势。蒸汽重整是目前使用最广泛的制氢方式。

（1）**蒸汽重整**。蒸汽重整是一个化学过程，其中，氢通过碳氢化合物燃料和高温水蒸气之间的化学反应生成。蒸汽重整器的发展经历了常规型、热交换型和平板型 3 个阶段。常规型蒸汽重整器的容量较大，目前已实现商业化，但工作条件高（850℃，1.5～2.5MPa），制造成本较高，容量大，起动时间长，如果生产出来的氢气不能及时使用，储存也有困难。热交换型蒸汽重整器外形尺寸较常规型大大减小，工作条件降低（700℃，0.3MPa），制造成本下降，而且随负荷变化性能较好，目前已成功应用于燃料电池系统中。近年来出现的平板型蒸汽重整器结构更加紧凑，成本进一步降低，但目前技术还不成熟，如果在扩大催化剂的使用范围和延长使用寿命上有突破，将会在蒸汽重整装置中很有竞争力。

(2) **部分氧化重整**。部分氧化重整将燃料与氧相结合制氢,并生成一氧化碳。部分氧化重整的产氢率比蒸汽重整的低,但由于它结构紧凑、成本低、起动时间短、动态响应速度快,对燃料的适应性也更强,因此更具潜力。采用无催化剂系统,常有炭烟和其他副产物生成;而采用有催化剂系统,又常因催化剂表面的局部高温而损伤催化剂,在反应过程中的稳定性也是一大难题。部分氧化重整最好用纯氧,但价格较高。虽然部分氧化重整也可使用燃料气与空气混合,但反应后需加净化处理装置,其成本也很高。因此若能开发廉价的纯氧制取装置,部分氧化重整将得到很大突破。

(3) **自动供热重整**。自动供热重整将燃料与水蒸气两者结合,因此,由水蒸气重整反应吸收的热量平衡了从部分氧化重整反应中所放出的热量。自动供热重整相较于蒸汽重整来说结构更简单,无须庞大的换热装置,制造成本低,对燃料的要求也较低,可使用醇类和重烃类的液体燃料;自动供热重整相较于部分氧化重整来说,由于其氧化反应放出的热量直接被吸热的蒸汽重整反应吸收,系统的效率得到提高。但自动供热重整要求同时调节好氧气、水蒸气和燃料之间的比例,控制比较困难,并且在重整中易产生积炭现象而损伤催化剂。

(4) **等离子体重整**。等离子体重整是一种先进的制氢技术。它采用等离子激发重整反应的发生,可在满足制氢效率的情况下进行小规模生产,同时降低成本。一般等离子重整器在中小型制氢系统上经济效益比较明显,因为等离子的能量密度很高,使重整器结构紧凑,起动快,动态响应快,基本不需要催化剂,而且对燃料的适应性很强,除轻质烃外,各种重质烃、重油、生物质燃料甚至垃圾燃料都可用。等离子制氢技术可分为热等离子和冷等离子两种,产生氢气的过程与传统技术一样,也包括蒸汽重整、部分氧化和热分解等。采用热等离子制氢技术,反应气体温度高,热损耗大且不易控制。温度升高会对电极产生腐蚀。等离子重整器不宜工作在高压下,因为高压限制了电弧的灵活性,增加了电极的腐蚀,从而使电极寿命降低。

目前,车用燃料电池急需解决以下关键问题。

① 提高车用燃料电池单位质量(或体积)、电流密度及功率,提高车辆所必需的快速起动和动力响应的能力。

② 必须开发质量轻、体积更小、能储存更多氢能的车载氢储存器,以便更有效地利用燃料能量,提高续驶里程和载重量。

③ 必须解决好氢气的安全问题,在一定的条件下,氢气比汽油具有更大的危险性,所以无论采用何种储存方式,储存器及其安全措施都必须满足使用要求。

④ 电池组件必须采用积木化设计,开发有效的制造工艺,并进行高效的自动化生产,从而降低材料费用和制造费用。

⑤ 发展结构紧凑及性能可靠的质子交换膜燃料电池的同时开发应用其他燃料,如甲烷、柴油等驱动的质子交换膜燃料电池,这将会拓宽质子交换膜燃料电池的应用范围。

3.4 太阳电池

太阳电池是利用太阳光和材料相互作用直接产生电能的,是对环境无污染的可再生能源。它的应用可以解决人类社会发展中在能源需求方面的问题。太阳能是一种储量极其丰富的洁净能源,太阳每年向地面输送的能量高达$3×10^{24}$J,相当于世界年耗能量的1.5万倍。因此太阳电池作为可持续利用的太阳能资源,是解决世界范围内的能源危机和环境问题的一条重要途径。

1. 太阳电池的分类

太阳电池可以按照材料和结构进行分类。

(1) 太阳电池按照材料不同,可分为硅系列太阳电池和化合物系列太阳电池。

① 硅系列太阳电池。硅系列太阳电池是以硅材料为基体的太阳电池,分为单晶硅太阳电池、多晶硅薄膜太阳电池和非晶硅薄膜太阳电池等。

② 化合物系列太阳电池。多元化合物薄膜太阳电池材料为无机盐,其主要包括砷化镓薄膜太阳电池、硫化镉薄膜太阳电池、碲化镉薄膜太阳电池及铜铟硒薄膜太阳电池等。

(2) 太阳电池按照结构不同,可以分为同质结电池、异质结电池、肖特基结电池、光电化学电池等。

① 同质结电池。同质结电池是指由同一种半导体材料构成一个或多个PN结的电池,如硅太阳电池、砷化镓太阳电池等。

② 异质结电池。异质结电池是指用两种不同的半导体材料,在相接的界面上构成一个异质结的太阳电池,如氧化铟锡/硅电池、硫化亚铜/硫化镉电池等。如果两种异质材料晶格结构相近,界面处的晶格匹配较好,则称为异质面电池,如砷化铝镓/砷化镓电池。

③ 肖特基结电池。肖特基结电池是指用金属和半导体接触组成一个"肖特基势垒"的电池(MS)。目前已发展成金属-氧化物-半导体电池(MOS)和金属-绝缘体-半导体电池(MIS),这些又总称为导体-绝缘体-半导体电池。

④ 光电化学电池。用浸于电解质中的半导体电极构成的电池,又称液结电池。

2. 太阳电池的特点

单晶硅太阳电池转换效率最高(15%~17%),技术也最成熟,在大规模应用和工业生产中占据主导地位。但由于单晶硅价格高,大幅度降低其成本很困难。为了节省硅材料,发展了多晶硅薄膜太阳电池和非晶硅薄膜太阳电池作为单晶硅太阳电池的替代产品。

多晶硅薄膜太阳电池与单晶硅太阳电池相比,成本低廉,而效率高于非晶硅薄膜太阳电池,其转换效率为12%~14%。因此,多晶硅薄膜太阳电池将会在太阳电池市场上占据主导地位。

非晶硅薄膜太阳电池成本低、质量轻,转换效率为6%~10%,便于大规模生产,有极大的潜力;但其受制于由材料引发的光电效率衰退效应,稳定性不高,直接影响了它的实际应用。如果能进一步解决稳定性问题并提高转换率,那么非晶硅太阳电池无疑是太阳电池的主要发展产品之一。

硫化镉薄膜太阳电池、碲化镉薄膜太阳电池的效率较非晶硅薄膜太阳电池的效率高,成本较单晶硅太阳电池低,并且也易于大规模生产,但由于镉有剧毒,会对环境造成严重的污染,因此,这两种电池并不是单晶硅太阳电池最理想的替代产品。

砷化镓薄膜太阳电池的转换效率可达28%。砷化镓化合物材料具有十分理想的光学带隙及较高的吸收效率,抗辐照能力强,对热不敏感,适合制造高效单结电池。但是砷化镓材料的价格不菲,因而在很大程度上限制了砷化镓薄膜太阳电池的普及。

铜铟硒薄膜太阳电池适合光电转换，不存在光衰退问题，转换效率和多晶硅一样，具有价格低廉、性能良好和工艺简单等优点，将成为今后发展太阳电池的一个重要方向。唯一的问题是材料的来源，由于铟和硒都是比较稀有的元素，因此，这类电池的发展又必然受到限制。

3. 太阳电池的发电原理

太阳电池的发电原理是基于半导体的光生伏特效应将太阳辐射能直接转换为电能。在晶体中电子的数目总是与核电荷数相一致，所以 P 型半导体和 N 型半导体是电中性的。如果将 P 型半导体或 N 型半导体放在阳光下照射，光的能量通过电子从化学键中被释放，由此产生电子-空穴对，但在很短的时间内（在微秒范围内）电子又被捕获，即电子和空穴"复合"。

当 P 型半导体和 N 型半导体相接，将在晶体中 P 型半导体和 N 型半导体之间形成界面，即 PN 结。此时在界面层 N 型半导体中的自由电子和 P 型半导体中的空穴相对应。由于正负电荷之间存在吸引力，在界面层附近 N 型半导体中的电子扩散到 P 型半导体中，而空穴扩散到 N 型半导体中与自由电子复合。这样在界面层周围形成一个无电荷区域。通过界面层周围的电荷交换形成两个带电区，即通过电子到 P 型半导体的迁移在 N 型半导体区形成一个正的空间电荷区和在 P 型半导体区形成一个负的空间电荷区。

对不同材料的太阳电池，尽管光谱响应的范围是不同的，但光电转换的原理是一致的。如图 3.31 所示，在 PN 结的内建电场作用下，N 型半导体区的空穴向 P 型半导体区运动，而 P 型半导体区的电子向 N 型半导体区运动，最后造成在太阳电池受光面（上表面）有大量负电荷（电子）积累，而在电池背光面（下表面）有大量正电荷（空穴）积累。如在电池的上、下表面引出金属电极，并用导线连接负载，在负载上就有电流通过。只要太阳光照不断，负载上就一直有电流通过。

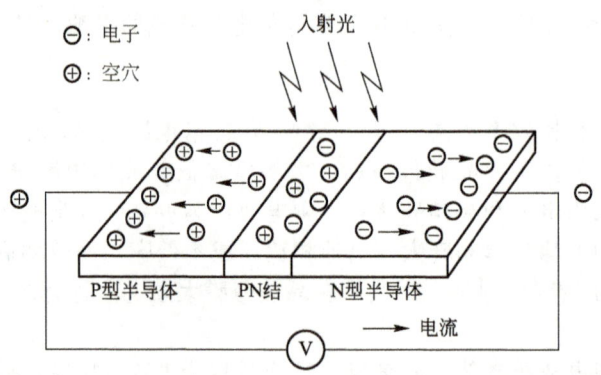

图 3.31 太阳电池的发电原理

4. 太阳电池在汽车上的应用

国外太阳电池最早于 1978 年用在汽车上，当时的太阳能电动汽车车速仅为 13km/h。之后很多国家对太阳能汽车进行了研究，但主要侧重于赛车领域。2014 年，澳大利亚新南威尔士大学的学生们用他们制造的新型太阳能电动汽车，打破了一项沉寂了近 26 年的世界纪录。该项目由国际汽联设置，测试标准是电动汽车单次充电后，在 500km 行驶距离中的平均车速。新纪录将原有的平均车速 73km/h 提升到 100km/h，也刷新了人们对太阳能电动汽车续驶里程和行驶速度的认识。该车采用全电力驱动并融入了太阳能充电系统，只可搭载两名成年人，整车质量只有318kg，甚至比特斯拉 Model S 的电池组还要轻。其最高车速可达140km/h，一次充电续驶里程为800km。车顶和发动机盖上覆盖了800W的太阳电池板，此外内置了一块由松下公司制造的重达60kg的电池。借助先进的太阳电池系统，只要在阳光下泊车8h，就能连续行驶2h。即便在行驶途中，这些太阳电池也能持续发电。

太阳能在汽车上的应用技术主要集中在两个方面：一是作为驱动力，二是用作汽车辅助设备的能源。

作为驱动力时一般采用太阳电池板，通过太阳电池转换的电能驱动汽车行驶。按照应用太阳能的程度可分为两种形式：一是太阳能作为第一驱动力驱动汽车，目前主要应用在太阳能赛车和短距离电瓶车上；二是太阳能和其他能量混合驱动汽车，相当于混合动力电动汽车，既可以减轻蓄电池的质量，也可以适当降低环境污染。

作为汽车辅助能源时，应用最广泛的是太阳能天窗。太阳能天窗的工作原理：在汽车停车熄火的情况下，安装在天窗里的太阳能集电板产生电力，将车厢外的冷空气导入车内，驱除车内热气，达到降温的目的；同时，太阳能天窗能从车外吸入空气并排除车内废气。国外配置太阳能天窗的有奔驰E级轿车，奥迪A8、A6L、A4，大众途锐及辉腾等高级别车型，中级车型很少配置，但并不是所有车型的太阳能天窗都能达到理想的降温效果。奥迪A6L的太阳能天窗可以在阳光充足时利用太阳能使鼓风机运转，将车内外空气进行交换，不消耗电能和其他能量，但驻车通风和驻车加热则需要消耗蓄电池电能，驻车加热还要消耗部分燃油。而奥迪A4的太阳能天窗则只是将一部分能源供给天窗系统，当驻车时太阳能天窗就不会给予其他额外的支持。辉腾轿车的太阳能天窗在车顶天窗上整合了28块太阳电池板，总共可提供24W的能量，还可以在车辆静止的状态下为电扇供电，以减少蓄电池能量的消耗。

太阳能还可以作充电站，比如在房子上搭很多的太阳能板，把太阳能收集起来给电动汽车充电；也可以利用太阳能制氢，由太阳能先发电，用电解水的方法制出氢气后，储存在一个大罐子里，给汽车里的燃料电池加氢，氢和氧再化合生成水同时放出电，供汽车使用。

随着太阳电池能量密度的增大、转化效率的提高、价格的降低，太阳电池在汽车上的应用前景广阔。

3.5 超级电容器

超级电容器是一种具有超级储电能力、可提供强大脉冲功率的物理二次电源，它是介于蓄电池和传统静电电容器之间的一种新型储能装置。超级电容器主要利用电极/电解质界面电荷分离所形成的双电层，或借助电极表面快速的氧化还原反应所产生的法拉第准电容来实现电荷和能量的储存。超级电容器是一种电化学元件，在电极与电解液接触面间具有极高的比电容和非常大的接触表面积，但其储能的过程并不发生化学反应，并且这种储能过程是可逆的，因此超级电容器可反复充放电数十万次。

1. 超级电容器的结构原理

超级电容器单体主要由电极、电解质、集电极、隔离膜连线极柱、密封材料和排气阀等组成。电极材料一般有碳电极材料、金属氧化物及其水合物电极材料、导电聚合物电极材料，要求电极内阻小、电导率高、表面积大,且尽量薄。电解质需要有较高的导电性(内阻小)和足够的电化学稳定性(提高单体电压)。电解质材料分为有机类和无机类,或分为液态和固态类。集电极选用导电性能良好的金属和石墨等来充当,如泡沫镍、镍网(箔)、铝箔、钛网(箔)及碳纤维等。隔离膜用于防止超级电容器相邻两电极短路,保证接触电阻较小。隔离膜要求尽量薄,通常使用多孔隔离膜。有机电解质通常使用聚合物或纸作为隔离膜,水溶液电解质可采用玻璃纤维或陶瓷隔离膜。

电极的材料、制造技术、电解质的组成和隔离膜质量对超级电容器的性能有较大影响。

在电动汽车上广泛使用的主要是碳电极超级电容器。碳电极超级电容器的表面积是基于多孔碳材料。该材料的多孔结构允许其表面积达到 $2000m^2/g$,通过一些措施还可以实现更大的表面积。碳电极超级电容器电荷分离开的距离是由被吸引到带电电极的电解质离子尺寸决定的,该距离(小于10Å)比传统电容器薄膜材料所能实现的距离更小。这种庞大的表面积再加上非常小的电荷分离距离使得超级电容器较传统电容器而言有巨大的静电容量。超级电容器中多孔化电极采用的是活性炭粉、活性炭或活性炭纤维,电解液采用的是有机电解质,如碳酸丙烯酯或高氯酸四乙氨等。工作时,碳电极电容器在可极化电极和电解质溶液之间的界面上形成的双电层中聚集电容量,其多孔化电极在电解液中吸附电荷,因而可以存储很大的静电能量。超级电容器的这一储电特性介于传统的电容器与电池之间。尽管其能量密度比电池低,但是这种能量的储存方式,有快充快放的特点,可以应用在传统电池难以解决的短时高峰值电流应用之中。

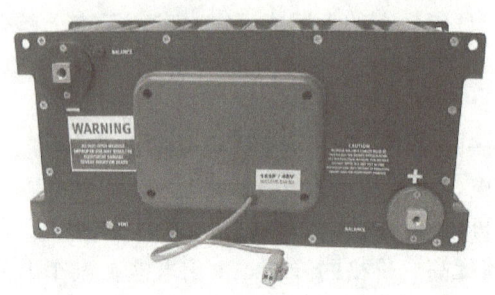

图 3.32 电动汽车用 48V 165F 超级电容器外观

超级电容器本质上是一种静电型能量储存方式。目前已经研制出的活性炭材料表面积可达 $2000m^2/g$,单位质量的电容量可达 100F/g,并且电容器的内阻还能保持在很低的水平;而且炭材料还具有成本低、技术成熟等优点,使得超级电容器在汽车上应用广泛。

图 3.32 所示为电动汽车用 48V 165F 超级电容器外观。

电动汽车用 48V 165F 超级电容器主要技术指标如下。

工作温度:$-40\sim+65℃$。

储存温度:$-40\sim+70℃$。

额定容量:165F。

容量偏差:$+20\%\sim-5\%$。

额定电压:48.6V。

内阻:$AC\leqslant5.2m\Omega$,$DC\leqslant6.1m\Omega$。

漏电流:5.2mA。

尺寸:$416mm\times190mm\times160mm$。

质量:14.2kg。

2. 超级电容器的分类

超级电容器可以按以下不同的方式进行分类。

(1) 按照储能原理分类，可分为因电荷分离而产生的双电层电容器、欠电位沉积或吸附电容而产生的法拉第准电容器、双电层与准电容混合型电容器。

(2) 按照结构形式分类，可分为对称型超级电容器与非对称型超级电容器。两电极组成相同且电极反应相同，但反应方向相反，称为对称型超级电容器；两电极组成不同或反应不同，称为非对称型超级电容器。

(3) 按照电极材料分类，可分为以活性炭粉末、活性炭纤维、炭气凝胶、纳米碳管、网络结构活性炭为电极材料的超级电容器；以贵金属二氧化钌、氧化镍、氧化锰为电极材料的超级电容器；以聚吡咯、聚苯胺、聚对苯等聚合有机物为电极的超级电容器。

(4) 按照电解液不同分类，可分为水溶液体系超级电容器[电导率高、成本低、分解电压低(1.2V)]，有机体系超级电容器[电导率低、成本高、分解电压高(3.5V)]，固体电解质超级电容器(可靠性高、电导率低、无泄漏、比能量高、薄型化)。

3. 超级电容器的特点

超级电容器具有以下优点。

(1) 高功率密度。超级电容器的内阻小，输出功率密度高，是一般蓄电池的数十倍。

(2) 循环寿命长。超级电容器具有至少10万次以上的充电寿命，没有记忆效应。

(3) 充电速度快。可以用大电流给超级电容器充电，充电10s~10min可达到其额定容量的95%以上。

(4) 工作温度范围宽。超级电容器能在-40~60℃的环境温度中正常工作。

(5) 简单方便。超级电容器充放电线路简单，无须充电电池那样的充电电路，安全系数高，长期使用免维护；检测方便，剩余电量可直接读出。

(6) 绿色环保。超级电容器在生产过程中不使用重金属和其他有害化学物质，因此在生产、使用、储存及拆解过程中均没有污染，是一种新型的绿色环保电源。

超级电容器存在如下缺点。

(1) 线性放电。超级电容器线性放电的特性使它无法完全放电。

(2) 低能量密度。超级电容器可储存的能量比化学电源少得多。

(3) 低电压。超级电容器单体电压低，需要多个单体串联才能提升整体电压。

(4) 高自放电。超级电容器的自放电速率比化学电源要高。

4. 超级电容器在汽车上的应用

超级电容器被广泛应用于新能源汽车中，用作起动、制动、爬坡时的辅助动力。汽车频繁的起步、爬坡和制动造成其功率需求曲线变化很大，在城市路况下更是如此。一辆高性能的电动汽车的峰值功率与平均功率之比可达16:1，但这些峰值功率的特点是持续时间一般都比较短，需要的能量并不高。对于纯电动汽车、燃料电池电动汽车和串联混合动力电动汽车而言，这就意味着要么汽车动力性不足，要么电压总线上要经常承受大的峰值电流，这无疑会大大损害动力蓄电池、燃料电池或其他辅助动力装置的寿命。如果使用比功率较大的超级电容器，当瞬时功率需求较大时，由超级电容器提供峰值功率，并且在制动回馈时吸收峰值功率，那么就可以减轻对动力蓄电池、燃料电池或其他辅助动力装置的压力，从而可以大大增加起步、加速时系统的功率输出，而且可以高效地回收大功率的制动能量，这样做还可以提高电池的使用寿命，改善其放电性能。

超级电容器除了用于动力驱动系统外，在汽车零部件领域也有广泛的应用前景。例如,未来汽车设计使用的42V电系统(转向、制动、空调、高保真音响、电动座椅等),如果使用长寿命的超级电容器,可以使需求功率经常变化的子系统性能大大提高,另外还可以减少车内用于电制动、电转向等子系统的布线,同时减少汽车子系统对电池的功率消耗,延长电池使用寿命。

超级电容器具有很高的功率密度,放电电流可以达到数百安培,在大电流应用场合,特别是高能脉冲环境,可更好地满足功率要求。同时,超级电容器充放电时间短、效率高,可在很短的时间内完成一个充放电循环,所用时间远远低于可充电电池,特别适合短距离行驶车辆。超级电容器的循环使用寿命可达 10 万次以上,比目前最好的电池要高出 100 倍,同时在使用过程中不需要经常性维护,其适用温度范围宽,可在 -40~70℃使用,可满足车辆动力系统在低温环境下的起动,安全性高。这些特点使其成为城市公交动力理想的选择。

3.6 飞轮电池

飞轮电池是 20 世纪 90 年代提出的新概念电池。它突破了化学电池的局限,用物理方法实现储能。

1. 飞轮电池的结构与原理

飞轮电池由飞轮、电动机、发电机和输入/输出电子装置共同组成,如图 3.33 所示。

图 3.33 飞轮电池组成

飞轮电池通过输入/输出电子装置与外部大功率的电气系统相连,外部系统所传输的能量经由电动机通过提升飞轮的转速将电能转换为机械能并进行储存。当需要向负载输出功率时,飞轮通过发电机再将机械能转换为电能,同时飞轮转速相应降低。由于飞轮电池系统的能量转换是单线程的,即不可能同时输入和输出能量,为了降低电池系统的质量和制造成本,通常将电动机/发动机及输入/输出电子装置集成在一起。

飞轮储能的关键在于降低机械能的损失。机械能的损失主要由空气摩擦阻力和旋转摩擦阻力两部分组成。根据降低空气摩擦阻力方式的不同,可以将飞轮电池分为高速飞轮电池和低速飞轮电池。其中低速飞轮电池通过增加飞轮质量来降低空气摩擦所带来的影响,而高速飞轮电池则通过降低飞轮工作环境的空气压力来降低空气摩擦阻力。飞轮电池的飞轮由于使用新型高强度复合材料而具有轻质量和高转速的特点,其理想工作环境为真空环境,但由于技术限制,通常只是将空气摩擦阻力降低至可以接受的程度。为了减小高速旋转时所产生的旋转摩擦阻力,飞轮电池通常通过两个磁悬浮轴承的非接触式支撑被固定在真空空间内。高速飞轮电池体积小,适合车载使用。

飞轮电池内部结构如图 3.34 所示。

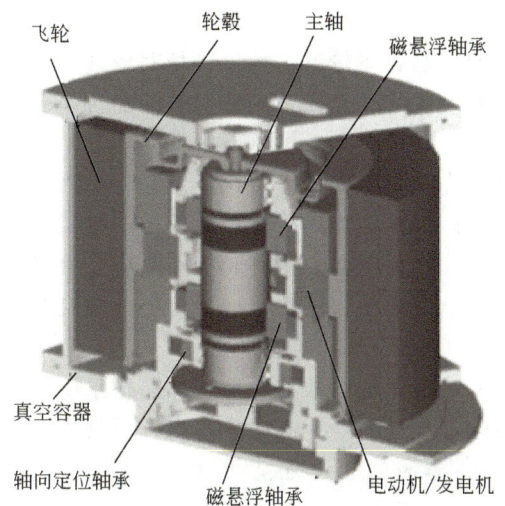

图 3.34 飞轮电池内部结构

2. 电池性能的比较

现在广泛使用的储能电池是基于电化学原理的化学电池。化学电池将电能转换为化学能并进行储存，再转换为电能输出。化学电池的主要优点是价格低廉、技术成熟，主要缺点是污染严重、效率低下、充电时间长、用电时间短、使用过程中电能不易控制等。

还有一种储能电池是超导电池。它把电能转换为磁能储存在超导线圈的磁场中，由于超导状态下线圈没有电阻，因此能量损耗非常小，效率也高，对环境污染也小。但由于超导状态只有在线圈处于极低温度下才能实现，维持线圈处于超导状态所需要的低温需耗费大量能量，而且维持装置过大，不易小型化，因此民用的市场前景并不看好。

飞轮电池则兼顾了化学电池和超导电池的优点，虽然近阶段的价格较高，但伴随着技术的进步，必将有一个非常广阔的应用前景。

典型储能电池的性能见表 3-6。

表 3-6 典型储能电池的性能

性　能	储能电池		
	化学电池	飞轮电池	超导电池
储能方式	化学能	机械能	磁能
使用寿命/年	3～5	>20	≈20
技术	成熟	验证	验证
温度范围	限制	不限	不限
外形尺寸(同功率)	大	最小	中间
储能密度	小	大	大
放能深度	浅	深	深
价格	低	高	较高
环境影响	污染	无污染	无污染

3. 飞轮电池在汽车上的应用

由于技术和材料价格的限制，飞轮电池的价格相对较高，在小型场合还无法体现其优势。但在一些需要大型储能装置的场合，使用化学电池的价格也非常昂贵，飞轮电池已得到逐步应用。

飞轮电池充电快，放电完全，非常适合应用于混合动力汽车中。汽车在正常行驶和制动时给飞轮电池充电，飞轮电池则在加速或爬坡时给汽车提供动力，保证汽车运行在一种平稳、最优的状态下，可减少燃料消耗、空气和噪声污染、发动机的维护，延长发动机的寿命。美国得克萨斯大学已研制出汽车用飞轮电池，该电池在汽车需要时，可提供150kW的能量，满载汽车能加速到100km/h。

美国国防部预测未来的战斗车辆在通信、武器和防护系统等方面都广泛需要电能，飞轮电池由于具有快速充放电，独立而稳定的能量输出，质量轻，能使车辆工作处于最优状态，减少车辆的噪声，提高车辆的加速性能等优点，已成为美国军方首要考虑的储能装置。

作为一种新兴的储能方式，飞轮电池所拥有的传统化学电池无法比拟的优点已被人们广泛认同，它非常符合未来储能技术的发展方向。目前，飞轮电池正在向小型化、低廉化的方向发展。可以预见，伴随着技术和材料学的进步，飞轮电池将在未来的各行各业中发挥重要的作用。

思考题

1. 电动汽车用储能装置有哪几种？
2. 动力电池的性能指标主要有哪些？
3. 电动汽车对动力电池有哪些要求？
4. 电动汽车用蓄电池主要有哪几种？其特点是什么？
5. 燃料电池主要有哪几种？其特点是什么？

第4章 电动汽车用电动机

教学目标

通过本章的学习,要求读者了解电动汽车用电动机的类型和电动汽车对电动机的要求,熟悉电动机的主要性能指标,掌握电动汽车常用电动机的结构、原理及其主要特点和控制特性等,对电动机控制器有一个初步的认识。

教学要求

知识要点	能力要求	相关知识
电动机的类型、性能指标,电动汽车对电动机的要求	了解电动汽车的类型和电动汽车对电动机的要求;熟悉电动机的主要性能指标	电动机的类型、性能指标,电动机与电动汽车的关系
直流电动机的分类、结构、特点、工作原理和控制特性	了解直流电动机的类型;掌握直流电动机的结构、特点、工作原理和控制特性	直流电动机
无刷直流电动机的分类、结构、特点、工作原理和控制特性	了解无刷直流电动机的类型;掌握无刷直流电动机的结构、特点、工作原理和控制特性	无刷直流电动机
异步电动机的结构、特点、工作原理、运行特性和控制特性	掌握异步电动机的结构、特点、工作原理和控制特性;了解异步电动机的运行特性	异步电动机
永磁同步电动机的结构、特点、工作原理、运行特性和控制特性	掌握永磁同步电动机的结构、特点、工作原理和控制特性;了解永磁同步电动机的运行特性	永磁同步电动机

(续)

知识要点	能力要求	相关知识
开关磁阻电动机的结构、特点、工作原理、运行特性和控制特性	掌握开关磁阻电动机的结构、特点、工作原理和控制特性；了解开关磁阻电动机的运行特性	开关磁阻电动机
轮毂电动机的结构形式、应用类型、驱动方式、驱动系统的特点和关键技术	了解轮毂电动机的结构形式、应用类型、驱动方式、驱动系统的特点和关键技术	轮毂电动机
电动机控制器的组成与原理、电动机控制方式、电动机控制器容量等级	掌握电动机控制器的组成与原理；了解电动机控制方式、电动机控制器容量等级	电动机控制器

导入案例

图 4.1 所示为特斯拉 Model S 采用的异步电动机，其峰值功率为 193kW，峰值转矩为 330N·m，最高转速为 18000r/min，既用于前驱，也用于后驱。

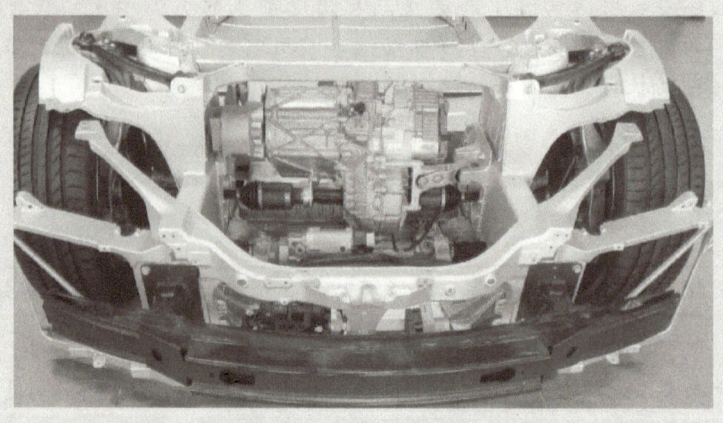

图 4.1　特斯拉 Model S 采用的异步电动机

除了异步电动机外，还有哪些电动机可以作为电动汽车的驱动电动机？通过本章的学习，读者可以得到答案。

电动机是电动汽车驱动系统的核心部件，其性能直接影响电动汽车驱动系统的性能，特别是电动汽车的最高车速、加速性能及爬坡性能等。

4.1　概　　述

4.1.1　电动汽车用电动机的类型

电动汽车用电动机可分为直流电动机、无刷直流电动机、异步电动机、永磁同步电动机和开关磁阻电动机等。

1. 直流电动机

直流电动机具有起动加速时驱动力大、调速控制简单、技术成熟等优点。但是由于直流电动机的电枢电流由电刷和换向器引入，换向时产生电火花，换向器容易烧蚀，因此电刷容易磨损，需经常更换，维护工作量大。接触部分存在磨损，不仅使直流电动机效率降低，还限制了直流电动机的工作转速。新研制的电动汽车基本不采用直流电动机。

2. 无刷直流电动机

无刷直流电动机是一种高性能的电动机。它既具有交流电动机的结构简单、运行可靠、维护方便等诸多优点，又具备运行效率高、无励磁损耗、运行成本低和调速性能好等特点。因此，它在电动汽车上的应用日益广泛。

3. 异步电动机

异步电动机在电动汽车上广泛应用，这是因为异步电动机采用变频调速时可以取消机械变速器，实现无级变速，使传动效率大大提高。另外，异步电动机很容易实现正反转，再生制动能量的回收也更加简单。当采用笼型转子时，异步电动机还具有结构简单、坚固耐用、价格便宜、工作可靠、效率高和免维护等优点。

【永磁同步和异步电动机】

4. 永磁同步电动机

永磁同步电动机在结构上与无刷直流电动机相似。不同之处在于永磁同步电动机采用正弦波驱动，所以在具备无刷直流电动机的优点的同时，还具有噪声低、体积小、功率密度大、转动惯量小、脉动转矩小、控制精度高等特点，特别适用于混合动力电动汽车电动机驱动系统。由于使用永磁同步电动机可以达到减小系统体积，改善汽车加速性能和行驶平稳等目的，因此永磁同步电动机受到了各大汽车生产厂家的重视。

5. 开关磁阻电动机

开关磁阻电动机是一种新型电动机。由于其结构简单、坚固、工作可靠、效率高，调速系统运行性能和经济指标都比普通的交流调速系统好，具有很大的潜力，因此被公认是一种极有发展前途的电动汽车驱动电动机。

随着电子技术和计算机技术的飞速发展，新的电动机理论与控制方式层出不穷，推动新的电动机驱动系统迅猛发展。高密度、高效率、轻量化、低成本、宽调速牵引电动机驱动系统已成为各国研究和开发的主要热点，如永磁式开关磁阻电动机、转子磁极分割型混合励磁结构同步电动机、永磁无刷交流电动机等。

表 4-1 所示为 4 种典型电动机的性能比较。

表 4-1 4 种典型电动机的性能比较

项　　目	直流电动机	交流电动机	永磁电动机	开关磁阻电动机
转速范围/(r/min)	4000～6000	12000～20000	4000～10000	>15000
功率密度	低	中	高	较高

(续)

项　　目	直流电动机	交流电动机	永磁电动机	开关磁阻电动机
功率因数	—	82～85	90～93	60～65
峰值效率/(%)	85～89	94～95	95～97	85～90
负荷效率/(%)	80～87	90～92	85～97	78～86
过载能力/(%)	200	300～500	300	300～500
恒功率区比例	—	1:5	1:2.25	1:3
电动机质量	重	中	轻	轻
电动机外形尺寸	大	中	小	小
可靠性	一般	好	优良	好
结构坚固性	差	好	一般	优良
控制操作性能	最好	好	好	好
控制器成本	低	高	高	一般

4.1.2　电动机的主要性能指标

电动机主要性能指标有额定功率、峰值功率、额定转速、最高工作转速、额定转矩、峰值转矩、堵转转矩、额定电压、额定电流、额定频率等。

(1) 额定功率。额定功率是指电动机额定运行条件下轴端输出的机械功率。电动机的功率等级为 1kW、2.2kW、3.7kW、5.5kW、7.5kW、11kW、15kW、18.5kW、22kW、30kW、37kW、45kW、55kW、75kW、90kW、110kW、132kW、150kW、160kW、185kW、200kW 及以上。

(2) 峰值功率。峰值功率是指在规定的时间内，电动机运行的最大输出功率。

(3) 额定转速。额定转速是指在额定运行条件(额定电压、额定功率)下电动机的最低转速。

(4) 最高工作转速。最高工作转速是指在额定电压时，电动机带负载运行所能达到的最高转速。它影响电动汽车的最高设计速度。

(5) 额定转矩。额定转矩是指电动机在额定功率和额定转速下的输出转矩。

(6) 峰值转矩。峰值转矩是指电动机在规定的持续时间内允许输出的最大转矩。

(7) 堵转转矩。堵转转矩是指转子在所有角位堵住时所产生的最小转矩。

(8) 额定电压。额定电压是指电动机正常工作的电压。电动机电源的电压等级为 36V、48V、120V、144V、168V、192V、216V、240V、264V、288V、312V、336V、360V、384V、408V、540V、600V。

(9) 额定电流。额定电流是指电动机在额定运行条件(额定电压、额定功率)下电枢绕组(或定子绕组)的线电流。

(10) 额定频率。额定频率是指电动机在额定运行条件下电枢(或定子侧)的频率。

当电动机在额定运行条件下输出额定功率时，称为满载运行，这时电动机的运行性能、经济性及可靠性等均处于优良状态。输出功率大于额定功率时称为过载运行，过载运行时电动机的负载电流大于额定电流，将会引起电动机过热，从而缩短电动机的使用寿命，严重时甚至烧毁电动机。电动机的输出功率小于额定功率时称为轻载运行，轻载运行时电动机的效率和功率因数等运行性能均较差，因此应尽量避免电动机轻载运行。

4.1.3 电动汽车对电动机的要求

电动汽车在行驶过程中，经常会频繁地起动/停车、加速/减速等，这就要求电动汽车中的电动机比一般工业用的电动机性能更高，基本要求如下。

（1）电动机的运行特性要满足电动汽车的要求。在恒转矩区，要求低速运行时具有大转矩，以满足电动汽车起动和爬坡的要求；在恒功率区，要求低转矩时具有高的速度，以满足电动汽车在平坦的路面能够高速行驶的要求。

（2）电动机应具有瞬时功率大、带负载起动性能好、过载能力强、加速性能好、使用寿命长的特点。

（3）电动机应在整个运行范围内具有很高的效率，以提高一次充电的续驶里程。

（4）电动机应能够在汽车减速时实现再生制动，将能量回收并反馈给蓄电池，使得电动汽车具有最佳的能量利用率。

（5）电动机应具有高可靠性，能够在较恶劣的环境下长期工作。

（6）电动机应体积小、质量轻，一般应为工业用电动机的1/3～1/2。

（7）电动机的结构要简单、坚固，适合批量生产，便于使用和维护。

（8）价格便宜，从而能够降低电动汽车的整体价格，提高性价比。

（9）运行时噪声低，减少污染。

4.2 直流电动机

直流电动机就是将直流电能转换为机械能的电动机，是电动机的主要类型之一。它具有结构简单、技术成熟、控制容易等特点，在早期的电动汽车或希望获得更简单结构的电动汽车中应用，特别是场地用电动车和专用电动车。

4.2.1 直流电动机的分类

直流电动机分为绕组励磁式直流电动机和永磁式直流电动机两种。在电动汽车所采用的直流电动机中，小功率电动机采用的是永磁式直流电动机，大功率电动机采用的是绕组励磁式直流电动机。

绕组励磁式直流电动机根据励磁方式的不同，可分为他励、并励、串励和复励4种类型。

1. 他励直流电动机

他励直流电动机的励磁绕组与电枢绕组无联接关系，而由其他直流电源对励磁绕组供电，因此励磁电流不受电枢端电压或电枢电流的影响。永磁式直流电动机也可看作他励直流电动机。

他励直流电动机在运行过程中励磁磁场稳定且容易控制，容易实现电动汽车的再生制动要求。但当采用永磁激励时，虽然电动机效率高，质量和体积较小，但由于励磁磁场固定，电动机的机械特性不理想，驱动电动机产生不了足够大的输出转矩来满足电动汽车起动和加速时的大转矩要求。

2. 并励直流电动机

并励直流电动机的励磁绕组与电枢绕组并联，共用同一电源，性能与他励直流电动机基本相同。并励绕组两端电压就是电枢两端电压，但是励磁绕组用细导线绕成，其匝数很多，因此具有较大的电阻，使得通过它的励磁电流较小。

3. 串励直流电动机

串励直流电动机的励磁绕组与电枢绕组串联后，再接于直流电源上。串励直流电动机的励磁电流就是电枢电流。这种电动机内磁场随着电枢电流的改变有显著的变化。为了使励磁绕组中不致引起大的损耗和电压降，励磁绕组的电阻越小越好，所以串励直流电动机通常用较粗的导线绕成，它的匝数较少。

串励直流电动机在低速运行时，能给电动汽车提供足够大的转矩，而在高速运行时，电动机电枢中的反电动势增大，与电枢串联的励磁绕组中的励磁电流减小，电动机高速时的弱磁调速功能易于实现，因此串励直流电动机驱动系统能较好地适应电动汽车的特性要求。但串励直流电动机由低速到高速运行时弱磁调速特性不理想，随着电动汽车行驶速度的提高，驱动电动机输出转矩快速减小，不能满足电动汽车高速行驶时由于风阻大而需要输出较大转矩的要求。串励直流电动机运行效率低；在实现电动汽车的再生制动时，由于没有稳定的励磁磁场，再生制动的稳定性差；由于再生制动需要加接触器切换，使得驱动电动机控制系统的故障率较高，可靠性较差。另外，串励直流电动机的励磁绕组损耗大，体积和质量也较大。

4. 复励直流电动机

复励直流电动机有并励和串励两个励磁绕组，电动机的磁通由两个绕组内的励磁电流产生。若串励绕组产生的磁通势与并励绕组产生的磁通势方向相同，则称为积复励。若两个磁通势方向相反，则称为差复励。

复励直流电动机的永磁励磁部分采用高磁性材料钕铁硼，运行效率高。由于复励直流电动机永磁励磁部分有稳定的磁场，因此用复励直流电动机构成驱动系统时易实现再生制动功能。同时由于复励直流电动机增加了增磁绕组，通过控制励磁绕组的励磁电流或励磁磁场的大小，能克服纯永磁他励直流电动机不能产生足够的输出转矩来满足电动汽车低速行驶或爬坡时的大转矩要求的缺陷，且复励直流电动机的质量或体积比串励直流电动机的小。

各种励磁方式直流电动机的电路如图 4.2 所示，图中 I_a 为电枢电流；I_f 为励磁电流；U 为电源电压；U_f 为励磁电压；I 为负载电流。

电动汽车所使用的直流电动机主要是他励直流电动机（包括永磁直流电动机）、串励直流电动机、复励直流电动机 3 种类型。

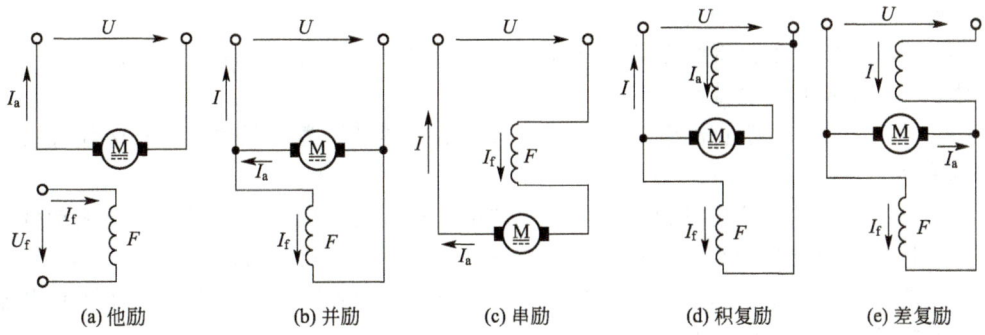

(a) 他励　　(b) 并励　　(c) 串励　　(d) 积复励　　(e) 差复励

图 4.2　各种励磁方式直流电动机的电路

小功率(0.1~10kW)直流电动机采用的是小型高效的永磁直流电动机,可以应用在小型、低速的搬运设备上,如电动自行车、休闲用电动汽车、高尔夫球车、电动叉车等。

中等功率(10~100kW)直流电动机采用他励直流电动机、复励直流电动机或串励直流电动机,可以用于结构简单、转矩要求较大的电动货车上。

大功率(>100kW)直流电动机采用串励直流电动机,可用在要求低速、高转矩的专用电动车上,如矿石电动搬运车、玻璃电动搬运车等。

4.2.2　直流电动机的结构与特点

1. 直流电动机的结构

直流电动机由定子与转子两大部分构成,定子和转子之间的间隙称为气隙。直流电动机定子主要由励磁绕组、磁极、机座、电刷等组成;转子主要由电枢铁心、电枢绕组、换向器等组成。直流电动机的结构如图 4.3 所示。

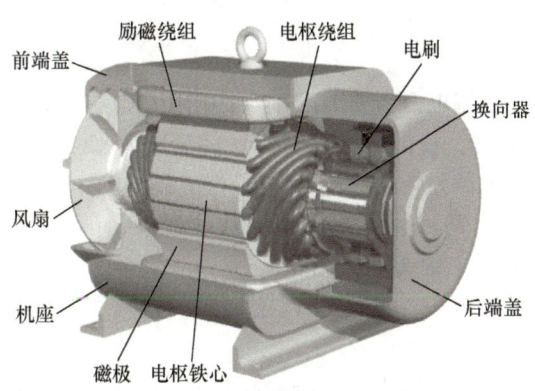

图 4.3　直流电动机的结构

2. 直流电动机的特点

直流电动机具有以下特点。

(1) 调速性能好。直流电动机可以在重负载条件下,实现均匀、平滑的无级调速,而且调速范围较宽。

(2) 起动力矩大。直流电动机可以均匀而经济地实现转速调节,因此凡是在重负载下起动或要求均匀调节转速的机械,如大型可逆轧钢机、卷扬机、电力机车、电车等,都可用直流电动机拖动。

（3）控制比较简单。直流电动机一般用斩波器控制，它具有效率高、控制灵活、质量轻、体积小、响应快等优点。

（4）有易损件。由于直流电动机存在电刷、换向器等易磨损器件，因此必须进行定期维护或更换。

电动汽车专用的直流电动机和其他通用的电动机相比，应在耐高温性、抗振动性、低损耗性、抗负载波动性及小型轻量化、免维护性等方面给予特殊考虑。

除此之外，由于电动汽车用直流电动机大多在较低的电压下驱动，同时是大电流电路，因此需要注意连接线的接触电阻。

4.2.3 直流电动机的工作原理

图 4.4 所示为直流电动机的工作原理。图中，定子有一对 N、S 极，电枢绕组的末端分别接到两个换向片上，正、负电刷 A 和 B 分别与两个换向片接触。

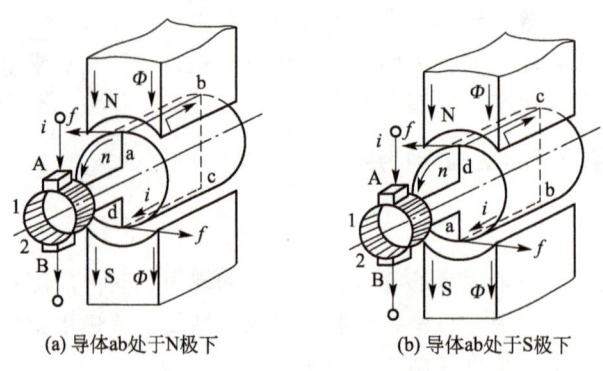

图 4.4 直流电动机的工作原理
1、2—换向片；A、B—电刷

如果给两个电刷加上直流电源，如图 4.5(a)所示，则有直流电流从电刷 A 流入，经过线圈 abcd，从电刷 B 流出。根据电磁力定律，载流导体 ab 和 cd 受到电磁力的作用，其方向可用左手定则判定，两段导体受到的力形成了一个转矩，使得转子逆时针转动。如果转子转到图 4.5(b)所示的位置，电刷 A 和换向片 2 接触，电刷 B 和换向片 1 接触，直流电流从电刷 A 流入，在线圈中的流动方向是 dcba，从电刷 B 流出。此时载流导体 ab 和 cd 受到电磁力的作用方向同样可用左手定则判定，它们产生的转矩仍然使得转子逆时针转动，这就是直流电动机的工作原理。

虽然外加的电源是直流的，但由于电刷和换向片的作用，在线圈中流过的电流是交流的，其产生的转矩的方向却是不变的。

4.2.4 直流电动机的转速控制

直流电动机的转速控制方法主要有电枢调压控制、磁场控制和电枢回路串电阻控制 3 种。

1. 电枢调压控制

电枢调压控制是指通过改变电枢的端电压来控制电动机的转速。这种控制只适合电动机基速以下的转速控制，可保持电动机的负载转矩不变。电动机转速近似与电枢端电压成比例变化，所以称为恒转矩调速。直流电动机采用电枢调压控制可实现在宽广范围内的连续平滑的速度控制，调速比一般可达 1∶10。如果与磁场控制配合使用，调速比可达 1∶30。电枢调压控制需要专用的可控直流电源，过去常用电动机-发电机组。现在大、中容量的可控直流电源广泛采用晶闸管可控整流电源。小容量可控直流电源则采用电力晶体管的 PWM 控制电源。电动汽车用的直流电动机常用斩波控制器作为电枢调压控制电源。

电枢调压控制的调速过程：当磁通保持不变时，减小电压，由于转速不立即发生变化，反电动势也暂时不变化。由于电枢电流减小了，转矩也减小了。如果阻转矩未变，则转速下降。随着转速的下降，反电动势减小，电枢电流和转矩就随着增大，直到转矩与阻转矩再次平衡为止，但这时转速已经较原来下降了。

2. 磁场控制

磁场控制是指通过调节直流电动机的励磁电流改变每极磁通量，从而调节电动机的转速，这种控制只适合电动机基速以上的控制。当电枢电流不变时，具有恒功率调速特性。磁场控制效率高，但调速范围小，一般不超过 1∶3，而且响应速度较慢。磁场控制可采用可变电阻器，也可采用可控整流电源作为励磁电源。

磁场控制的调速过程：当电压保持恒定时，减小磁通，由于机械惯性，转速不立即发生变化，于是反电动势减小，电枢电流随之增加。由于电枢电流增加的影响超过磁通减小的影响，因此转矩会增加。如果阻转矩未变，则转速上升。随着转速的上升，反电动势增大，电枢电流和转矩也随着减小，直到转矩和阻转矩再次平衡为止，但这时转速已经较原来上升了。

3. 电枢回路串电阻控制

电枢回路串电阻控制是指当电动机的励磁电流不变时，通过改变电枢回路电阻来调节电动机的转速。这种控制方法的机械特性较软，而且电动机运行不稳定，一般很少应用。小型串励直流电动机常采用电枢回路串电阻控制方式。

4.3 无刷直流电动机

无刷直流电动机是用电子换向装置代替了有刷直流电动机的机械换向装置，保留了有刷直流电动机宽阔而平滑的优良调速性能，克服了有刷直流电动机机械换向带来的一系列的缺点。无刷直流电动机体积小、质量轻、可做成各种体积形状、效率高、转矩高、精度高、数字式控制，是最理想的调速电动机之一，在电动汽车上有着广泛的应用前景。

4.3.1 无刷直流电动机的分类

无刷直流电动机按照工作特性不同，可以分为具有直流电动机特性的无刷直流电动机和具有交流电动机特性的无刷直流电动机。

1. 具有直流电动机特性的无刷直流电动机

具有直流电动机特性的无刷直流电动机，反电动势波形和供电电流波形都是矩形波，所以又称矩形波同步电动机。这类电动机由直流电源供电，借助位置传感器来检测主转子的位置,由所检测出的信号去触发相应的电子换相线路以实现无接触式换相。显然,这种无刷直流电动机具有有刷直流电动机的各种运行特性。

2. 具有交流电动机特性的无刷直流电动机

具有交流电动机特性的无刷直流电动机,反电动势波形和供电电流波形都是正弦波,所以又称正弦波同步电动机。这类电动机也由直流电源供电,但通过逆变器将直流电变换为交流电,然后去驱动一般的同步电动机。因此,它们具有同步电动机的各种运行特性。

下面介绍的无刷直流电动机主要是指具有直流电动机特性的无刷直流电动机。

4.3.2 无刷直流电动机的结构与特点

1. 无刷直流电动机的结构

无刷直流电动机主要由电动机本体、电子换相器和位置传感器三部分组成。

(1) 电动机本体

无刷直流电动机的电动机本体由定子和转子两部分组成。

① 定子是电动机本体的静止部分,由导磁的定子铁心、导电的电枢绕组及固定铁心和绕组用的一些零部件、绝缘材料、引出部分(如机壳、绝缘片、槽楔、引出线及环氧树脂等)等组成。

② 转子是电动机本体的转动部分,是产生励磁磁场的部件,由永磁体、导磁体和支撑零部件组成。

(2) 电子换相器

电子换相器由功率开关和位置信号处理电路构成,主要用来控制定子各绕组通电的顺序和时间。无刷直流电动机本质上是自控同步电动机,电动机转子跟随定子旋转做磁场运动,因此应按一定的顺序给定子各相绕组轮流通电,使之产生旋转的定子磁场。无刷直流电动机的三相绕组中通过的电流是120°电角度的方波,绕组在持续通过恒定电流的时间内产生的定子磁场在空间是静止的。在开关换相期间,随着电流从一相转移到另一相,定子磁场随之跳跃了一个电角度,而转子磁场则随着转子连续旋转。这两个磁场的瞬时速度不同,但是平均速度相等,因此能保持"同步"。无刷直流电动机由于采用了电子换相器,电动机输入电流的频率和电动机的转速始终保持同步,电动机和电子换相器不会产生振荡和失步,这是无刷直流电动机的优点之一。

一般来说,电子换向器应满足如下基本要求:结构简单;运行稳定可靠;体积小,质量轻;功耗小;能按照位置传感器的信号进行正确换向,并能控制电动机的正反转;能长期满足不同环境条件的要求。

(3) 位置传感器

位置传感器在无刷直流电动机中起着检测转子磁极位置的作用,为功率开关电路提供正确的换相信息,即将转子磁极的位置信号转换为电信号,经位置信号处理电路处理后控制定子绕组换相。由于功率开关的导通顺序与转子转角同步,因此位置传感器与功率开关一起,起着与传统有刷直流电动机的机械换向器和电刷相类似的作用。位置传感器的种类比较多,可分为电磁式位置传感器、光电式位置传感器、磁敏式位置传感器等。电磁式位置传感器具有输出信号大、工作可靠、寿命长等优点,但其体积比较大,信噪比较低且输出为交流信号,需整流滤波后才能使用。光电式位置传感器性能比较稳定、体积小、质量轻，但对环境要求较高。磁敏式位置传感器的基本原理为霍尔效应和磁阻效用，其对环境适应性很强，成本低廉，但精度不高。

图4.5所示为某无刷直流电动机实物。

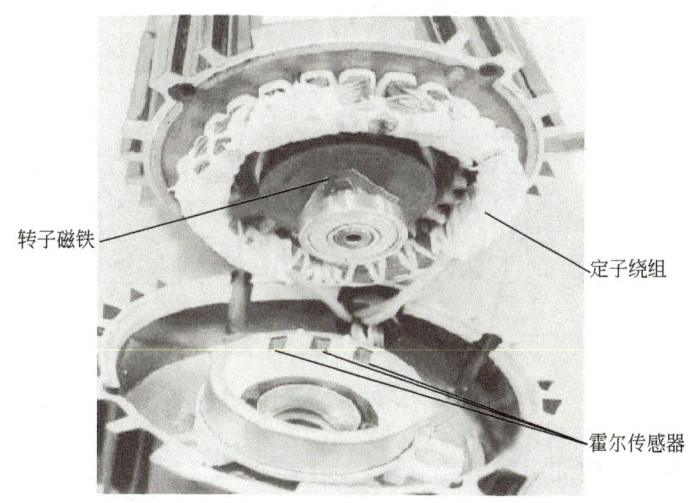

图 4.5　某无刷直流电动机实物

2. 无刷直流电动机的优点和缺点

（1）优点

无刷直流电动机作为电动汽车用电动机，具有以下优点。

① 外特性好。非常符合电动汽车的负载特性，尤其是具有低速大转矩特性，能够提供大的起动转矩，满足电动汽车的加速要求。

② 无刷直流电动机可以在低、中、高速度范围内运行，而有刷电动机由于受机械换向的影响，只能在中低速下运行。

③ 效率高。尤其是在轻载车况下，仍能保持较高的效率，这对珍贵的电池能量是很重要的。

④ 过载能力强。无刷直流电动机比 Y 系列电动机可提高过载能力 2 倍以上，满足电动汽车的突起堵转需要。

⑤ 再生制动效果好。因无刷直流电动机转子具有很高的永久磁场，在汽车下坡或制动时电动机可完全进入发电机状态，给电池充电，同时起到电制动作用，减轻机械制动负担。

⑥ 体积小、质量轻、比功率大，可有效地减轻质量、节省空间。

⑦ 无机械换向器，采用全封闭式结构，防止尘土进入电动机内部，可靠性高。

⑧ 控制系统比异步电动机简单。

（2）缺点

无刷直流电动机的缺点是电动机本身比交流电动机复杂，控制器比有刷直流电动机复杂。

4.3.3　无刷直流电动机的工作原理

无刷直流电动机的工作原理与有刷直流电动机的工作原理基本相同。无刷直流电动机是利用电动机转子位置传感器输出信号控制电子换相线路去驱动逆变器的功率开关器件，使电枢绕组依次馈电，从而在定子上产生跳跃式的旋转磁场，拖动电动机转子旋转。同时，随着电动机转子的转动，转子位置传感器又不断送出位置信号，以不断地改变电枢绕组的通电状态，使得在某一磁极下导体中的电流方向保持不变，这样电动机就旋转起来了。

图 4.6 所示为无刷直流电动机的工作原理。

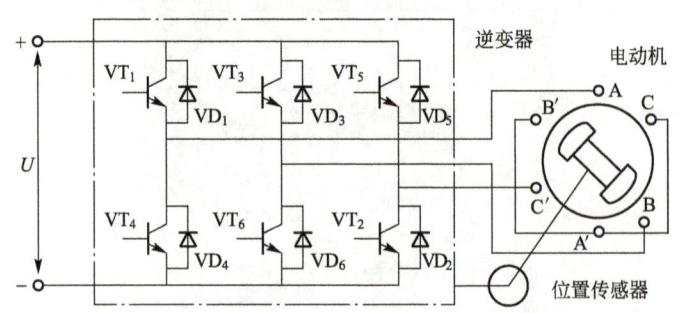

图 4.6　无刷直流电动机的工作原理

4.3.4　无刷直流电动机的控制

按照获取转子位置信息方法的不同，无刷直流电动机的控制方法可以分为有位置传感器控制和无位置传感器控制两种。

1. 有位置传感器控制

有位置传感器控制是指在无刷直流电动机定子上安装位置传感器来检测转子旋转过程中的位置，将转子磁极的位置信号转换为电信号，为电子换相电路提供正确的换相信息，以此控制电子换相电路中的功率开关管的开关状态，保证电动机各相按顺序导通，在空间形成跳跃式的旋转磁场，驱动永磁转子连续不断地旋转。无刷直流电动机中常用的位置传感器有霍尔元件位置传感器、磁敏晶体管位置传感器、光电式位置传感器等。

2. 无位置传感器控制

无刷直流电动机的无位置传感器控制无须安装传感器，使用场合广，相对于有位置传感器控制有较大的优势，因此，近年来无刷直流电动机的无位置传感器控制已成为研究的热点。无刷直流电动机的无位置传感器控制中不直接使用转子位置传感器，但在电动机运转过程中仍然需要转子位置信号，以控制电动机换相。如何通过软硬件间接获得可靠的转子位置信号，是无刷直流电动机无位置传感器控制的关键。为此，国内外的研究人员在这方面做了大量的研究工作，提出了多种转子位置信号检测方法，大多是利用检测定子电压、电流等容易获取的物理量实现转子位置的估算。归纳起来，可以分为反电动势法、电感法、状态观测器法、电动机方程计算法、人工神经网络法等。

4.4　异步电动机

异步电动机又称感应电动机，是由气隙旋转磁场与转子绕组感应电流相互作用产生电磁转矩，从而实现电能转换为机械能的一种交流电动机。

异步电动机的种类很多,最常见的分类方法是按转子结构和定子绕组相数分类。按照转子结构不同,异步电动机可分为笼型异步电动机和绕线型异步电动机;按照定子绕组相数不同,异步电动机可分为单相异步电动机、两相异步电动机和三相异步电动机。异步电动机是各类电动机中应用最广、需求量最大的一种电动机。在电动汽车中,主要使用笼型异步电动机。下面介绍的异步电动机就是指三相笼型异步电动机。

4.4.1 异步电动机的结构与特点

1. 异步电动机的结构

异步电动机主要由静止的定子和旋转的转子两大部分组成,定子和转子之间存在气隙,此外,还有端盖、轴承、机座和风扇等部件。图4.7所示为三相异步电动机的典型结构。

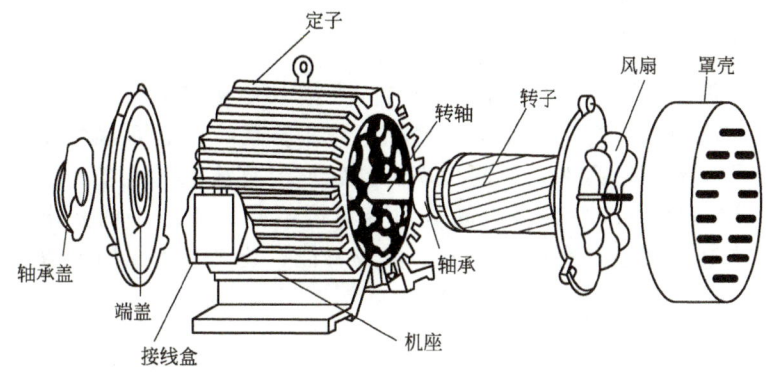

图4.7 三相异步电动机的典型结构

(1) 定子

异步电动机的定子由定子铁心、定子绕组和机座构成。

① 定子铁心。定子铁心是电动机磁路的一部分,其上放置定子绕组。定子铁心一般由厚度为0.35~0.5mm的表面具有绝缘层的硅钢片冲制、叠压而成。铁心的内圆冲有均匀分布的槽,用以嵌放定子绕组。定子铁心槽型有半闭口型槽、半开口型槽和开口型槽3种。

② 定子绕组。定子绕组是电动机的电路部分,通入三相交流电,产生旋转磁场。定子绕组由3个在空间互隔120°电角度、对称排列的结构完全相同的绕组连接而成,这些绕组的各个线圈按一定规律分别嵌放在定子各槽内。

③ 机座。机座主要用于固定定子铁心与前后端盖,以支撑转子,并起防护及散热等作用。机座通常为铸铁件,大型异步电动机机座一般用钢板焊成,微型电动机的机座采用铸铝件。封闭式电动机的机座外面有散热筋以增加散热面积,防护式电动机的机座两端端盖开有通风孔,使电动机内外的空气可直接对流,以利于散热。

(2) 转子

异步电动机的转子由转子铁心、转子绕组和转轴组成。

① 转子铁心。转子铁心也是电动机磁路的一部分,铁心槽内放置转子绕组。转子铁心所用材料与定子一样,由厚0.5mm的硅钢片冲制、叠压而成,硅钢片外圆冲有均匀分布的孔,用来安置转子绕组。通常用定子铁心冲落后的硅钢片内圆来冲制转子铁心。一般

小型异步电动机的转子铁心直接压装在转轴上,大、中型异步电动机(转子直径在300mm以上)的转子铁心则借助转子支架压在转轴上。

② 转子绕组。转子绕组是转子的电路部分。它的作用是切割定子旋转磁场产生感应电动势及电流,并形成电磁转矩而使电动机旋转。转子绕组分为笼式转子和绕线式转子两种。

③ 转轴。转轴用于固定和支撑转子铁心,并输出机械功率。转轴材料一般为中碳钢。

(3) 气隙

异步电动机的定子与转子之间有一小的间隙,称为电动机的气隙。气隙的大小对异步电动机的运行性能有很大影响。中、小型异步电动机的气隙一般为0.2~2mm;功率越大,转速越高,气隙就越大。

2. 异步电动机的特点

(1) 基本特点

转子绕组不需与其他电源相连,定子电流直接取自交流电力系统。与其他电动机相比,异步电动机的结构简单,制造、使用、维护方便,运行可靠性高,质量轻,成本低。以三相异步电动机为例,与同功率、同转速的直流电动机相比,前者质量只及后者的1/2,成本仅为1/3。异步电动机还容易按不同环境条件的要求,派生出各种系列产品。异步电动机还具有接近恒速的负载特性,能满足大多数工农业生产机械拖动的要求。

(2) 局限性

异步电动机的局限性是指其转子转速与定子旋转磁场的同步转速有固定的转差率,因而调速性能较差,在要求有较宽广的平滑调速范围的使用场合不如直流电动机经济、方便。此外,异步电动机运行时,从电力系统吸取无功功率以励磁会导致电力系统的功率因数变差,因此在大功率、低转速场合不如用同步电动机合理。

4.4.2 异步电动机的工作原理与运行特性

1. 异步电动机的工作原理

图4.8所示为异步电动机的工作原理。

异步电动机的三相定子绕组通入三相交流电后,将产生一个旋转磁场,该旋转磁场切割转子绕组,从而在转子绕组中产生感应电动势,电动势的方向可用右手定则来确定。由于转子绕组是闭合通路,转子中便有电流产生,电流方向与电动势方向相同,而载流的转子导体在定子旋转磁场作用下将产生电磁力,电磁力的方向可用左手定则确定。由电磁力进而产生电磁转矩,驱动电动机旋转,并且电动机旋转方向与旋转磁场方向相同。

异步电动机的转子转速不等于定子旋转磁场的同步转速,这是异步电动机的主要特点。

如果电动机转子轴上带有机械负载,则负载被电磁转矩拖动而旋转。当负载发生变化时,转子转速随之发

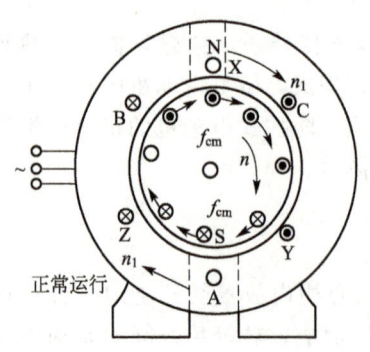

图4.8 异步电动机的工作原理

生变化，转子导体中的电动势、电流和电磁转矩也发生相应变化，以适应负载需要。因此，异步电动机的转速是随负载变化而变化的。

异步电动机的转子转速与定子旋转磁场的同步转速之间存在转速差，转速差的大小决定着转子电动势及频率的大小，直接影响异步电动机的工作状态。转速差与同步转速的比值用转差率表示，即

$$s = \frac{n_1 - n}{n_1}$$

式中，s 为转差率；n_1 为定子旋转磁场的同步转速；n 为转子转速。

转差率是异步电动机运行时的一个重要物理量。异步电动机运行时，s 取值为 $0 < s < 1$。在额度负载条件下运行时，一般额定转差率 $s = 0.01 \sim 0.06$。

2. 异步电动机的运行特性

异步电动机的运行特性包括工作特性和机械特性。

(1) **工作特性**

异步电动机的工作特性是指电动机在保持额定电压和额定频率不变的情况下，电动机的转速、电磁转矩、定子电流、功率因数和效率随输出功率变化的特性。工作特性一般通过负载试验来测取。图 4.9 所示为异步电动机的工作特性。

工作特性是异步电动机的重要特性。转速特性和电磁转矩特性关系到电动机与机械负载匹配的合理性；定子电流特性可以表明电动机的发热情况，关系到电动机运行的可靠性和使用寿命；效率特性和功率因数特性关系到电动机运行的经济性。

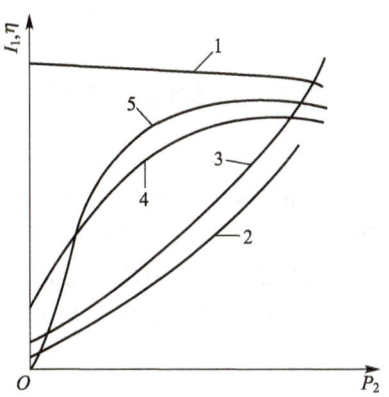

图 4.9 异步电动机的工作特性
1—转速特性；2—电磁转矩特性；3—定子电流特性；4—功率因数特性；5—效率特性

(2) **机械特性**

异步电动机的机械特性是指电动机在恒定电压和恒定频率的情况下，电动机的转速与转矩之间的关系，是电动机的重要特性。机械特性曲线一般包括异步电动机的起动转矩、起动过程的最小转矩、最大转矩、额定转矩、同步转速、额定转速等重要技术数据，以及电动机转速随转矩变化的情况。

异步电动机的机械特性分为自然机械特性和人为机械特性。

① 自然机械特性。在电源电压和电源频率恒定且定子、转子回路不接入任何附加设备情况下的机械特性称为自然机械特性，如图 4.10 所示。图中，T_{st} 为异步电动机的起动转矩；T_{min} 为起动过程的最小转矩；T_{max} 为最大转矩；T_N 为额定转矩；n_1 为同步转速；n_N 为额定转速。

② 人为机械特性。电源电压、电源频率、电动机极对数、定子或转子回路接入其他附属设备等，这些条件中任意一项改变得到的机械特性称为人为机械特性。图 4.11 所示为电源电压改变时的人为机械特性。由于电源频率不变，因此同步转速点不变，电磁转矩与电源电压的平方成比例变化，但各条曲线的最大转矩点对应的转差率基本保持不变。

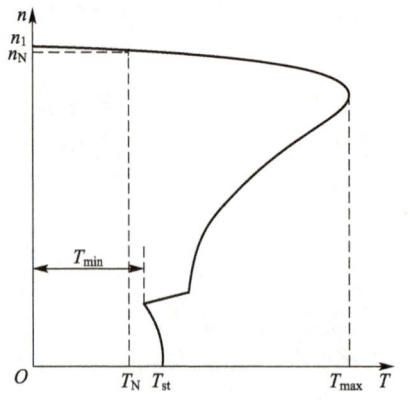
图 4.10 异步电动机的自然机械特性

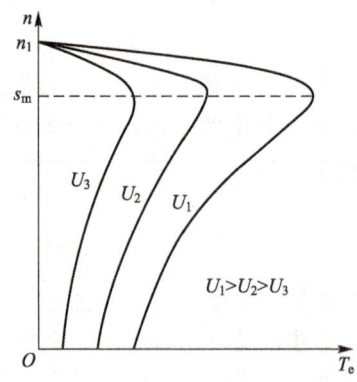
图 4.11 电源电压改变时的人为机械特性

4.4.3 异步电动机的控制

异步电动机是一个多变量(多输入输出)系统,其中变量电压(电流)、频率、磁通、转速之间又相互影响,所以其又是强耦合的多变量系统。如何对这样一个非线性、多变量、强耦合的复杂系统进行有效控制,已经成为研究的重点。把经典理论与现代控制理论相结合,已经形成了诸多有效的控制策略与方法。

对异步电动机的调速控制主要有恒压频比开环控制、转差控制、矢量控制及直接转矩控制等。

1. 恒压频比开环控制

恒压频比开环控制实际上只控制了电动机磁通而没有控制电动机的转矩,采用这样的控制系统对异步电动机来讲根本谈不上控制性能,通常只用于对调速性能要求一般的通用变频器上。

2. 转差控制

转差控制根据异步电动机电磁转矩和转差频率的关系来直接控制电动机的转矩,可以在一定的转差频率范围内、一定程度上通过调节转差来控制电动机的电磁转矩,从而改善调速系统的控制性能,但其控制理论是建立在异步电动机的稳态数学模型基础上的。转差控制适合于电动机转速变化缓慢或者对动态性能要求不高的场合。

3. 矢量控制

矢量控制理论采用矢量分析的方法来分析交流电动机内部的电磁过程,是建立在交流电动机的动态数学模型基础上的控制方法。矢量控制模仿直流电动机的控制技术,将交流电动机的定子电流解耦成互相独立的产生磁链的分量和产生转矩的分量,分别控制这两个分量就可以实现对交流电动机的磁链控制和转矩控制的完全解耦,从而达到理想的动态性能。

(1) 异步电动机矢量控制方式的选择

异步电动机的矢量控制是基于磁场定向的方法,其调速控制系统的方式比较复杂,常用的控制策略有以下 4 种。

① 转子磁场定向矢量控制原理。交流电动机的转矩与定子、转子旋转磁场及其夹角有关，要控制好转矩，必须精确检测和控制磁通。在此种控制方式中，检测出定子电流的 d 轴分量，就可以观测出转子磁链的幅值。当转子磁链恒定时，电磁转矩和电流的 q 轴分量成正比，忽略反电动势引起的交叉耦合，可以由电压方程 d 轴分量控制转子磁通，q 轴分量控制转矩。目前大多数变频系统使用此种控制方式，它实现了系统的完全解耦，其最大的缺点是转子磁通的观测受转子时间常数的影响。

② 转差率矢量控制原理。如果使电动机的定子、转子或气隙磁场中的任何一个保持不变，电动机的转矩就主要由转差率决定。因此，此种控制方式主要考虑转子磁通的稳态方程式，从转子磁通直接得到定子电流的 d 轴分量。通过对定子电流的有效控制，形成了转差矢量控制，避免了磁通的闭环控制，不需要实际计算转子的磁链，用转差率和测量的转速相加后积分来计算磁通相对于定子的位置。此种控制方式主要应用在低速系统中，而且系统性能同样受转子参数变化影响。

③ 气隙磁场定向矢量控制原理。除了转子磁场的定向控制以外，还有一些控制系统使用的是气隙磁场的定向控制。此种控制方式比转子磁通的控制方式复杂，但其利用了气隙磁通易于观测的优点，保持气隙磁通的恒定，从而使转矩与 q 轴电流成正比，直接控制 q 轴电流，达到控制电动机的目的。

④ 定子磁场定向矢量控制原理。由于转子磁通的检测容易受电动机参数的影响，气隙磁通的检测需要附加一些额外的检测器件等，国内外兴起了定子磁场定向矢量控制方式。此种控制方式是通过保持定子磁通不变，控制与转矩成正比的 q 轴电流，从而控制电动机。但是，此种控制方式和气隙磁场定向矢量控制一样，需要对电流进行解耦，而且以定子电压作为检测量，容易受到电动机转速的影响。

(2) 异步电动机矢量控制的特点

矢量控制变频器可以分别对异步电动机的磁通和转矩电流进行检测和控制，自动改变电压和频率，使指令值和检测实际值达到一致，从而实现变频调速，大大提高了电动机控制的静态精度和动态品质。转速精度约为 0.5%，转速响应也较快。采用矢量变频器异步电动机变频调速可以达到控制结构简单、可靠性高的效果。其主要表现是：可以从零转速起进行速度控制，因此调速范围很宽广；可以对转矩实行较为精确的控制；系统的动态响应速度很快；电动机的加速度特性很好。

带速度传感器矢量控制变频器的异步电动机闭环变频调速技术虽然性能较好，但是毕竟需要在异步电动机轴上安装速度传感器，这会减弱异步电动机结构坚固、可靠性高的优势。而且，在某些情况下由于电动机本身的原因或环境的因素导致无法安装速度传感器，则系统增加了反馈电路和其他辅助环节，也增加了出故障的概率。因此，对于调速范围、转速精度和动态品质要求不是特别高的场合，往往采用无速度传感器矢量变频开环控制异步电动机变频调速系统。

4. 直接转矩控制

直接转矩控制是指将电动机输出转矩作为直接控制对象，通过控制定子磁场向量控制电动机转速。它不需要复杂的坐标变换，也不需要依赖转子数学模型，只是通过控制脉宽调制型逆变器的导通和切换方式来控制电动机的瞬时输入电压，改变磁链的旋转速度来控制瞬时转矩，使系统性能对转子参数呈现鲁棒性。这种方法已被推广到弱磁调速范围。逆变器的脉宽调制采用电压空间向量控制方式，性能优越，但同时不可避免地产生了转矩脉动、调速性能降低问题。此外，此种控制方式对逆变器开关频率提高的限制较大，定子电阻对电动机低速性能也有较大影响，如在低速区，定子电阻的变化会引起定子电流和磁链的畸变，以及转矩脉动、死区效应和开关频率等问题。

(1) 直接转矩控制系统的结构与原理

直接转矩控制系统框图如图 4.12 所示。该系统主要包括磁链观测器、磁链调节器、转矩观测器、转矩调节器、转速调节器等。其中磁链观测器对磁链观测的准确性对整个控制系统的稳定性起着举足轻重的作用，而开关策略和磁链、转矩调节是先进控制算法的核心部分。

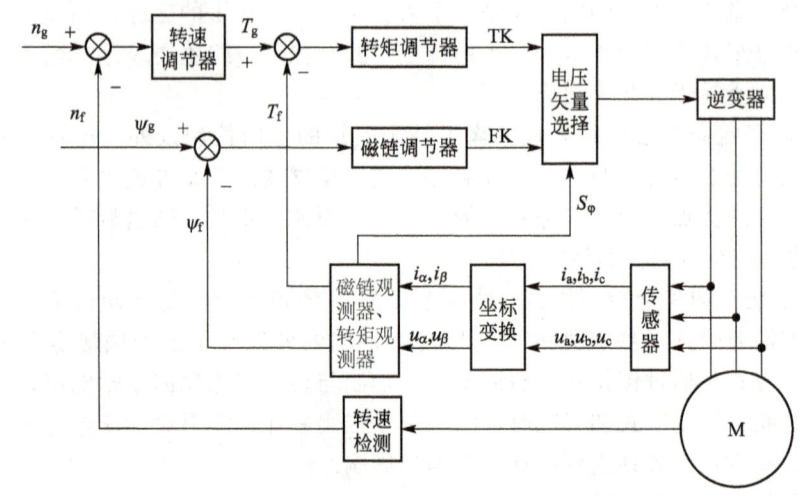

TK—调节后的转矩；FK—调节后的磁链

图 4.12 直接转矩控制系统框图

① 磁链观测器。定子磁链观测器的准确性可以说是直接转矩控制技术实现的关键。定子磁链无论是幅值还是相位，若出现较大的误差，控制性能都会变坏，或者出现不稳定。较通用的解决磁链问题的方法为间接测量，即通过测量的定子电压、定子电流和转速等建立定子磁链的观测模型，在控制中实时准确地算出定子磁链的幅值和相位。常用的磁链观测模型有基于定子电压和电流的磁链观测模型、基于定子电流和转速的磁链观测模型和基于定子电压和转速的磁链观测模型。

② 磁链调节器。磁链调节器的任务是控制定子磁链在给定值的附近变化，输出磁链控制信号。

③ 转矩观测器。转矩观测器的任务是用状态检测转矩模型，完成电磁转矩的计算。

④ 转矩调节器。转矩调节器的任务是实现对转矩的直接控制，直接转矩控制的名称由此而来。为了控制转矩，转矩调节必须具备两个功能：一是转矩调节器直接调节转矩；二是在调节转矩的同时控制定子磁链的旋转方向，以加强转矩的调节。

⑤ 转速调节器。直接转矩控制系统主要是通过控制电压空间矢量来控制转速从而控制转矩，而转矩的控制又成为转速控制的基础，故在系统中应用闭环控制。闭环控制系统具有简洁、直观等特点。从传感器中引出转速反馈信号与转速给定信号做比较

后送入 PI 调节器，PI 调节器的输出直接作为转矩的给定值，便可以实现转速的闭环控制。

直接转矩控制过程：通过传感器检测得到定子电流、电压的 $\alpha-\beta$ 分量，然后通过磁链观测器和转矩观测器分别获得定子磁链的实际值 ψ_f 和转矩的实际值 T_f，将定子磁链的实际值 ψ_f 与给定值 ψ_g 输入磁链调节器，通过滞环比较器实现磁链的自控制。转速给定值 n_g 与通过速度测量得到的转速 n_f 之差经过转速调节器得到转矩给定值 T_g，将转矩的实际值 T_f 与给定值 T_g 输入转矩调节器，实现转矩的自控制。

（2）直接转矩控制的特点

与矢量控制相比，直接转矩控制有以下主要特点。

① 直接转矩控制直接在定子坐标系下分析交流电动机的数学模型，控制电动机的磁链和转矩。它不需要将交流电动机与直流电动机做比较、等效和转化。既不需要模仿直流电动机的控制，也不需要为解耦而简化交流电动机的数学模型。它省掉了矢量旋转变换等复杂的变换和计算。因此，它所需要的信号处理工作特别简单，所用的控制信号使观察者对于交流电动机的物理过程能够做出直接和明确的判断。

② 直接转矩控制磁通估算所用的是定子磁链，只要知道定子电阻就可以把它观测出来。而磁场定向矢量控制所用的是转子磁链，观测转子磁链需要知道电动机转子的电阻和电感。因此直接转矩控制大大减少了矢量控制技术中控制性能易受参数变化影响的问题。

③ 直接转矩控制采用空间矢量的概念来分析三相交流电动机的数学模型和控制各物理量，使问题变得特别简单明了。与矢量控制方法不同，直接转矩控制不是通过控制电流、磁链等量来间接控制转矩，而是把转矩直接作为被控量，直接控制转矩。因此直接转矩控制不用极力获得理想的正弦波波形，也不专门强调磁链完全理想的圆形轨迹。相反，从控制转矩的角度出发，直接转矩控制强调的是转矩的直接控制效果，因而直接转矩控制采用离散的电压状态和六边形磁链轨迹或近似圆形磁链轨迹的概念。

④ 直接转矩控制对转矩实行直接控制的控制效果不是取决于电动机的数学模型是否能够简化，而是取决于转矩的实际状况，控制既直接又简化。

因此，从理论上看，直接转矩控制有矢量控制所不及的转子参数鲁棒性和结构上的简单性；然而从技术实现上看，直接转矩控制往往很难体现出优越性来。直接转矩控制的调速范围不及矢量控制宽，根源主要在于其低速转矩特性差、存在稳态转矩脉动及带负载能力的下降。这些问题制约了直接转矩控制进入实用化的进程。

4.5 永磁同步电动机

永磁同步电动机具有高效、高控制精度、高转矩密度、良好的转矩平稳性及低振动噪声的特点，通过合理设计永磁磁路结构能获得较高的弱磁性能。永磁同步电动机在电动汽车驱动方面具有很高的应用价值，受到国内外电动汽车界的高度重视，是最具竞争力的电动汽车驱动电动机系统之一。

4.5.1 永磁同步电动机的结构与特点

1. 永磁同步电动机的结构

永磁同步电动机分为正弦波驱动电流的永磁同步电动机和方波驱动电流的永磁同步电动机两种。这里介绍的主要是三相正弦波驱动电流的永磁同步电动机。

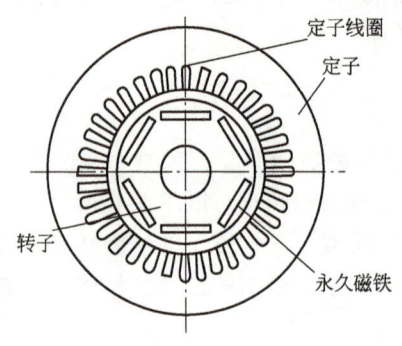

图 4.13 永磁同步电动机的结构示意

永磁同步电动机的结构示意图如图 4.13 所示。和传统电动机一样，永磁同步电动机主要由定子和转子两大部分构成。

(1) **定子**

定子与普通感应电动机基本相同，由电枢铁心和电枢绕组构成。

① 电枢铁心一般采用厚度为 0.5mm 的硅钢冲片叠压而成，具有高效率指标或频率较高的电动机，为了减少铁耗，可以考虑使用厚度为 0.35mm 的低损耗冷轧无取向硅钢片。

② 电枢绕组普遍采用分布、短距绕组；对于极数较多的电动机，则普遍采用分数槽绕组；需要进一步改善电动势波形时，也可以考虑采用正弦绕组或其他特殊绕组。

(2) **转子**

转子主要由永磁体、转子铁心和转轴等构成。

① 永磁体主要采用铁氧体永磁材料和钕铁硼永磁材料。

② 转子铁心可根据磁极结构的不同，选用实心钢，或采用钢板或硅钢片冲制后叠压而成。

③ 永磁同步电动机的磁路结构。与普通电动机相比，永磁同步电动机还必须装有转子永磁体位置检测器，用来检测磁极位置并以此对电枢电流进行控制，达到对永磁同步电动机驱动控制的目的。

按照永磁体在转子上位置的不同，永磁同步电动机的转子磁路结构可分为表面式和内置式两种。

a. **表面式转子磁路结构**。表面式转子磁路结构中，永磁体通常呈瓦片形，并位于转子铁心的外表面上，永磁体提供磁通的方向为径向。表面式转子磁路结构又分为凸出式和嵌入式两种，如图 4.14 所示。对采用稀土永磁材料的电动机来说，由于永磁材料的相对回复磁导率接近 1，因此表面凸出式转子在电磁性能上属于隐极转子结构；而嵌入式转子的相邻两个永磁磁极间有着磁导率很大的铁磁材料，故在电磁性能上属于凸极转子结构。

表面凸出式转子结构具有结构简单、制造成本较低、转动惯量小等优点，在矩形波永磁同步电动机和恒功率运行范围不宽的正弦波永磁同步电动机中得到了广泛应用。此外，表面凸出式转子结构中的永磁磁极易于实现最优设计，能使电动机的气隙磁密波形趋近于正弦波的磁极形状，可显著提高电动机乃至整个传动系统的性能。

表面嵌入式转子结构可充分利用转子磁路不对称性所产生的磁阻转矩，提高电动机的功率密度。其动态性能较表面凸出式转子结构有所改善，制造工艺也较简单，常被某些调速永磁同步电动机所采用,但漏磁系数和制造成本都较表面凸出式转子结构大。

b. **内置式转子磁路结构**。内置式转子磁路结构的永磁体位于转子内部,永磁体外表面与定子铁心内圆之间有铁磁物质制成的极靴,极靴中可以放置铸铝笼或铜条笼,有阻尼或起动作用,动态性能及稳态性能好,广泛用于要求有异步起动能力或动态性能高的永磁同步电动机。内置式转子内的永磁体受到极靴的保护,其转子磁路结构的不对称性所产生的磁阻转矩也有助于提高电动机的过载能力或功率密度,而且易于弱磁扩速。

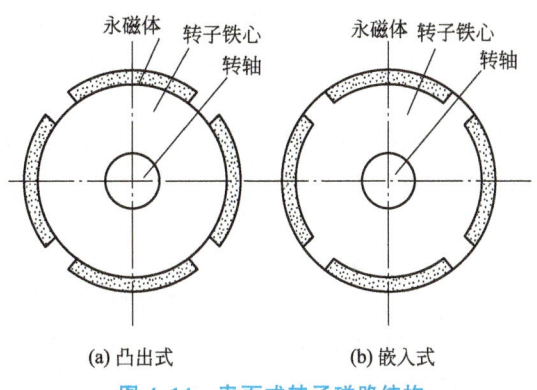

图 4.14 表面式转子磁路结构

按永磁体磁化方向与转子旋转方向的相互关系不同,内置式转子磁路结构可分为径向式、切向式和混合式 3 种,如图 4.15 所示。

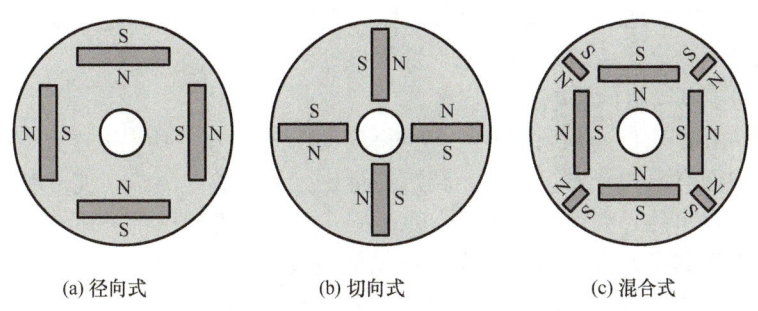

图 4.15 内置式转子磁路结构

径向式转子结构的永磁同步电动机的磁钢或者放在磁通轴的非对称位置上或同时利用径向和切向充磁的磁钢以产生高磁通密度。该结构的优点是漏磁系数小,转轴上不需要采取隔磁措施,极弧系数易于控制,转子冲片机械强度高,安装永磁体后转子不易变形等。

切向式转子结构的永磁同步电动机有较大的惯性,漏磁系数较大,制造工艺和成本较径向式有所增加。其优点是一个极距下的磁通由相邻两个磁极并联提供,可得到更大的每极磁通。尤其当电动机极数较多、径向式转子结构不能提供足够的每极磁通时,这种结构的优势就显得更突出。此外,采用切向式转子结构的永磁同步电动机的磁阻转矩可占到总电磁转矩的 40%,对提高电动机的功率密度和扩展恒功率运行范围都是很有利的。

混合式转子结构集中了径向式转子结构和切向式转子结构的优点,但结构和制造工艺都比较复杂,制造成本也比较高。

2. 永磁同步电动机的特点

永磁同步电动机与其他电动机相比,具有以下优点。

(1) 用永磁体取代绕线式同步电动机转子中的励磁绕组,从而省去了励磁线圈、集电环和电刷,以电子换相实现无刷运行,结构简单、运行可靠。

(2) 永磁同步电动机的转速与电源频率间始终保持准确的同步关系,控制电源频率就能控制电动机的转速。

(3) 永磁同步电动机具有较硬的机械特性，对于因负载的变化而引起的电动机转矩的扰动具有较强的承受能力，瞬间最大转矩可以达到额定转矩的3倍以上，适合在负载转矩变化较大的工况下运行。

(4) 永磁同步电动机的转子为永久磁铁，无须励磁，因此电动机可以在很低的转速下保持同步运行，调速范围宽。

(5) 永磁同步电动机与异步电动机相比，不需要无功励磁电流，因而功率因数大，定子电流和定子铜耗小，效率高。

(6) 体积小、质量轻。近些年来随着高性能永磁材料的不断应用，永磁同步电动机的功率密度得到很大提高，比起同容量的异步电动机来，体积和质量都有较大的减少，使其适合应用在许多特殊场合。

(7) 结构多样化，应用范围广。永磁同步电动机由于转子结构的多样化，产生了特点和性能各异的许多品种，从工业到农业，从民用到国防，从日常生活到航空航天，从简单电动工具到高科技产品，几乎无所不在。

但是，永磁同步电动机还存在以下缺点。

(1) 由于永磁同步电动机的转子为永磁体，无法调节，必须通过加定子直轴去磁电流分量来削弱磁场，这会增大定子的电流，增加电动机的铜耗。

(2) 永磁同步电动机的磁钢价格较高。

由此可见，永磁同步电动机体积小、质量轻、转动惯量小、功率密度大（可达1kW/kg），适合电动汽车空间有限的特点；另外，转矩惯量比大、过载能力强，尤其低转速时输出转矩大，适合电动汽车的起动加速。因此，永磁同步电动机得到国内外电动汽车界的广泛重视，并已在日本得到了普遍应用，日本新研制的电动汽车大都采用永磁同步电动机驱动，比较典型的是在丰田普锐斯混联式混合动力电动汽车上的应用。

丰田普锐斯混联式混合动力电动汽车的电动机为交流永磁同步电动机，采用钕磁铁（永久磁铁）转子。其特点是输出功率高、低速转矩特性好。丰田第二代混合动力系统的500V最高电压使电动机的输出功率是丰田混合动力系统（最高电压为274V）的1.5倍，即从33kW提高到50kW，而电动机的尺寸保持不变；在电动机控制方面，中转速范围增加全新的过调制控制技术，保留原来的低速和高速控制方法。通过改进脉宽调制方法，中速范围的输出比原来的最大值增加约30%。

丰田普锐斯混联式混合动力电动汽车的发电机也采用交流永磁同步发电机，向高功率电动机提供充足的电能。发电机高速旋转，以增大输出功率。采用增加转子强度等措施，将最大功率输出时的转速从6500r/min提高到10000r/min，高转速明显地提高了中转速范围的电力，改善了低转速范围的加速性能。此外，发电机还用作发动机的起动机。起动时，发电机（起动机）驱动分配装置的太阳轮带动发动机旋转。

4.5.2 永磁同步电动机的工作原理与运行特性

1. 电枢反应

永磁同步电动机带负载时，气隙磁场是由永磁体磁动势和电枢磁动势共同建立的。电枢磁动势对气隙磁场有影响，电枢磁动势的基波对气隙磁场的影响称为电枢反应。电枢反应不仅使气隙磁场波形发生畸变，而且还会产生去磁或增磁作用，因此，气隙磁场将影响永磁同步电动机的运行特性。

对永磁同步电动机进行分析时,需要采用双反应理论,即需要把电枢电流和电枢电动势分解为交轴和直轴两个分量。交轴电枢电流产生交轴电枢电动势,发生交轴电枢反应;直轴电枢电流产生直轴电枢电动势,发生直轴电枢反应。

2. 电压方程式

忽略磁饱和效应的影响,永磁同步电动机的电压方程式为

$$U = E_0 + I_a R_a + jI_d X_d + jI_q X_q$$

式中,U 为电枢端电压;E_0 为励磁电动势;I_a 为电枢电流,$I_a = I_d + I_q$;I_d 为电枢电流在 d 轴的分量;I_q 为电枢电流在 q 轴的分量;R_a 为电枢绕组电阻;X_d 为直轴同步电抗;X_q 为交轴同步电抗。

3. 功率与转矩

当永磁同步电动机具有滞后功率因数并考虑电枢电阻的影响时,电动机从电网输入的电功率为

$$P_1 = mUI_a\cos\varphi$$
$$= \frac{mU[E_0(X_q\sin\theta - R_a\cos\theta) + R_aU + U(X_d - X_q)\sin2\theta/2]}{R_a^2 + X_dX_q}$$

式中,θ 为电动机的功率角。

电动机的电磁功率为

$$P_e = P_1 - P_{cua}$$

式中,P_{cua} 为电动机的电枢绕组铜耗。

如果忽略电枢电阻的影响,则

$$P_e = \frac{mE_0U}{X_d}\sin\theta + \frac{mU^2}{2}\left(\frac{1}{X_q} - \frac{1}{X_d}\right)\sin2\theta$$

上式中的前半部分称为基本电磁功率,由永磁磁场与电枢磁场相互作用产生;后半部分称为附加电磁功率或磁阻功率,因凸极效应产生。对于永磁同步电动机,充分利用磁阻功率是提高电动机功率密度和效率的有效途径。

电磁功率与功率角的关系称为永磁同步电动机的功角特性,如图 4.16 所示。如果把纵坐标改为转矩,则表示了电磁转矩与功率角之间的关系,称为永磁同步电动机的矩角特性。与基本电磁功率相对应的转矩分量称为基本电磁转矩,也称永磁转矩;与磁阻功率相对应的转矩分量称为磁阻转矩。

4. 永磁同步电动机的运行特性

永磁同步电动机的运行特性主要包括机械特性和工作特性。

永磁同步电动机稳态正常运行时,转速始终保持

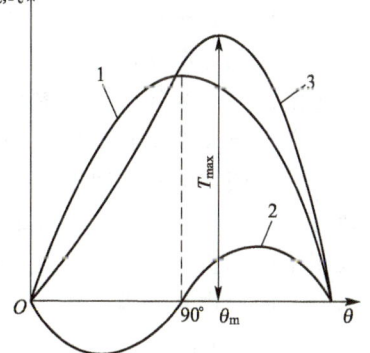

图 4.16 永磁同步电动机的功角特性和矩角特性
1—基本电磁功率;2—磁阻功率;
3—合成电磁功率

同步速不变，因此，其机械特性为平行于横轴的直线，通过调节电源频率来调节电动机转速时，转速将严格地与频率成正比变化，如图 4.17 所示。

永磁同步电动机的工作特性是指当电源电压恒定时，电动机的输入功率 P_1、电枢电流 I_a、效率 η、功率因数 $\cos\varphi$ 等随输出功率变化的关系，如图 4.18 所示。

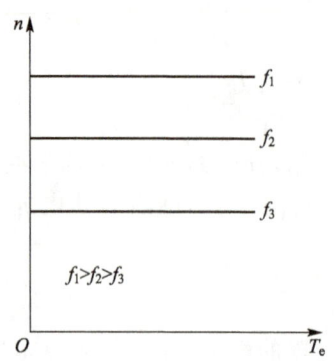

图 4.17　永磁同步电动机的机械特性　　　图 4.18　永磁同步电动机的工作特性

从图 4.18 中可以看出，在正常工作范围内，永磁同步电动机的功率因数比较平稳，效率特性也能保持较高的水平。电动机的输入功率和电枢电流近似，与输出功率成正比。

4.5.3　永磁同步电动机的控制

为了提高永磁同步电动机控制系统的性能，使其具有更快的响应速度、更高的转速精度、更宽的调速范围，其动、静响应能够与直流电动机系统相媲美，人们提出了各种新型控制策略用于永磁同步电动机控制。

1. 恒压频比开环控制

恒压频比开环控制的控制变量为电动机的外部变量——电压和频率。控制系统将参考电压和频率输入实现控制策略的调制器中，最后由逆变器产生一个交变的正弦电压施加在电动机的定子绕组上，使之运行在指定的电压和参考频率下。按照这种控制策略进行控制，使供电电压的基波幅值随着速度指令成比例地线性增长，从而保持定子磁通的近似恒定。恒压频比开环控制的控制策略简单、易于实现，转速通过电源频率进行控制，不存在异步电动机的转差和转差补偿问题。但同时由于系统中不引入速度、位置等反馈信号，因此无法实时捕捉电动机状态，致使无法精确控制电磁转矩；在突加负载或者速度指令时容易发生失步现象；也没有快速的动态响应特性。因此，恒压频比开环控制控制了电动机磁通但没有控制电动机的转矩，控制性能差，通常只应用于对调速性能要求一般的通用变频器上。

2. 矢量控制

（1）基本思想

矢量控制理论的基本思想：以转子磁链旋转空间矢量为参考坐标，将定子电流分解为相互正交的两个分量：一个与磁链同方向，代表定子电流励磁分量；另一个与磁链方向正交,代表定子电流转矩分量,分别对其进行控制,获得与直流电动机一样良好的动态特性。矢量控制因其控制结构简单、控制软件较容易实现,已被广泛应用于调速系统中。

永磁同步电动机矢量控制策略与异步电动机矢量控制策略有些不同。由于永磁同步电动机的转速和电源频率严格同步,其转子转速等于旋转磁场转速,转差恒等于零,没有转差功率,控制效果受转子参数影响小。因此,在永磁同步电动机上更容易实现矢量控制。

(2) 电流控制策略

由于永磁同步电动机输出电磁转矩对应多个不同的交、直轴电流组合,不同组合对应着不同的系统效率、功率因数及转矩输出能力,因此永磁同步电动机有不同的电流控制策略。

① $i_d=0$ 控制。目前,在永磁同步电动机伺服系统中,$i_d=0$ 控制是主要的控制方式。通过检测转子磁极空间位置 d 轴,控制逆变器功率开关器件导通关断,使定子合成电流位于 q 轴,此时 d 轴定子电流分量为零,永磁同步电动机电磁转矩正比于转矩电流,即正比于定子电流幅值,只需控制定子电流大小就可以很好地控制永磁同步电动机的输出电磁转矩。

② 最大转矩/电流比控制。在电动机输出相同电磁转矩下使电动机定子电流最小的控制策略称为最大转矩/电流比控制。最大转矩/电流比控制的实质是求电流极值问题,可以通过建立辅助方程,采用牛顿迭代法求解。但是其计算量较大,在实际应用中系统实时性无法满足,只能通过离线计算出不同电磁转矩对应的交、直轴电流,以表的形式存放于数字信号处理器的内部存储器中,实际运行时根据负载情况查表求得对应的 i_d、i_q 进行控制。

③ 弱磁控制。永磁同步电动机弱磁控制思想来自他励直流电动机调磁控制。对于他励直流电动机,当其电枢端电压达到最高电压时,为使电动机能运行于更高转速,通常采取降低电动机励磁电流的方法以平衡电压。在永磁同步电动机电压达到逆变器所能输出的电压极限后,要想继续提高转速,也要采取弱磁增速的方法。

永磁同步电动机励磁磁动势由永磁体产生,无法像他励直流电动机那样通过调节励磁电流实现弱磁。传统方法是通过调节定子电流 i_d 和 i_q,增加定子直轴去磁电流分量以实现弱磁升速。为保证电动机电枢电流幅值不超过极限值,转矩电流分量 i_q 应随之减小,因此这种弱磁控制过程本质上就是在保持电动机端电压不变的情况下减小输出转矩的过程。永磁同步电动机直轴电枢反应比较微弱,需要较大的去磁电流才能起到去磁增速作用,在电动机工作在额定电流的情况下,去磁电流的增加有限,因此采用这种方法所能得到的弱磁增速范围也是有限的。

图 4.19 所示为某电动汽车用永磁同步电动机矢量控制系统框图。从图中可知,通过分别比较控制永磁同步电动机的实际电流值 i_d、i_q 与给定电流值 i_d^*、i_q^*,实现其转速和转矩控制。并且,i_d 和 i_q 独立控制,便于实现各种先进的控制策略。

根据永磁同步电动机具体应用要求的不同,可以采用的控制方法主要有 $i_d=0$ 控制、$\cos\varphi=1$ 控制、恒磁链控制、最大转矩/电流比控制、弱磁控制、最大输出功率控制等。当电动汽车正常行驶时,电动机转速处于基速以下运行,在定子电流给定的情况下,$i_d=0$ 的电磁转矩 $T_e=p_n\Psi_f i_q$,这样只要控制 i_q 的大小就能控制转速和转矩,实现矢量控制;当电动机转速在基速以上时,由于永磁体的励磁磁链为常数,电动机感应电动势随着电动机转速成正比增加,电动机感应电压也随之提高,但是电动机相电压和相电流的有效值的极限值受到

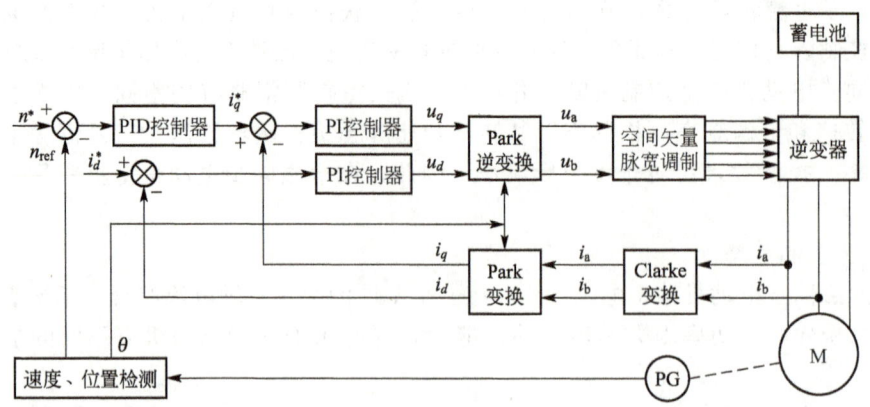

图 4.19　某电动汽车用永磁同步电动机矢量控制系统框图

与电动机端相连的逆变器的直流侧电压和逆变器最大输出电流的限制,所以必须进行弱磁升速,通过控制 i_d 来控制磁链,通过控制 i_q 来控制转速,实现矢量控制。在实际控制中,i_d、i_q 不能直接被检测,而必须通过实时检测到的三相电流和电动机转子位置经坐标变换得到。

(3) 优缺点

矢量控制存在如下缺点。

① 转子磁链的准确观测存在一定的难度,转子磁链的计算对电动机的参数有较强的依赖性,因此对参数变化较为敏感。为了克服这一问题,出现了多种参数辨识方法,但这些方法进一步增加了系统的复杂性。

② 由于需要进行解耦运算,采用了矢量旋转变换,系统计算比较复杂。

但是,永磁同步电动机矢量控制系统能实现高精度、高动态响应性能和大范围的调速或伺服控制。随着工业领域对高性能伺服系统需求的不断增加,尤其是数控、机器人等方面技术的发展,永磁同步电动机矢量控制系统作为一种相对比较成熟的控制策略具有广阔的应用前景。

3. 直接转矩控制

永磁同步电动机直接转矩控制系统由永磁同步电动机、逆变器、磁链和转矩计算及扇区判断模块、速度传感器、开关表及调节器模块组成,其原理如图 4.20 所示。其工作原理及控制过程如下:通过检测逆变器输出的三相相电流及逆变器直流侧电压,利用坐标变换和系统控制规律可计算出电动机的定子磁链;根据计算出的磁链和实测出的电流来计算电动机的瞬时转矩;再根据 α、β 轴定子磁链来判别其位置所在的扇区 θ;速度调节器根据转速参考值和实际转速的偏差来确定转矩参考值,并与反馈转矩相比较,得到的偏差经滞环比较器得到转矩的控制信号 τ,电动机的转速可通过光电编码器获得,也可以通过定子磁链的旋转速度估计得到,实现无速度传感器运行;定子磁链参考值与实际值比较后得到的偏差经同样滞环比较器产生磁链的控制信号 φ;3 个控制信号 τ、φ、θ 经过开关表选取电压矢量,确定出适当的开关状态,控制逆变器进而驱动永磁同步电动机。

4. 智能控制

为了提高永磁同步电动机的控制性能和控制精度,模糊控制、神经网络控制等智能控制方法开始应用于同步电动机的控制。

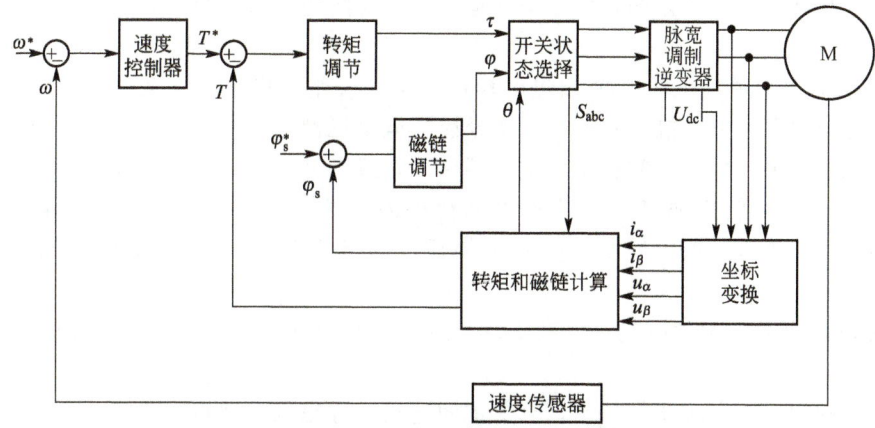

图 4.20　永磁同步电动机直接转矩控制系统原理

采用智能控制方法的永磁同步电动机控制系统，在多环控制结构中，智能控制器处于最外环充当速度控制器，而内环电流控制、转矩控制仍采用 PI 控制、直接转矩控制这些方法，这主要是因为外环是决定系统的根本因素。而内环主要的作用是改造对象特性以利于外环的控制，各种扰动给内环带来的误差可以由外环控制或抑制。

在永磁同步电动机系统中应用智能控制时，也不能完全摒弃传统的控制方法，必须将两者很好地结合起来，才能彼此取长补短，使系统的性能达到最优。

4.6　开关磁阻电动机

开关磁阻电动机是继直流电动机和交流电动机之后，又一种极具发展潜力的新型电动机。

4.6.1　开关磁阻电动机的结构与特点

1. 开关磁阻电动机的结构

开关磁阻电动机由双凸极的定子和转子组成，其定子、转子的凸极均由普通的硅钢片叠压而成。定子极上绕有集中绕组，把沿径向相对的两个绕组串联成一个两级磁极，称为"一相"；转子既无绕组又无永磁体，仅由硅钢片叠成。

开关磁阻电动机有多种相数结构，如单相、二相、四相及多相等，并且定子和转子的极数有多种搭配。低于三相的开关磁阻电动机一般没有自起动能力。相数多有利于减小转矩脉动，但结构复杂、主开关器件多、成本提高。目前应用较多的是四相 8/6 极结构和三相 6/4 极结构。下文介绍的开关磁阻电动机的结构为四相 8/6 极结构。

2. 开关磁阻电动机的特点

（1）优点

开关磁阻电动机与其他电动机相比，具有以下优点。

① 可控参数多，调速性能好。可控参数有主开关开通角、主开关关断角、相电流幅

值、直流电源电压；控制方便，可四象限运行，容易实现正转、反转，以及电动、制动等特定的调节控制。

② 结构简单，成本低。开关磁阻电动机转子无绕组，也不加永久磁铁，定子为集中绕组，比传统的直流电动机、永磁电动机及感应电动机都简单，制造和维护方便；功率变换器比较简单，主开关元件数较少，电子器件少，成本低。

③ 损耗小，运转效率高。开关磁阻电动机的转子不存在励磁及转差损耗，功率变换器元器件少，相应的损耗也小；控制灵活，易于在很宽转速范围内实现高效节能控制。

④ 起动转矩大，起动电流小。在15％额定电流的情况下就能达到100％的起动转矩。

(2) 缺点

由于结构和工作方式比较特殊，开关磁阻电动机存在以下缺点。

① 转矩脉动现象较大。

② 振动和噪声相对较大，特别是在负载运行时。

③ 电动机的出线头相对较多，还有位置检测器出线端。

④ 电动机的数学模型比较复杂，其准确的数学模型较难建立。

⑤ 控制复杂，依赖于电动机的结构。

4.6.2　开关磁阻电动机的工作原理与运行特性

1. 开关磁阻电动机的工作原理

开关磁阻电动机的工作原理如图4.21所示。图中，S_1、S_2是电子开关，VD_1、VD_2是二极管，U是直流电源。

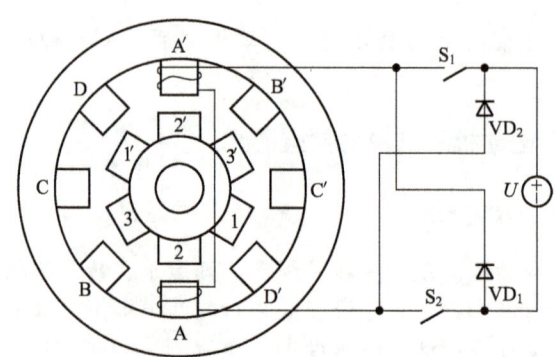

图4.21　开关磁阻电动机的工作原理

电动机的定子和转子呈凸极形状，极数互不相等。转子由叠片构成，带有位置检测器以提供转子位置信号，使定子绕组按一定的顺序通断，保持电动机的连续运行。

开关磁阻电动机的磁阻随着转子磁极与定子磁极的中心线对准或错开而变化。因为电感与磁阻成反比，所以当转子磁极在定子磁极中心线位置时，相绕组电感最大；当转子磁极中心线对准定子磁极中心线时，相绕组电感最小。

因为开关磁阻电动机的运行原理遵循"磁阻最小原理"，即磁通总要沿着磁阻最小的路径闭合，所以具有一定形状的铁心在移动到最小磁阻位置时，必须使自己的主轴线与磁场的轴线重合。从图 4.21 中可看出，当定子 D—D′极励磁时，所产生的磁力力图使转子旋转到转子极轴线 1—1′与定子极轴线 D—D′重合的位置，并使 D 相励磁绕组的电感最大。若以图中定、转子所处的相对位置作为起始位置，则依次给 D—A—B—C 相绕组通电，转子即会逆着励磁顺序以逆时针方向连续旋转；反之，若依次给 B—A—D—C 相绕组通电，则电动机会沿着顺时针方向转动。所以开关磁阻电动机的转向与相绕组的电流方向无关，而仅取决于相绕组通电的顺序。

2. 开关磁阻电动机的运行特性

开关磁阻电动机的运行特性可分为 3 个区域：恒转矩区、恒功率区和串励特性区（自然特性区），如图 4.22 所示。

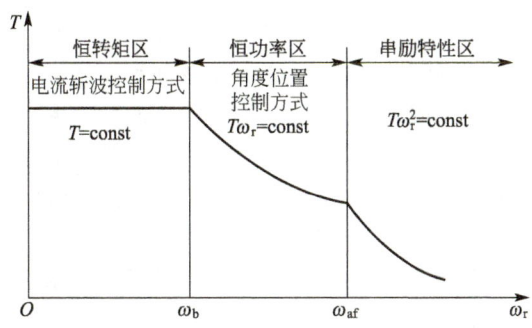

图 4.22　开关磁阻电动机的运行特性

开关磁阻电动机一般运行在恒转矩区和恒功率区。在这两个区域内，电动机的实际运行特性可控。通过控制条件，可以实现在实线以下的任意实际运行特性。

在恒转矩区，电动机转速较低，电动机反电动势小，因此需采用电流斩波控制方式。

在恒功率区，旋转电动势较大，开关器件导通的时间较短，因此电流较小。在外加电压和开关角一定的条件下，随着角速度的增加，转矩急剧下降，此时可采用角度位置控制方式，通过按比例地增大导通角来补偿，延缓转矩的下降速度。

在串励特性区，电动机的可控条件都已达极限，电动机的运行特性不再可控，电动机呈现自然串励运行特性，电动机一般不运行在此区域。

电动机运行时存在第一、第二两个临界运行点，采用不同的可控条件匹配可得到两个临界点的不同配置，从而得到各种所需的机械特性。

临界运行点对应的转速称为临界转速，是开关磁阻电动机运行和设计时要考虑的重要参数。第一临界转速是开关磁阻电动机开始运行于恒功率特性的临界转速，定义为开关磁阻电动机的额定转速，对应的功率即为额定功率；第二临界转速是能得到额定功率的最高转速，是恒功率特性的上限，可控条件都达到了极限，当转速再增加时，输出功率将下降。

4.6.3　开关磁阻电动机的控制

开关磁阻电动机不同于常规的感应电动机，因其自身结构的特殊性，既可以通过控制电动机自身的参数（如开通角、关断角）来实现，也可以用适用于其他电动机的控制理论（如 PID 控制、模糊控制等）对功率变换器部分进行控制，进而实现电动机的速度调节。

针对开关磁阻电动机的自身参数进行控制，目前主要使用的几种基本控制方式有角度位置控制、电流斩波控制和电压控制。

1. 角度位置控制

角度位置控制是指在加在绕组上的电压一定的情况下，通过改变绕组上主开关的开通角 θ_{on} 和关断角 θ_{off}，来改变绕组的通、断电时刻，调节相电流的波形，实现转速闭环控制。

根据电动势平衡方程式可知，当电动机转速较高时，旋转电动势较大，则此时电流上升率下降，各相的主开关器件的导通时间较短，电动机绕组的相电流不易上升，电流相对较小，便于使用角度位置控制方式。

由于开通角和关断角都可调节，因此角度位置控制可分为变开通角，变关断角，同时改变开通角、关断角 3 种方式。改变开通角可改变电流波形的宽度、峰值和有效值的大小，还可改变电流波形与电感波形的相对位置，从而改变电动机的转矩和转速。而关断角一般不影响电流的峰值，但可改变电流波形的宽度及其与电感曲线的相对位置，进而改变电流的有效值。因此一般采用固定关断角、改变开通角的控制方式。

根据开关磁阻电动机的转矩特性分析可知，当电流波形主要位于电感的上升区时，产生的平均电磁转矩为正，电动机运行在电动状态；当电流波形主要位于电感的下降区时，产生的平均电磁转矩为负，电动机工作在制动状态。而通过对开通角及关断角的控制，可以使电流的波形处在绕组电感波形的不同位置，因此可以用控制开通角及关断角的方式来使电动机运行在不同的状态。

角度位置控制的优点在于：转矩调节的范围宽；可同时多相通电，以增加电动机的输出转矩，同时减小了转矩波动；通过角度的优化，能实现效率最优控制或转矩最优控制。

根据上面的分析可知，此法不适于低速场合。因为在低速时，旋转电动势较小，使电流峰值增大，必须采取相应措施进行限流，故一般用于转速较高的场合。

2. 电流斩波控制

根据电动势平衡方程式可知，电动机低速运行（特别是起动）时，旋转电动势引起的压降很小，相电流上升快，为避免过大的电流脉冲对功率开关器件及电动机造成损坏，需要对电流峰值进行限定，因此可采用电流的斩波控制获取恒转矩的机械特性。电流斩波控制一般不会对开通角及关断角进行控制，它将直接选择在每相的特定导通位置对电流进行斩波控制。

目前电流斩波控制常用的控制方案有两种：方案一，对电流的上、下限进行限制的控制；方案二，限制电流上限值和恒定关断时间的控制。

方案一中，主开关器件在 $\theta = \theta_{on}$ 时导通，绕组电流将从零开始上升，当电流增至斩波电流的上限值时，切断绕组电流，绕组承受反压，电流迅速下降；当电流降至斩波电流的下限值时，绕组再次导通，重复上述过程，从而形成斩波电流，直至 $\theta = \theta_{off}$ 时实现相关断。方案二与方案一的区别在于，当绕组电流达最大限定值后，将主开关关断一个固定的时间后再开通，这样，电流下降的幅度主要取决于电感量、电感变化率、转速等因素，因此方案二的关键在于合理地选取关断时间的长度。

电流斩波控制的优点在于它适用于电动机的低速调速系统，可以控制电流峰值的增长，并有很好的电流调节作用。因每相电流波形会呈现出较宽的平顶状，使得产生的转矩比较平稳，转矩的波动相应地比其他控制方式要小。

然而，由于电流的峰值受到了限制，当电动机转速在负载的扰动作用下发生变化时，电流的峰值无法做出相应的改变，使得系统的特性比较软，因此系统在负载扰动下的动态响应很缓慢。

3. 电压控制

电压控制是保持开通角及关断角不变的前提下，使功率开关器件工作在脉冲宽度调制方式。通过调节 PWM 波的占空比，来调整加在绕组两端电压的平均值，进而改变绕组电流的大小，实现对转速的调节。增大调制脉冲的频率，就会使电流的波形比较平滑，电动机出力增大，噪声减小，但对功率开关器件工作频率的要求就会增大。

按照续流方式的不同，电压控制分为单管斩波和双管斩波方式。单管斩波方式中，连接在每相绕组中的上、下桥臂的两个开关管只有一个处于斩波状态，另一个一直导通。而双管斩波方式中，两个开关管同时导通和关断，对电压进行斩波控制。考虑到系统效率等因素，实际应用中一般常用单管斩波方式。

电压控制的优点在于，它通过调节绕组电压的平均值进而调节电流，因此可用在低速系统和高速系统，并且控制简单，但它的调速范围有限。

在实际的开关磁阻电动机驱动系统运用中，也可以采用多种控制方式相组合的方法，如高速角度控制和低速电流斩波控制相组合，变角度电压斩波控制和定角度电压斩波控制相组合等。这些组合方式各有优势及不足，因此必须针对不同的应用场合和不同的性能要求，合理地选择控制方式，才能使电动机运行于最佳状态。

根据系统性能要求的不同，控制电路的具体结构形式会有很大差异，但一般均应包含以下功能。

（1）用于接收外部指令信号，如起动、转速、转向信号的操作电路。

（2）用于将给定量与控制量相比较，并按规定算法计算出控制参数的调节量的调节器电路。

（3）用于决定控制电路的工作逻辑，如正反转相序逻辑、高低速控制方式的工作逻辑电路。

（4）用于检测系统中的有关物理量，如转速、角位移、电流和电压的传感器电路。

（5）用于当系统中某些物理量超过允许值时采取相应保护措施的保护电路，如过电压保护和过电流保护。

（6）用于控制各被控量信号的输出电路，如控制功率开关器件的导通与关断。

（7）用于指示系统的工作状况和参数状态显示电路，如指示电动机转速、指示故障保护情况的显示。

4.7 轮毂电动机

轮毂电动机技术又称车轮内装式电动机技术，是一种将电动机、传动系统和制动系统融为一体的轮毂装置技术，是现阶段先进电动汽车技术研究的热点之一。

从各种驱动技术的特点和发展趋势来看，采用轮毂电动机技术是电动汽车的最终驱动形式。随着电池技术、动力控制系统和整车能源管理系统等相

【轮毂电动机电动汽车】

关技术研发的不断深入，电动机性能的不断提高，轮毂电动机技术将在电动汽车上取得更大成功。

4.7.1 轮毂电动机的结构形式

轮毂电动机的驱动系统通常由电动机、减速机构、制动器与散热系统等组成。轮毂电动机驱动系统根据电动机的转子形式不同主要分为外转子型和内转子型两种，如图 4.23 所示。通常，外转子型轮毂电动机采用低速外转子电动机，电动机的最高转速为 1000~1500r/min，无任何减速装置，电动机的外转子与车轮的轮辋固定或者集成在一起，车轮的转速与电动机相同。内转子型轮毂电动机则采用高速内转子电动机，同时装备固定传动比的减速器。为了获得较高的功率密度，电动机的转速通常高达 10000r/min。减速结构通常采用传动比在 10∶1 左右的行星齿轮减速装置，车轮的转速为 1000r/min 左右。

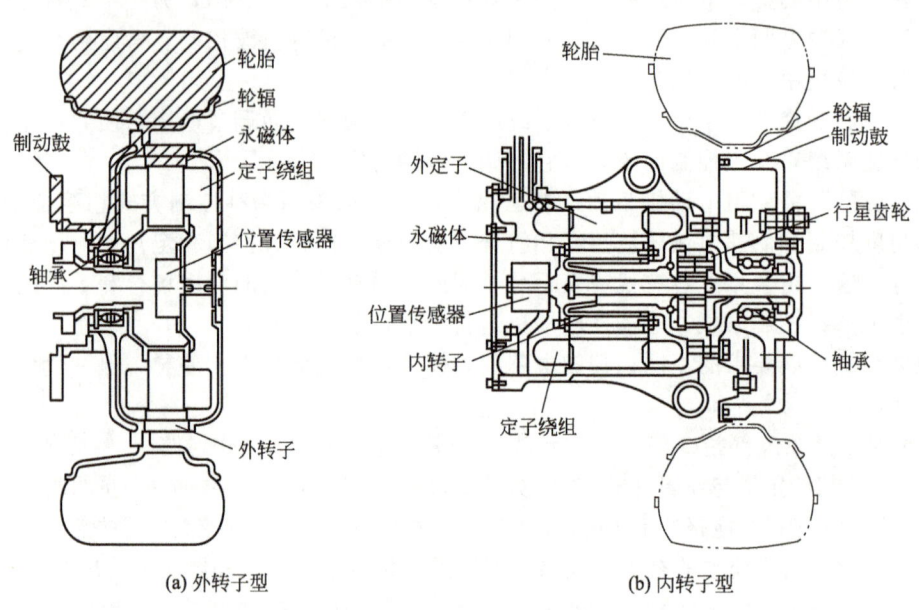

图 4.23 轮毂电动机的结构

低速外转子型轮毂电动机的优点是结构简单、轴向尺寸小、比功率高，能在很宽的速度范围内控制转矩，而且响应速度快，外转子直接和车轮相连，没有减速机构，因此效率高；缺点是如要获得较大的转矩，必须增大发动机的体积和质量，因而成本高，加速时效率低，噪声大。高速内转子的轮毂电动机的优点是具有较高的比功率，质量轻，体积小，效率高，噪声小，成本低；缺点是必须采用减速装置，使效率降低，非簧载质量增大，电动机的最高转速受线圈损耗、摩擦损耗及变速机构的承受能力等因素的限制。这两种结构在目前的电动车中都有应用，但是随着紧凑的行星齿轮变速机构的出现，高速内转子式驱动系统在功率密度方面比低速外转子式驱动系统更具竞争力。

轮毂电动机动力系统由于电动机电制动容量较小，不能满足整车制动效能的要求，通常需要附加机械制动系统。轮毂电动机系统中的制动器可以根据结构采用鼓式制动器或者盘式制动器。由于电动机电制动容量的存在，往往可以使制动器的设计容量适当减小。大多数的轮毂电动机系统采用风冷方式进行冷却,也可采用水冷和油冷的方式对电动机、制动器等的发热部件进行散热降温,但结构比较复杂。

4.7.2　轮毂电动机的应用类型

轮毂电动机系统的驱动电动机按照电动机的磁场类型不同,分为轴向磁通电动机和径向磁通电动机两种类型。轴向磁通电动机的结构更利于热量散发,并且它的定子可以不需要铁心;径向磁通电动机系统的定子与转子之间受力比较均衡,磁路由硅钢片叠压得到,技术更简单成熟。

轮毂电动机系统的电动机主要分为无刷永磁(同步)电动机、感应(异步)电动机、开关磁阻式电动机3种,其特点如下。

(1) 无刷永磁(同步)电动机可采用圆柱形径向磁场结构或盘式轴向磁场结构,具有较高的功率密度和效率,以及宽广的调速范围,已在国内外多种电动汽车中获得应用,发展前景十分乐观。

(2) 感应(异步)电动机的优点是结构简单、坚固耐用、成本低廉、运行可靠,转矩脉动小,噪声低,不需要位置传感器,转速极限高;缺点是驱动电路复杂、成本高,相对无刷永磁(同步)电动机而言,感应(异步)电动机的效率和功率密度偏低。

(3) 开关磁阻式电动机具有结构简单、制造成本低廉、转速/转矩特性好等优点,适用于电动汽车驱动;缺点是设计很精细,控制非常困难,运行噪声大。

4.7.3　轮毂电动机的驱动方式

轮毂电动机的驱动方式可以分为直接驱动和减速驱动两种基本形式。

轮毂电动机直接驱动方式如图4.24所示。该驱动方式采用低速外转子电动机,轮毂电动机与车轮组成一个完整部件总成,电动机布置在车轮内部,直接驱动车轮带动汽车行驶。其主要优点是电动机体积小、质量轻、成本低、系统传动效率高、结构紧凑,既有利于整车结构布置和车身设计,又便于改型设计。这种驱动方式直接将外转子安装在车轮的轮辋上驱动车轮转动。由于电动汽车在起步时需要较大的转矩,因此安装在直接驱动型电动轮中的电动机必须能在低速时提供大转矩;承载大转矩时需要大电流,易损坏电池和永磁体;电动机效率峰值区域很小,负载电流超过一定值后效率急剧下降。为了使汽车能够有较好的动力性,电动机还必须具有很宽的转矩和转速调节范围。由于电动机工作产生一定的冲击和振动,要求车轮轮辋和车轮支撑必须坚固、可靠;同时,由于非簧载质量大,要保证汽车的舒适性,要求对悬架系统进行优化设计。该驱动方式适用于平坦路面或负载小的场合。

轮毂电动机减速驱动方式如图4.25所示。该驱动方式采用高速内转子电动机,可获得较高的功率,适合现代高性能电动汽车的运行要求。减速机构布置在电动机和车轮之间,起减速和增矩的作用,保证电动汽车在低速时能够获得足够大的转矩。电动机输出轴通过减速机构与车轮驱动轴连接,使电动机轴承不直接承受车轮与路面的载荷作用,改善了轴承的工作条件;采用固定速比行星齿轮减速器,使系统具有较大的调速范围和输出转矩,消除了车轮尺寸对电动机输出转矩和功率的影响。但轮毂电动机内齿轮的工作噪声比较大,并且润滑方面存在很多问题;其非簧载质量也比直接驱动式电动轮电驱动系统的大,对电动机及系统内部的结构方案设计要求更高。

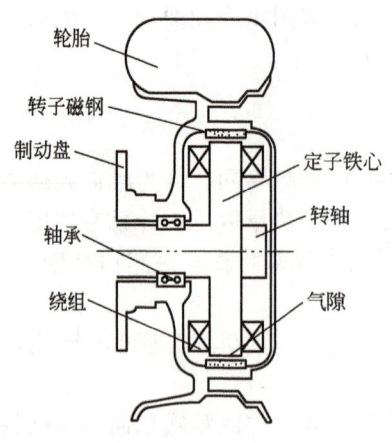
图 4.24 轮毂电动机直接驱动方式

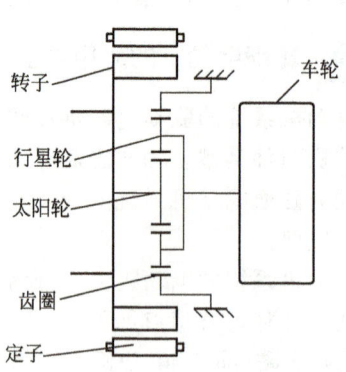
图 4.25 轮毂电动机减速驱动方式

4.7.4 轮毂电动机驱动系统的特点

轮毂电动机驱动系统作为一种新兴的电动机驱动形式，其布置非常灵活，可以根据汽车驱动方式分别布置在电动汽车的两个前轮、两个后轮或四个车轮的轮毂中。和其他驱动形式的电动汽车相比，轮毂电动机驱动式电动汽车在动力源配置、底盘结构等方面有其独特的技术特征和优势，具体体现在以下几个方面。

（1）动力控制由硬连接改为软连接。通过电子线控技术，实现各电动轮从零到最大速度的无级变速和各电动轮间的差速要求，从而省略了传统汽车所需的机械式操纵变速装置、离合器、变速器、传动轴和机械差速器等，使驱动系统和整车结构简洁，可有效利用空间大，传动效率提高。

（2）各电动轮的驱动力直接独立可控，使其动力学控制更为灵活、方便；能合理控制各电动轮的驱动力，从而提高恶劣路面条件下的行驶性能。

（3）容易实现各电动轮的电气制动、机电复合制动和制动能量回馈，还能对整车能源进行高效利用，实施最优化控制和管理，节约能源。

（4）底架结构大为简化，使整车总布置和车身造型设计的自由度增加，若能将底架承载功能与车身功能分离，则可实现相同底盘不同车身造型的产品多样化和系列化，从而缩短新车型的开发周期，降低开发成本。

（5）若在采用轮毂电动机驱动系统的四轮电动汽车上导入线控四轮转向技术，实现车辆转向行驶高性能化，可有效减小转向半径，甚至实现零转向半径，大大增加了转向灵便性。

4.7.5 轮毂电动机驱动系统的关键技术

轮毂电动机带来的新的技术挑战，主要包括以下方面。

（1）轮毂电动机系统集驱动、制动、承载等多种功能于一体，优化设计难度大。

（2）车轮内部空间有限，对电动机功率密度性能要求高，设计难度大。

（3）电动机与车轮集成导致非簧载质量较大，使悬架隔振性能恶化，影响不平路面行驶条件下的汽车操控性和安全性。同时，轮毂电动机将承受很大的路面冲击载荷，电动机抗振要求苛刻。

（4）汽车在大负荷低速爬长坡工况下容易出现冷却不足导致的轮毂电动机过热烧毁问题，电动机的散热和强制冷却问题需要重视。

（5）车轮部位容易集存水和污物等，导致电动机的腐蚀破坏，使寿命和可靠性受到影响。

（6）轮毂电动机运行转矩的波动可能会引起汽车轮胎、悬架、转向系统的振动和噪声，以及其他整车声振问题。

4.8　电动机控制器

电动机控制器是控制动力电源与电动机之间能量传输的装置，由控制信号接口电路、电动机控制电路和驱动电路组成。

1. 电动机控制器的组成与原理

电动机控制器由逆变器和控制器两部分组成，如图4.26所示。逆变器接收电池输送过来的直流电，逆变为三相交流电给电动汽车驱动电动机提供电源；控制器接收电动机转速等信号反馈到仪表，当发生制动或者加速行为时，控制器控制变频器频率的升降，从而达到加速或者减速的目的。

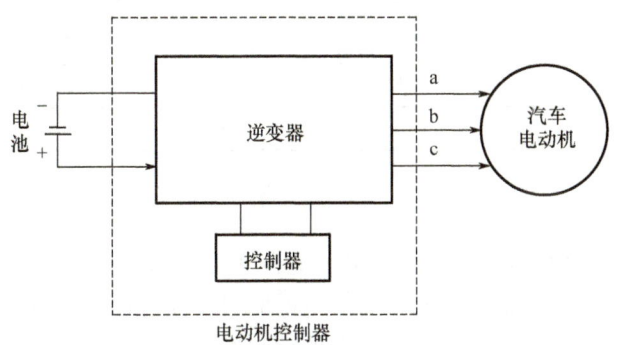

图4.26　电动机控制器的组成与工作原理

2. 电动机控制方式

电动机控制方式主要有电压控制、电流控制、频率控制、弱磁控制、矢量控制、直接转矩控制。

（1）**电压控制**。电压控制是通过改变电动机端电压而实现转速控制的控制方式。

（2）**电流控制**。电流控制是通过改变电动机绕组电流而实现转速控制的控制方式。

（3）**频率控制**。频率控制是通过改变电动机的电源频率而实现转速控制的控制方式。

（4）**弱磁控制**。弱磁控制是通过减弱气隙磁场控制电动机转速的控制方式。

（5）**矢量控制**。矢量控制是将交流电动机的定子电流作为矢量，经坐标变换分解为与直流电动机的励磁电流和电枢电流相对应的独立控制电流分量，以实现电动机转速/转矩控制的方式。

（6）**直接转矩控制**。直接转矩控制是用空间矢量的分析方法，直接在定子坐标系下计算并控制交流电动机的转矩,采用定子磁场定向,借助于离散的两点式调节产生脉宽调制信号,直接对逆变器的开关状态进行控制,以获得转矩的高动态性能的控制方式。

随着电动汽车和控制技术的发展,现代控制和智能控制在电动机控制中的应用已成为趋势。

3. 电动机控制器容量等级

电动机控制器选择必须与电动机相匹配。控制器容量等级有 5kV·A、10kV·A、15kV·A、35kV·A、50kV·A、60kV·A、100kV·A、150kV·A、200kV·A、270kV·A、300kV·A、360kV·A、420kV·A 及以上。

额定电压小于或等于 360V 和额定功率小于或等于 200kW 单台电动机与控制器输出容量的匹配关系见表 4-2。

表 4-2 单台电动机与控制器输出容量的匹配关系

电动机额定功率/kW	控制器输出容量/(kV·A)	电动机额定功率/kW	控制器输出容量/(kV·A)	电动机额定功率/kW	控制器输出容量/(kV·A)
1	5	18.5	50	90	150
2.2	5	22	50	110	200
3.7	10	30	60	132	200
5.5	15	37	60	150	270
7.5	15	45	100	160	330
11	35	55	100	185	360
16	35	75	150	200	420

4. 电动机控制器实例

图 4.27 所示为无刷直流电动机控制器,它除了具有调速功能外,还具有能量回收功能,把制动时整车的动能通过电动机发电产生电能回馈到电池,既可以最大限度减少摩擦制动造成的能量损失,又可以提高电动汽车的续驶里程,降低运营成本,提高运营效率。

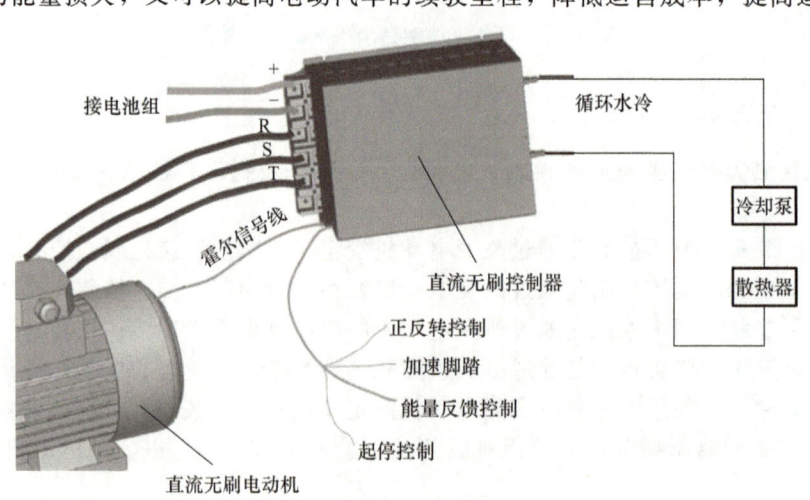

图 4.27 无刷直流电动机控制器

无刷直流电动机控制器具有以下特点。

（1）电路具有完善的保护功能，即具有过热保护、限流保护、异常保护和欠压保护。过热保护功能避免调速器内部元件工作在过热环境中，能显著延长元件工作寿命；限流保护功能除了能在电动机堵转时保护调速器内部元件，还能防止电动机过热；异常保护能在调速器或电动机出现异常时迅速关断，避免故障进一步扩大；欠压保护功能可以避免蓄电池过度放电，显著延长蓄电池寿命，减少用户不必要的损失。

（2）经过严格的密封性测试，保证了其优良的防水、防潮性能。

（3）控制器具有符合国际通用标准的CAN总线功能，便于与整车控制系统联网使用，达到快捷智能化控制。

1. 电动汽车用电动机主要有哪几种？其特点是什么？
2. 电动汽车对电动机有哪些要求？
3. 直流电动机有哪些类型？
4. 无刷直流电动机的工作原理是什么？其控制方法有哪些？
5. 异步电动机的工作原理是什么？其控制方法有哪些？
6. 永磁同步电动机的运行原理与特性是什么？
7. 开关磁阻电动机的工作原理是什么？其控制方法有哪些？
8. 轮毂电动机的驱动方式有哪几种？轮毂电动机驱动系统有哪些特点？

第5章 电动汽车能量管理与制动能量回收系统

教学目标

通过本章的学习，要求读者了解什么是电动汽车能量管理系统和电动汽车再生制动能量回收系统，掌握电池管理系统的功能和制动能量回收的方法和类型，理解纯电动汽车能量管理系统的组成、混合动力电动汽车的能量管理策略和工作模式，以及电动汽车的制动能量回收系统的组成和作用等。

教学要求

知识要点	能力要求	相关知识
电池管理系统的功能，纯电动汽车能量管理系统，混合动力电动汽车能量管理系统	了解什么是电动汽车能量管理系统，掌握电池管理系统的功能，理解纯电动汽车能量管理系统的组成，以及混合动力电动汽车的能量管理策略和工作模式等	电动汽车能量管理系统
制动能量回收的方法和类型，电动汽车的再生制动能量回收系统	了解什么是电动汽车再生制动能量回收系统，掌握再生制动能量回收的方法和类型，理解电动汽车的再生制动能量回收系统的组成和作用等	电动汽车再生制动能量回收系统

富士重工公司开发的带有电池管理系统和制动能量回收系统的 4 座插电式纯电动汽车 STELLA 如图 5.1 所示。该车的驱动电动机采用三相永磁同步电动机,前轮驱动;动力蓄电池采用层叠式锰酸锂离子蓄电池,蓄电池模块由 8 个蓄电池组(每个蓄电池组由 12 个单体电池串联而成)串联而成,总电压为 346V,容量为 26A·h,能量为 9kW·h,蓄电池模块与蓄电池控制系统组成一个整体,就构成了一个蓄电池包。

蓄电池模块设有蓄电池控制单元,并与整车控制单元连接,构成蓄电池管理系统。蓄电池管理系统进行蓄电池的控制与管理,有以下功能。

图 5.1 带有电池管理系统和制动能量回收系统的纯电动汽车 STELLA

(1) 蓄电池总电压检测。
(2) 电流检测。
(3) 单体电池温度检测。
(4) 蓄电池充电状态检测。
(5) 蓄电池正常工作状态检测。
(6) 单体电池电压均等化。
(7) 单体电池与蓄电池系统的故障诊断。
(8) 与车辆控制装置等方面的信息交流(通信)。

为了发挥 STELLA 的可靠实用性能,富士重工公司开发了新的高精度推算、测定荷电状态的算法语言,利用这种技术能够正确检测蓄电池的剩余电量,并把这种信息实时地传递给驾驶人,以便可靠性地掌握电动汽车的续驶里程。

STELLA 设有制动能量回收功能。当车辆减速和制动时,驱动电动机作为发电机工作,进行制动能量回收。为此,增加了制动踏板行程传感器,通过该传感器把驾驶人对制动踏板操作的信息经电控单元实时进行最优制动能量回收控制,其优点是能够显著提高制动能量的回收效率。

电池管理系统和制动能量回收系统具有什么作用?通过本章的学习,读者可以得到答案。

能量管理系统和回收系统是电动汽车的重要组成部分,它们不但能够保证电动汽车的正常行驶,而且还能够对汽车的能量进行合理控制,提高电动汽车的续驶里程。

5.1 电动汽车能量管理系统

电动汽车的能量管理系统(Energy Management System,EMS)由硬件系统和软件系统组成，如图 5.2 所示。能量管理系统具有从电动汽车各子系统采集运行数据，控制蓄电池的充电，显示蓄电池的荷电状态，预测剩余续驶里程，监控电池的状态，调节车内温度，调节车灯亮度，以及回收再生制动能量为蓄电池充电等功能。能量管理系统中最主要的是电池管理系统。

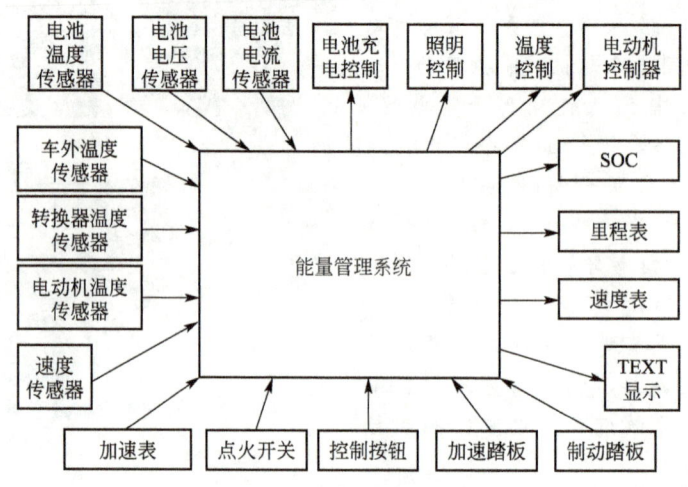

图 5.2　电动汽车能量管理系统

5.1.1　电池管理系统的功能

电池管理系统能够提高电池的利用率，防止电池出现过充电和过放电，延长电池的使用寿命，监控电池的状态。电动汽车电池管理系统主要用于对电动汽车的动力电池参数进行实时监控、故障诊断、SOC 值估算、续驶里程估算、短路保护、漏电监测、显示报警、充放电模式选择等，并通过 CAN 总线与整车控制器或充电机进行信息交互，保障电动汽车高效、可靠、安全地运行，并保证行驶过程中的安全。

1. 典型的电池管理系统的功能

（1）实时采集电池系统运行状态参数

实时采集电动汽车蓄电池组中的每块单体电池的端电压和温度、充放电电流及蓄电池组总电压等。由于蓄电池组中的每块单体电池在使用中的性能和状态不一致，因此对每块单体电池的电压、电流和温度数据都要进行监测。

（2）确定电池的 SOC 值

准确估计动力电池组的 SOC 值，从而随时预报电动汽车储能电池还剩余多少能量或储能电池的 SOC 值，使电池的 SOC 值控制在 30%～70%。

（3）故障诊断与报警

当蓄电池组电量或能量过低需要充电时，及时报警，以防止蓄电池过放电而损害蓄电池的使用寿命；当蓄电池组的温度过高，非正常工作时，及时报警，以保证蓄电池正常工作。

（4）电池组的热平衡管理

电池热管理系统是电池管理系统的有机组成部分，其功能是通过风扇等冷却系统和热电阻加热装置使电池温度处于正常工作温度范围。

（5）**一致性补偿**

当单体电池之间有差异时，有一定的措施进行补偿，保证蓄电池组的表现能力更强，并有一定的手段来显示性能不良的单体电池位置，以便修理替换。一般采用充电补偿功能。设计旁路分流电路，以保证每个单体电池都可以充满电，这样可以减缓电池老化的进度，延长电池的使用寿命。

（6）**通过总线实现各检测模块和中央处理单元的通信**

在电动汽车上实现电池管理的难点和关键在于如何根据采集的每块单体电池的电压、温度和充放电电流的历史数据，建立确定每块单体电池剩余能量的较精确的数学模型，即准确估计电动汽车蓄电池的 SOC 值。

2. 某电动汽车动力电池管理系统的基本功能（图 5.3）

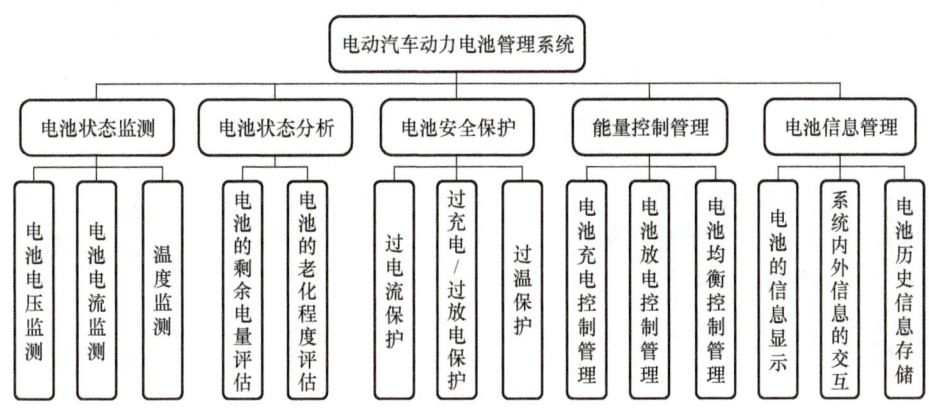

图 5.3　某电动汽车动力电池管理系统的基本功能

（1）**电池状态监测**

电池状态监测一般是对电池电压、电池电流及温度的监测，其中温度包括电池温度、电池箱温度和环境温度。电池状态监测是电池管理系统最基本的功能，是其他各项功能的前提与基础。

（2）**电池状态分析**

电池状态分析包括电池的剩余电量评估和电池的老化程度评估。电池的剩余电量评估是动力电池管理系统中最重要的功能之一，系统中的许多其他功能都依赖于此评估的结果。剩余电量常用荷电状态来表示。荷电状态是指电池中剩余电荷的可用状态，一般用百分比来表示，即电池中剩余的电荷容量与电池的标称电荷容量之比。电池的老化程度也常用百分比来表示，即如果电池在"新"的时候的最大容量为 1，那么经过多次循环以后，电池所能装载的最大容量相对于"新"的时候的百分比。

（3）**电池安全保护**

电池安全保护是电动汽车电池管理系统最重要的功能，过电流保护、过充电/过放电保护、过温保护是最为常见的电池安全保护的内容。过电流保护指的是在充、放电过程中，如果工作电流超过了安全值，则应该采取相应的安全保护措施。过充电保护是指在电池的 SOC＝100％的情况下，为了防止继续对电池充电造成电池损坏，而采取切断电池的充电回路的保护措施。而在电池的 SOC＝0 的情况下，若继续对电池进行放电，也会对电池造成损坏，此时应采取措施，切断电池的放电回路，这就是过放电保护。过温保护是当温度超过一定限值时对动力电池采取保护性的措施。过温保护需要考虑环境温度、电池组的温度及每个单体电池本身的温度。

(4) **能量管理控制**

能量管理控制包括电池充电控制管理、电池放电控制管理和电池均衡控制管理。电池充电控制管理是指电池管理系统在电池充电过程中对充电电压、充电电流等参数进行实时的优化控制,优化的目标包括充电时长、充电效率及充电的饱满程度等。电池放电控制管理是指在电池的放电过程中根据电池的状态对放电电流大小进行控制。电池均衡控制管理是指采取一定的措施尽可能降低电池不一致的负面影响,以达到优化电池组整体放电效能、延长电池组整体寿命的效果。

(5) **电池信息管理**

电池信息管理包括电池的信息显示、系统内外信息的交互和电池历史信息存储。电池管理系统通常通过仪表把电池状态信息显示出来告知驾驶人。需要显示的信息通常包括实时电压、电流、温度信息,电池剩余电量信息和告警信息。先进的电动汽车控制离不开车载信息通信网络。电池管理系统往往同时具有内网和外网两级网络,其中内网用于传递电池管理系统的内部信息,外网用于电池管理系统与整车控制器、电动机控制器等其他部件交互信息。电池历史信息存储可以提高分析估算的精度,有助于分析电池状态,有助于分析和排除故障。电池历史信息存储并非电池管理系统所必需的功能,但先进的动力电池管理系统中往往会考虑这项功能。

5.1.2　纯电动汽车电池管理系统

1. 电池管理系统的组成

纯电动汽车电池管理系统的功能和形式主要是根据实际情况确定的,受电池类型、电动汽车类型、成本等多种因素影响。

电池管理系统包括硬件系统和软件系统。硬件系统的设计取决于电池管理系统要实现的功能。电池管理系统基本要实现对动力电池组的合理管理,即保证采集数据的准确性,系统通信的可靠稳定性、抗干扰性。在具体实现过程中,根据设计要求确定需要采集动力电池组的数据类型;根据采集量及精度要求确定前向通道的设计;根据通信数据量及整车的要求选用合理的总线。

【电池管理系统】

电池管理系统主要由检测模块、均衡电源模块和控制模块三部分组成,如图 5.4 所示。检测模块能够对电池组中各单体电池的电压、电流、温度等关键状态参数进行准确、实时的检测,并通过串行外设接口上报给控制模块。均衡电源模块能够平衡单体电池间的电压差异,解决电池组"短板效应"。控制模块能够根据既定策略完成控制功能,实现荷电状态估计,同时将电池状态数据通过 CAN 总线发送给整车其他电子单元。

电池的 SOC 值是经过对电流进行积分得到的,电流信号检测的精度直接影响系统 SOC 值的准确度,因此要求电流转换隔离放大单元在较大范围内有较高的精度,较快的响应速度,较强的抗干扰能力,较好的零漂、温飘抑制能力和较高的线性度。

电池的温度是判断电池能否正常使用的关键性参数。如果电池的温度超过一定值,有可能对电池造成不可恢复性破坏。电池组之间的温度差异造成电池组的单体电池之间的不均衡,从而降低电池寿命。

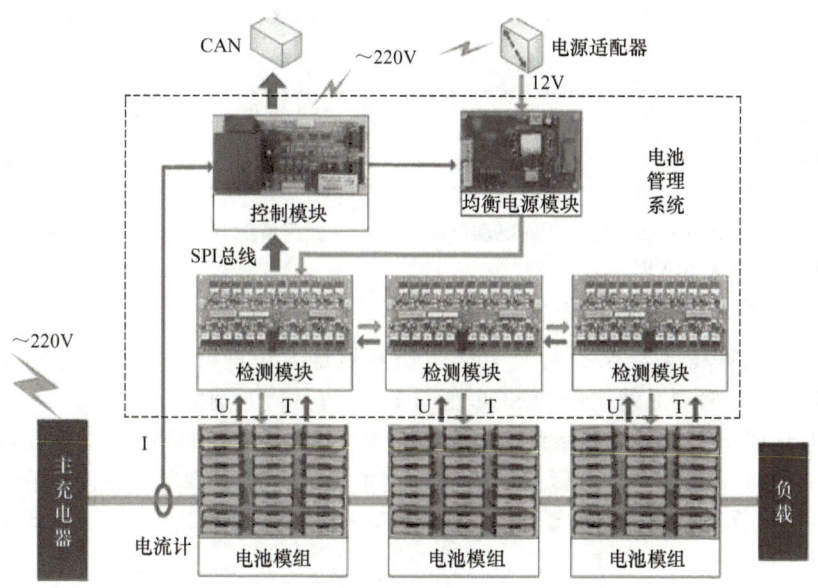

图 5.4 电池管理系统的基本组成

电压是判断电池组好坏的重要依据，系统要求能得到电池组在同一时刻的电压值的变化和各电池组的值，通过算法来找出问题电池组，因此电压的采样精度要求比较高。

电动汽车中电动机等强电磁干扰源的存在对系统的抗干扰性要求较高，所以要求从硬件设计、印制电路板的制作和软件程序方面提高系统的抗干扰性。

2. 对电池管理系统的要求

对电池管理系统的要求分为一般要求和技术要求。

（1）一般要求

① 电池管理系统应能检测电池电和热相关的数据，至少应包括单体电池或者电池模块的电压、电池组回路电流和电池包内部温度等参数。

② 电池管理系统应能对动力电池的荷电状态、最大充放电电流（或者功率）等状态参数进行实时估算。

③ 电池管理系统应能对电池系统进行故障诊断，并可以根据具体故障内容进行相应的故障处理，如故障码上报、实时警示和故障保护等。

④ 电池管理系统应有与车辆的其他控制器基于总线通信方式的信息交互功能。

⑤ 电池管理系统应用在具有可外接充电功能的电动汽车上时，应能通过与车载充电机或者非车载充电机的实时通信或者其他信号交互方式实现对充电过程的控制和管理。

（2）技术要求

① 电池管理系统与动力电池相连的带电部件和其壳体之间的绝缘电阻值应不小于 $2M\Omega$。

② 电池管理系统应能经受规定要求的绝缘耐压性能试验，在试验过程中应无击穿或闪络等破坏性放电现象。

③ 状态参数测量精度。电池管理系统所检测状态参数的测量精度要求见表 5-1。

表 5-1 电池管理系统所检测状态参数的测量精度要求

参　　数	总电压值	电流值	温度值	单体电池(电池模块)电压值
精度要求	≤±2% FS	≤±3% FS	≤±2℃	≤±0.5% FS

注：1. 应用在具有可外接充电功能的电动汽车上时，电流值精度同时应满足小于或等于±1.0A(当电流值小于 30A 时)。
　　2. FS 即 Full Scale，表示满量程。

④ SOC 值估算精度要求不大于 10%。按照规定方法进行试验后，分别比较在不同 SOC 值范围内电池管理系统上报的 SOC 值与 SOC 测试值的偏差。

⑤ 电池管理系统对于电池系统进行故障诊断的基本项目和可扩展项目分别见表 5-2 和表 5-3。表 5-2 中所列的故障诊断项目是基本要求。根据整车功能设计和电池系统的具体需要，电池管理系统的具体诊断内容可以不限于表 5-2 和表 5-3 所列项目。

表 5-2 电池系统故障诊断的基本项目

序号	故　障　状　态	电池管理系统的故障诊断项目①
1	电池温度高于温度设定值 1	电池温度高
2	电池温度低于温度设定值 2	电池温度低
3	单体电池(电池模块)电压大于电压设定值 1	单体电池(电池模块)电压高
4	单体电池(电池模块)电压小于电压设定值 2	单体电池(电池模块)电压低
5	单体电池(电池模块)一致性偏差大于设定条件	单体电池(电池模块)一致性偏差大②
6	充电电流(功率)大于最大充电电流(功率)值	充电电流(功率)大
7	放电电流(功率)大于最大放电电流(功率)值	放电电流(功率)大

① 制造商可以自行规定故障项目的具体名称、故障等级划分及相关故障条件的设定值。
② 电池系统具有均衡功能时，该项目不作为基本项目。

表 5-3 电池系统故障诊断的可扩展项目

序号	故　障　状　态	电池管理系统的故障诊断项目
1	电池温度高于温度设定值 1	绝缘薄弱
2	SOC 值大于 SOC 设定值 1	SOC 值高
3	SOC 值小于 SOC 设定值 2	SOC 值低
4	总电压小于总电压设定值 1(与放电电流、温度等参数有关)	总电压低
5	总电压大于总电压设定值 2(与充电电流、温度等参数有关)	总电压高
6	外部通信接口电路故障	外部通信接口故障

(续)

序号	故障状态	电池管理系统的故障诊断项目
7	内部通信接口电路故障	内部通信接口故障
8	电池系统内部温差大于温差设定值	电池系统温差大
9	内部通信总线脱离	内部通信网络故障
10	电池连接电阻大于电阻设定值（或者其他等效的判断条件）	电池连接松动

⑥ 电池管理系统应能在规定的过电压下正常工作，并且满足规定状态参数测量精度的要求。

⑦ 电池管理系统应能在规定的欠电压下正常工作，并且满足规定状态参数测量精度的要求。

⑧ 电池管理系统应能经受规定的高温运行试验，在试验过程中及试验后应能正常工作，并且满足规定状态参数测量精度的要求。

⑨ 电池管理系统应能经受规定的低温运行试验，在试验过程中及试验后应能正常工作，并且满足规定状态参数测量精度的要求。

⑩ 电池管理系统应能经受规定的高温试验，在试验后应能正常工作，并且满足规定状态参数测量精度的要求。

⑪ 电池管理系统应能经受规定的低温试验，在试验后应能正常工作，并且满足规定状态参数测量精度的要求。

⑫ 电池管理系统应能经受规定的温度变化试验，在试验后应能正常工作，并且满足规定状态参数测量精度的要求。

⑬ 电池管理系统应能经受规定的盐雾试验，在试验后应能正常工作，并且满足规定状态参数测量精度的要求。制造商如果能够证明电池电子部件或电池控制单元实车安装在车辆内部或者具备防尘防水条件的电池包内部，可不要求该零部件进行耐盐雾性能试验。试验条件的差异性内容需在试验报告中说明。

⑭ 电池管理系统应能经受规定的湿热试验，在试验后应能正常工作，并且满足规定状态参数测量精度的要求。

⑮ 电池管理系统应能经受规定的振动试验，在试验后应能正常工作，并且满足规定状态参数测量精度的要求。

⑯ 电池管理系统应能经受规定的电源极性反接试验，在试验后应能正常工作，并且满足规定状态参数测量精度的要求。

⑰ 电池管理系统按规定进行电磁辐射抗扰性试验，在试验过程中及试验后应能正常工作，并且满足规定状态参数测量精度的要求。

3. 电池SOC值估算方法

动力电池的荷电状态是反映动力电池当前状态的重要参数之一，也是整车能量分配策略的重要依据之一。在电池管理系统中，SOC值估算是重要研究内容。

由于无法通过直接测量的方法得到电池SOC值，因此一般采用间接测量电池其他参数，如电池电流、电压等来估算电池SOC值。常见的估算动力电池SOC值的方法有放电法、开路电压法、安时积分法、卡尔曼滤波法、神经网络法。

(1) 放电法

在某一温度下对电池进行 1/3C 倍率的恒流放电,直到电池端电压达到最低值(此时 SOC=0),此温度和电流下放电容量即为电流与时间的积,SOC 值即为放电容量占电池额定容量的比值。放电法是按照荷电状态的定义估算 SOC 值的,因此这是最准确的方法。但是这种方法只适用于实验室内,无法在汽车实际运行过程中使用。

(2) 开路电压法

电池的开路电压是可直接测量的物理量,其与 SOC 值有一定的联系。一般来说,当 SOC 值较高时,电池的开路电压也比较大。因此可预先通过试验的手段来获取 SOC 值与开路电压的对应关系,之后测量电池开路电压即可得到此状态下电池的 SOC 值。这种方法原理简单、操作方便,但在测量开路电压时电池还要单独进行静置处理,因此也无法在实际情况下进行实时测量。

(3) 安时积分法

电池在一段时间内放出的容量是电流对时间的积分,故测量电池工作状态下的电流值,计算已放出容量,然后根据电池总容量与已放出容量之差即可计算出当前状态下电池的 SOC 值。安时积分法是电池管理系统中 SOC 值估算最常用的方法之一,这种方法不需要考虑电池模型,但不可避免会产生误差,尤其是 SOC 值估算误差会随着时间而积累,因此需要对 SOC 值进行校正。

(4) 卡尔曼滤波法

卡尔曼滤波法的核心是根据已建立的电池状态模型,利用卡尔曼滤波原理,根据电池工作时的电流、电压及温度等进行状态递推,得到 SOC 实时估算值及估算误差。需要指出的是,由于电池的动态仿真模型并不是线性的,因此在利用卡尔曼滤波算法时通常需要对电池的动态仿真模型进行一定处理,从而能够更加精确地对 SOC 值进行估算,此方法也称扩展卡尔曼滤波算法。

(5) 神经网络法

神经网络法是依据大量的样本数据和神经网络模型,通过大量的数据分析,实时将 SOC 值与输入端数据建立一定的联系。人工神经网络模型缺少对动态工况的验证,在使用这种模型时,还必须采集大量的变电流工况数据。否则,当燃料电池电动汽车行驶在复杂工况下时,模型的 SOC 值估计精度势必将受到影响。

随着各种先进算法的提出,SOC 值估算精度已经得到了明显提高。

4. 电池管理系统的应用实例

特斯拉电动汽车的核心技术之一就是电池管理系统。

【特斯拉动力电池系统】

特斯拉电动汽车选取松下的 NCA 系列 18650 型镍钴铝酸锂离子蓄电池串并能量包作为动力源,每辆特斯拉 Model S 汽车使用约 8000 节单体电池。特斯拉电动汽车坚持不使用大容量电池单元,是因为小容量的 18650 型镍钴铝酸锂离子蓄电池工艺成熟,成本低,安全性好,一旦电池单元出现热失控,不容易影响到周围的电池单元。但是将 8000 节单体电池组成电池组,会大幅增加单体电池之间的不一致性,导致单体电池的温度、电荷、电压出现不平衡现象,引起个别单体电池过充电、过放电并产生静电反应,从而降低电池组寿命及安全性。特斯拉电动汽车用锂离子蓄电池如图 5.5 所示。

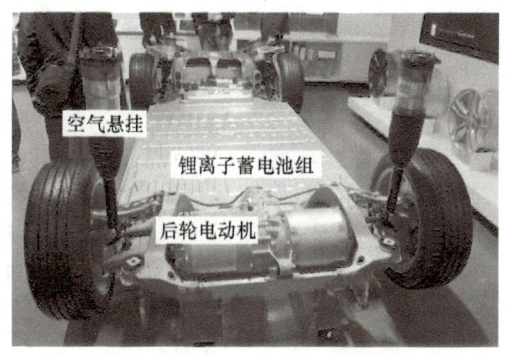

图 5.5 特斯拉电动汽车用锂离子蓄电池

特斯拉电动汽车对这些电池采用了分层管理的设计，每 69 个单体电池并联成一个电池模块，9 个电池模块又串联成一个电池方块，最后串联成整块电池板。每个单体电池、电池模块和电池方块都有熔丝，每个层级都会有电流、电压和温度的监控，一旦电流过大则立刻熔断。特拉斯电动汽车电池管理系统主要具有以下功能。

(1) 电荷平衡系统能有效排除故障单体。每个单体电池都有一个电压上限和下限，电池在此范围内可正常工作，但一旦单体电池电压接近这一限值，其化学性能将发生突变，必须立即停止放电或充电，否则电池将会受到不可逆的损坏，将会大幅增加电池的自放电率、产生静电反应，进而引起爆炸。众多单体电池所组成的电池组大大增加了单体电池之间的不一致性，导致电池电压的安全范围各不相同，安全性能大幅降低。为此特斯拉电动汽车自主研发单体电池电荷平衡系统，可有效排除故障单体电池，保证整车安全性能。特斯拉电动汽车电池组尾部安装有印制电路板，内置众多电源开关，每个电源开关一端连接某个 18650 型单体电池，另一端连接一个中型的集电器（单体电池电荷监控器）。当电池组中某一个单体电池因过充电、过放电或温度过高导致电量与其他单体电池不同时，集电器就会将能量在单体电池之间进行相互转移，防止其因电压超过安全范围而产生异变。而当该单体电池真的产生异变时，电子集成器将控制电路板上相对应的电源开关弹开，从而将该单体电池隔离，避免产生静电反应而引起爆炸。

(2) 电池温度管理系统能提升整车安全性能。特斯拉电动汽车高达 60kW·h、85kW·h 的电池组容量导致在运行过程中将会释放更多热量，从而加大了电池组温度过高引起爆炸的概率，这是特斯拉电动汽车电池管理系统解决的最核心的问题之一。

电池温度管理系统包括电池组温度检测系统和电池组液体冷凝系统。

① 电池组温度检测系统的主要任务是智能温度监测。电动汽车安全性能主要体现在对电池组温度及电流的控制上，尤其对于大容量的电池组，过充电、过放电、碰撞及运行过程中电池过度发热都会使电池组温度过高而引发爆炸。特斯拉电动汽车电池组中的每一个单体电池都连接着一个热敏电阻及一系列的光导纤维，同时将热敏电阻连接到电池监控器，将光导纤维连接到光敏感应器。当某个单体电池的温度超过安全标准时，热敏电阻将产生一个电信号传达至电池监控器，以便启动电池冷凝系统保证电池安全性能。电池发生热逃逸等现象将影响光导纤维中光束的传输，进而刺激光敏感应器发出相应信号进行热度调节。而当汽车发生剧烈碰撞时，电池组与电动机的能量传输路径将被立即阻断，电池组

外保护层将保护电池组免受碰撞影响，从而避免发生剧烈爆炸。

图 5.6 所示为特斯拉电动汽车电池管理系统中的温度管理系统。图 5.6(a)所示为一层内部的热管理系统，冷却管道曲折布置在电池间，冷却液在管道内部流动，带走电池产生的热量。图 5.6(b)所示为冷却管道的结构。冷却管道内部被分成四个孔道，如图 5.6(c)所示。为了防止冷却液流动过程中温度逐渐升高使末端散热能力不佳，热管理系统采用了双向流动的流场设计，冷却管道的两个端部既是进液口，也是出液口，如图 5.6(d)所示。电池之间及电池和管道间填充电绝缘但导热性能良好的材料，其作用：①将电池与散热管道间的接触形式从线接触转变为面接触；②有利于提高单体电池间的温度均一性；③有利于提高电池包的整体热容，从而降低整体平均温度。

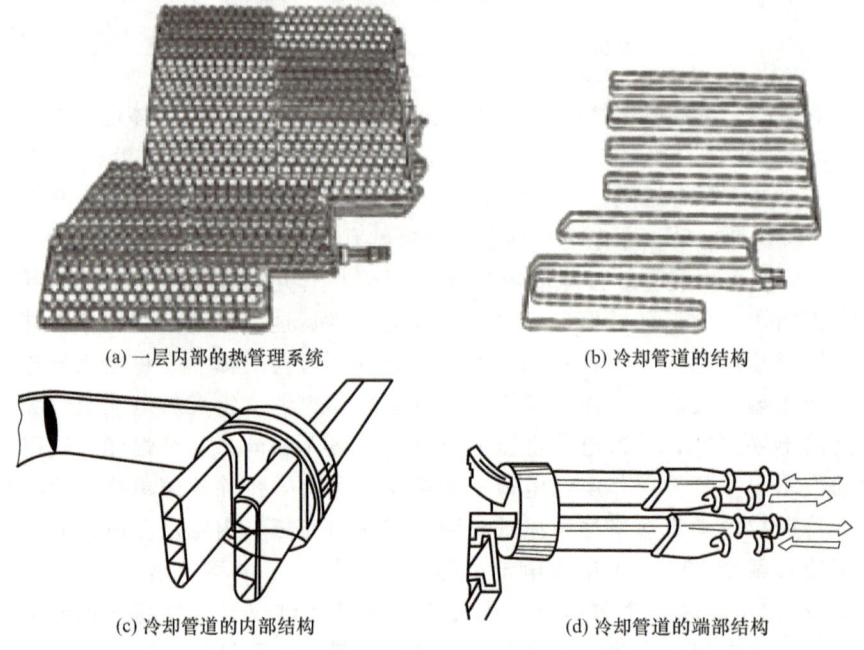

(a) 一层内部的热管理系统　　(b) 冷却管道的结构

(c) 冷却管道的内部结构　　(d) 冷却管道的端部结构

图 5.6　特斯拉电动汽车电池管理系统中的温度管理系统

② 电池组液体冷凝系统的主要任务是实时温度控制。特斯拉自主研发的机体液体冷凝系统为双模式冷却系统，其中第一层冷却回路专门为电池组降温，电池回路将电池组与冷却泵相连接，回路中充满了冷却剂，并且延伸多个冷却管覆盖至每个单体电池。第一层冷却回路将控热系统、通风设备及其他散热装置与电池组热量管理系统连接起来，从而保证每个单体电池温度低于其安全值，保证其散热性能及安全性能。第二层冷却回路包括第二冷却储液罐，并至少与一个转动部件进行热交换，并立于第一个冷却回路，保证电池组冷却系统的独立性。

5.1.3　混合动力电动汽车能量管理系统

作为一种新型的多能量交通工具，混合动力电动汽车的性能与其采用的能量管理策略密切相关。混合动力电动汽车的能量管理策略是传统燃油汽车与纯电动汽车完美结合的纽带，是混合动力电动汽车成败的最终决定性因素。

1. 能量管理策略

能量管理策略的控制目标是根据驾驶人的操作（如踩踏加速踏板、制动踏板等），判断驾驶人的意图，在满足车辆动力性能的前提下，最优地分配电动机、发动机、动力电池等部件的功率输出，实现能量的最优分配，提高车辆的燃油经济性和排放性能。由于混合动力电动汽车中的电池不需要外部充电，因此能量管理策略还应考虑动力电池的荷电状态平衡，以延长电池寿命，降低车辆维护成本。

混合动力电动汽车的能量管理系统十分复杂，并且随系统组成的不同而呈现出很大差异。下面简单介绍 3 种混合动力电动汽车的能量管理策略。

(1) 串联式混合动力电动汽车的能量管理策略

由于串联式混合动力电动汽车的发动机与汽车行驶工况没有直接联系，因此能量管理策略的主要目标是使发动机在最佳效率区和排放区工作。为了优化能量分配整体效率，还应考虑传动系统的动力电池、发动机、电动机和发电机等部件。串联式混合动力电动汽车有 3 种基本的能量管理策略。

① 恒温器策略。当动力电池 SOC 值低于设定的低门限值时，起动发动机，在最低油耗或排放点按恒功率模式输出，一部分功率用于满足车轮驱动功率要求，另一部分功率给动力电池充电。而当动力电池 SOC 值上升到所设定的高门限值时，发动机关闭，由电动机驱动车辆。其优点是发动机效率高、排放低，缺点是动力电池充放电频繁，加上发动机开关时的动态损耗，使得系统总体的损失功率变大，能量转换效率较低。

② 功率跟踪式策略。由发动机全程跟踪车辆功率需求，只有在动力电池的 SOC 值大于 SOC 设定上限，而且仅由动力电池提供的功率能满足车辆需求时，发动机才停机或怠速运行。由于动力电池容量小，因此动力电池充放电次数减少，使得系统内部损失减少。但是发动机必须在从低到高的较大负荷区内运行，使得发动机效率和排放不如恒温器策略。

③ 基本规则型策略。该策略综合了恒温器策略与功率跟踪式策略二者的优点，根据发动机负荷特性图设定了高效率工作区，根据动力电池的充放电特性设定了动力电池高效率的荷电状态范围；并设定一组控制规则，根据需求功率和 SOC 值进行控制，以充分利用发动机和动力电池的高效率区，使其达到整体效率最高。

(2) 并联式混合动力电动汽车的能量管理策略

并联式混合动力电动汽车的能量管理策略基本属于基于转矩的控制，目前主要有以下 4 类。

① 静态逻辑门限策略。该策略通过设置车速、动力电池 SOC 值上下限、发动机工作转矩等一组门限参数，限定动力系统各部件的工作区域，并根据车辆实时参数及预先设定的规则调整动力系统各部件的工作状态，以提高车辆的整体性能。其实现简单，目前实际应用较广泛。但由于主要依靠工程经验设置门限参数，静态逻辑门限策略无法保证车辆燃油经济性最优，而且这些静态参数不能适应工况的动态变化，因此无法使整车系统达到最大效率。

② 瞬时优化能量管理策略。针对静态逻辑门限策略的缺点，一些学者提出了瞬时优化能量管理策略。瞬时优化能量管理策略一般是采用等效燃油消耗最少法或功率损失最小法，二者原理类似。其中等效燃油消耗最少法将电动机的等效油耗与发动机的实际

油耗之和定义为名义油耗，将电动机的能量消耗转换为等效的发动机油耗，得到一张类似于发动机万有特性图的电动机等效油耗图。在某一个工况瞬时，从保证系统在每个工作时刻的名义油耗最小出发，确定电动机的工作范围（用电动机转矩表示），同时确定发动机的工作点，对每一对工作点计算发动机的实际燃油消耗，以及电动机的等效燃油消耗，最后选名义油耗最小的点作为当前工作点，实现对发动机、电动机输出转矩的合理控制。为了将排放一同考虑在内，该策略还可采用多目标优化技术，采用一组权值来协调排放和燃油同时优化存在的矛盾。等效燃油消耗最少法在每一步长内是最优的，但无法保证在整个运行区间内最优，而且需要大量的浮点运算和比较精确的车辆模型，计算量大，实现困难。

③ **全局最优能量管理策略**。全局最优能量管理策略是应用最优化方法和最优控制理论开发出来的混合动力系统能量分配策略，目前主要分为基于多目标数学规划方法的能量管理策略、基于古典变分法的能量管理策略和基于贝尔曼动态规划理论的能量管理策略3种。

研究最为成熟的是基于贝尔曼动态规划理论的能量管理策略。该方法首先建立空间状态方程，然后计算在约束条件下满足性能指标的最优解。为了满足电池荷电状态平衡的约束条件，采用拉格朗日乘子法推导出的性能指标除了包含燃油消耗外，还包括荷电状态变化量。采用迭代方法计算其拉格朗日系数，可以得到满足荷电状态平衡约束条件的最优解。该方法只能用于特定的驾驶循环，即必须预先精确知道车辆的需求功率，而不能用于在线控制。

全局最优模式实现了真正意义上的最优化，但实现这种策略的算法往往都比较复杂，计算量也很大，在实际车辆的实时控制中很难得到应用。通常的做法是把应用全局最优算法得到的能量管理策略作为参考，以帮助总结和提炼出能用于在线控制的能量管理策略，如与逻辑门限策略等相结合，在保证可靠性和实际可能性的前提下进行优化控制。

④ **模糊能量管理策略**。该策略基于模糊控制方法来决策混合动力系统的工作模式和功率分配，将"专家"的知识以规则的形式输入模糊控制器中，模糊控制器将车速、电池SOC、需求功率/转矩等输入量模糊化，基于设定的控制规则来完成决策，以实现对混合动力系统的合理控制，从而提高车辆整体性能。基于模糊逻辑的策略可以表达难以精确定量表达的规则；可以方便地实现不同影响因素（功率需求、电池SOC、电动机效率等）的折中；鲁棒性好。但是模糊控制器的建立主要依靠经验，无法获得全局最优。

（3）**混联式混合动力电动汽车的能量管理策略**

混联式混合动力电动汽车由于其特有的传动系统结构（如采用行星齿轮传动），除了采用瞬时优化能量管理策略、全局最优能量管理策略和模糊能量管理策略（与并联式混合动力电动汽车能量管理策略原理类似）以外，还有如下一些特有的能量管理策略。

① **发动机恒定工作点策略**。由于采用了行星齿轮机构，发动机转速可以独立于车速变化，因此发动机工作在最优工作点，提供恒定的转矩输出，而剩余的转矩则由电动机提供。电动机负责动态部分，避免了发动机动态调节带来的损失，而且与发动机相比，电动机的控制也更为灵敏，易于实现。

② **发动机最优工作曲线策略**。发动机工作在万有特性图中最佳油耗线上，只有当发

电机电流需求超出电池的接受能力或者当电动机驱动电流需求超出电动机或电池的允许限制时，才调整发动机的工作点。

2. 工作模式

混合动力电动汽车的实际运行工况十分复杂，主要包括起步、加速、减速、巡航、上坡、下坡、制动、停车、倒车等。混合动力电动汽车由两种动力源驱动，由于发动机和电动机两套动力系统分别具有不同的高效工作区，为了充分发挥混合动力系统的优势，汽车在不同的运行工况下，应具有多种不同的工作模式，以充分提高车辆的整体性能。

(1) **串联式混合动力电动汽车的工作模式**

① 纯电动模式。发动机关闭，车辆仅由蓄电池组供电、驱动。

② 纯发动机模式。车辆牵引功率仅来源于发动机-发电机组，而蓄电池组既不供电也不从驱动系统中吸收任何功率，电设备组用作从发动机到驱动轮的电传动系统。

③ 混合模式。牵引功率由发动机-发电机组和蓄电池组共同提供。

④ 发动机牵引和蓄电池充电模式。发动机-发电机组供给向蓄电池组充电和驱动车辆所需的功率。

⑤ 再生制动模式。发动机-发电动机组关闭，牵引电动机产生的电功率用于向蓄电池组充电。

⑥ 蓄电池组充电模式。牵引电动机不接收功率，发动机-发电机组向蓄电池组充电。

⑦ 混合式蓄电池充电模式。发动机-发电机组和运行在发电机状态下的牵引电动机共同向蓄电池组充电。

(2) **并联式混合动力电动汽车的工作模式**

① 纯电动模式。当混合动力电动汽车处于起步、低速等轻载工况且动力电池的电量充足时，若以发动机作为动力源，则发动机燃油效率较低，并且排放性能很差。因此，应关闭发动机，由动力电池提供能量并以电动机驱动车辆。但当动力电池的电量较低时，为保护电池，应当切换到行车充电模式。

② 纯发动机模式。在车辆高速行驶等中等负荷时，车辆克服路面阻力运行所需的动力较小，一般情况下主要由发动机提供动力。此时，发动机可工作于高效区域，燃油效率较高。

③ 混合驱动模式。在加速或爬坡等大负荷情况下，当车辆行驶所需的动力超过发动机工作范围或高效区时，由电动机提供辅助动力同发动机一同驱动车辆。若此时动力电池的剩余电量较低，则转换到纯发动机模式。

④ 行车充电模式。在车辆正常行驶等中低负荷时，若动力电池的剩余电量较低，发动机除了要提供驱动车辆所需的动力外，还要提供额外的功率，通过发电机发电以转换为电能给动力电池充电。

⑤ 再生制动模式。当混合动力电动汽车减速/制动时，发动机不工作，电动机尽可能多地回收再生制动能量，剩余部分由机械制动器消耗。

⑥ 怠速/停车模式。在怠速/停车模式时，通常关闭发动机和电动机，但当动力电池剩余电量较低时，需要起动发动机和电动机，控制发动机工作于高效区并拖动电动机为动力电池充电。

5.2 电动汽车再生制动能量回收系统

再生制动是指电动汽车在减速制动(或者下坡)时将汽车的部分动能转换为电能,转换的电能储存在储存装置(如各种蓄电池、超级电容器和超高速飞轮)中,最终增加电动汽车的续驶里程。如果储能器已经被完全充满,再生制动就不能实现,所需的制动力就只能由常规的制动系统提供。

图5.7所示为电动汽车的再生制动/液压制动系统的基本结构。当驾驶人踩下制动踏板后,电动泵使制动液增压产生所需的制动力,制动控制与电动机控制协同工作,确定电动汽车上的再生制动力矩和前后轮上的液压制动力。再生制动时,再生制动控制回收再生制动能量,并且反充到动力电池中。与传统燃油汽车相同,电动汽车上的ABS及其控制阀的作用是产生最大的制动力。

【电动汽车制动能量回收系统】

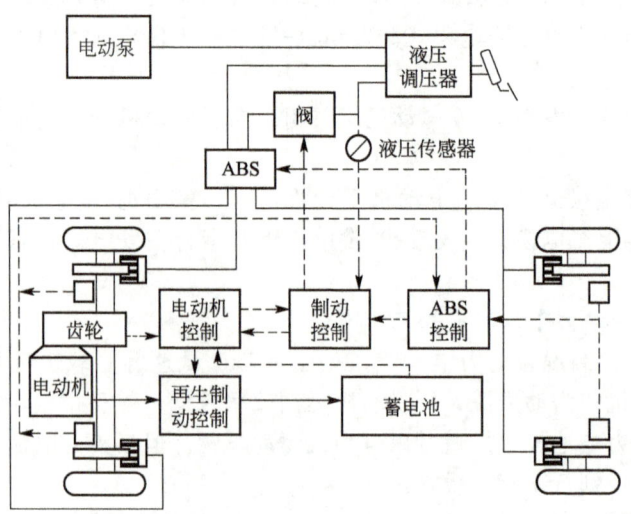

图5.7 电动汽车的再生制动/液压制动系统的基本结构

5.2.1 再生制动能量回收的方法和类型

再生制动能量回收的基本原理是先将汽车制动或减速时的一部分机械能(动能)经再生系统转换(或转移)为其他形式的能量(旋转动能、液压能、化学能等),并储存在储能器中,同时产生一定的负荷阻力使汽车减速制动;当汽车再次起动或加速时,再生系统又将储存在储能器中的能量转换为汽车行驶所需要的动能(驱动力)。

1. 再生制动能量回收的方法

根据储能机理不同,电动汽车再生制动能量回收的方法可分为飞轮储能、液压储能和电化学储能3种。

(1)飞轮储能

飞轮储能是利用高速旋转的飞轮来储存和释放能量。飞轮储能式再生制动能量回收系统原理如图5.8所示。当汽车制动或减速时,先将汽车在制动或减速过程中的动能转换为飞轮高速旋转的动能;当汽车再次起动或加速时,高速旋转的飞轮又将储存的动能通过传动装置转换为汽车行驶的驱动力。

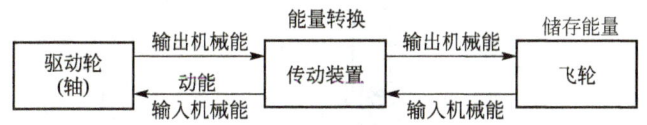

图 5.8 飞轮储能式再生制动能量回收系统原理

飞轮储能式再生制动能量回收系统示意如图 5.9 所示。该系统主要由发动机、高速储能飞轮、增速齿轮、离合器和驱动桥等组成。发动机用来提供驱动汽车的主要动力。高速储能飞轮用来回收再生制动能量及作为负荷平衡装置,为发动机提供辅助的功率以满足峰值功率的要求。

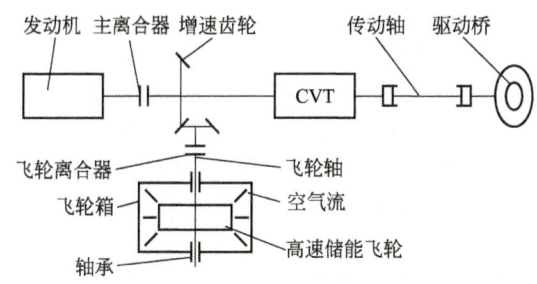

图 5.9 飞轮储能式再生制动能量回收系统示意

(2) **液压储能**

液压储能式再生制动能量回收系统原理如图 5.10 所示。该系统先将汽车在制动或减速过程中的动能转换为液压能,并将液压能储存在液压储能器中;当汽车再次起动或加速时,储能系统又将储能器中的液压能以机械能的形式反作用于汽车,以增加汽车的驱动力。

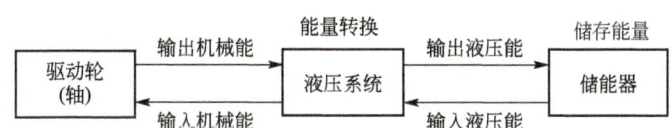

图 5.10 液压储能式再生制动能量回收系统原理

液压储能式再生制动能量回收系统示意如图 5.11 所示。该系统主要由发动机、液压泵/电动机、储能器、变速器、驱动桥、离合器和液压控制系统组成。汽车起动、加速或爬坡时,液控离合器接合,液压储能器与连动变速器连接,液压储能器中的液压能通过液压泵/电动机转化为驱动汽车的动能,用来辅助发动机满足驱动汽车所需要的峰值功率。汽车减速时,电控元件发出信号,使系统处于储能状态,将动能转换为压力能储存在液压储能器内,此时汽车行驶阻力增大,车速降低直至停车。在紧急制动或初始车速较高时,能量再生系统不工作,不影响原车制动系统正常工作。

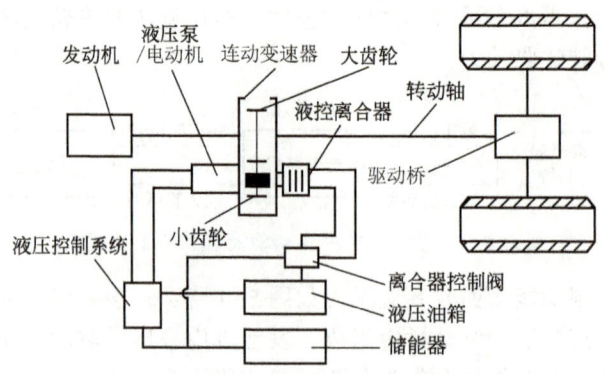

图 5.11　液压储能式再生制动能量回收系统示意

(3) 电化学储能

电化学储能式再生制动能量回收系统原理如图 5.12 所示。该系统是先将汽车在制动或减速过程中的动能，通过发电机转换为电能并以化学能的形式储存在储能器中；当汽车再次起动或加速时，再将储能器中的化学能通过电动机转换为汽车行驶的动能。储能器可采用蓄电池或超级电容器，由发电机/电动机实现机械能和电能之间的转换。该系统还包括一个控制单元，用来控制蓄电池或超级电容器的充放电状态，并保证蓄电池的剩余电量在规定的范围内。

图 5.12　电化学储能式再生制动能量回收系统原理

一种用于前轮驱动汽车的电化学储能式再生制动能量回收系统示意如图 5.13 所示。当汽车以恒定速度或加速度行驶时，电磁离合器脱开。当汽车制动时，行车制动系统开始工作，汽车减速制动，电磁离合器接合，从而接通驱动轴和变速器的输出轴。这样，汽车

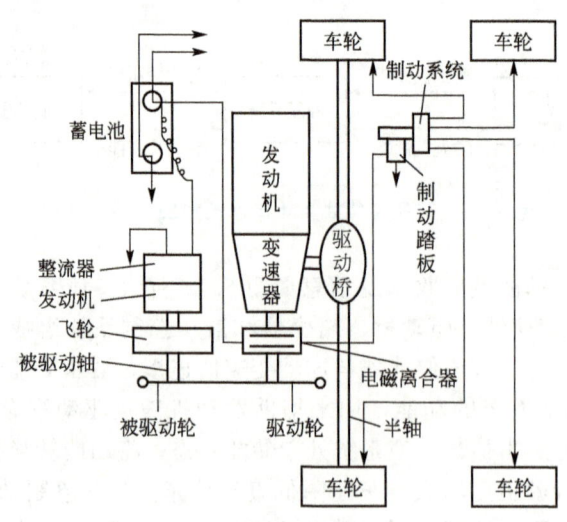

图 5.13　一种用于前轮驱动汽车的电化学储能式再生制动能量回收系统示意

的动能由输出轴、离合器、驱动轴、驱动轮和从动轮传到发动机和飞轮上。制动时的机械能由电动机转换为电能,存入蓄电池。当离合器再分离时,传到飞轮上的制动能,驱动发电机产生电能,存入蓄电池。在发电机和飞轮回收能量的同时,产生负载作用,作为前轮驱动的制动力。当汽车再次起动时,蓄电池的化学能转换为机械能用来加速汽车。

电动汽车一般采用这种形式实现再生制动能量回收,采用的方法是在制动或减速时将驱动电动机转化为发电机。

3 种储能方法的比较见表 5-4。

表 5-4 3 种储能方法的比较

项 目	储 能 方 法		
	飞轮储能	液压储能	电化学储能
能量密度	＋	—	＋＋
功率密度	＋＋	＋＋	—
储能效率(短时间)	＋	＋	＋＋
储能效率(长时间)	— —	＋	0
能量转换效率	＋	—	＋
寿命	＋＋	＋＋	— —
过负荷容量	＋	＋	— —
可靠性	＋	＋	＋
维护性	＋	＋	— —
噪声	＋	＋	＋＋
成本	＋	＋	— —

注:表中符号"＋＋"表示优秀,"＋"表示良好,"0"表示中等,"—"表示差,"— —"表示较差。

2. 再生制动能量回收系统的类型

再生制动能量回收系统的类型因储能方法不同而不同,主要有电能式、动能式和液压式。

电能式主要由发电机、电动机和蓄电池或超级电容器组成,一般在电动汽车上使用。动能式主要由飞轮及无级变速器构成,一般在公交汽车上使用。液压式主要由液压泵/电动机、储能器组成,一般在工程机械或大型车辆上使用。

5.2.2 电动汽车的再生制动能量回收系统

再生制动能量回收问题对于提高电动汽车的能量利用率具有重要意义。在汽车制动过程中,汽车的动能通过摩擦转换为热能耗散掉,浪费了大量的能量。有关研究数据表明,在几种常见城市工况下,大量的驱动能量被转换为制动能量而消散掉。从平均数值看,制动能量占总驱动能量的 50% 左右。

在电动汽车上采取再生制动能量回收,有如下作用。

(1) 在目前电动汽车的储能元件没有大的突破与发展的实际情况下,再生制动能量回收装置可以提高电动汽车的能量利用率,延长电动汽车的续驶里程。

(2)电制动与传统制动相结合,可以减轻传统制动器的磨损,增长其循环寿命,达到降低成本的目的。

(3)可以减少汽车制动器在制动(尤其是缓速下长坡及滑行)过程中产生的热量,降低汽车制动器的热衰退,提高汽车的安全性和可靠性。

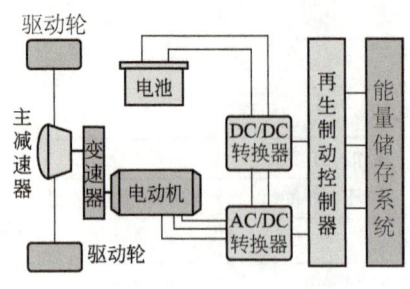

图 5.14 再生制动系统的结构与原理

再生制动系统由驱动轮、主减速器、变速器、电动机、AC/DC 转换器、DC/DC 转换器、能量储存系统及再生制动控制器组成,结构与原理如图 5.14 所示。

汽车在制动或滑行过程中,根据驾驶人的制动意图,由再生制动控制器计算得到汽车需要的总制动力,再根据一定的制动力分配控制策略得到电动机应该提供的再生制动力,电动机控制器计算需要的电动机电枢中的制动电流,通过一定的控制方法使电动机跟踪需要的制动电流,从而较准确地提供再生制动力矩。在电动机的电枢中产生的电流经 AC/DC 转换器整流再经 DC/DC 转换器反充到储能装置中保存起来。

在城市循环工况下,汽车的平均车速较低,负荷率起伏变化大,需要频繁地起动和制动。相关研究显示,汽车制动过程中以热能方式耗散到空气中的能量约占驱动总能量的 50% 左右,如果可以将该部分损失的能量加以回收利用,汽车的续驶里程将会得到很大提高。有关资料显示,安装有再生制动能量回收系统的电动汽车,一次充电续驶里程至少可以增加 10%~30%。

下面简单介绍几种电动汽车再生制动能量回收系统。

1. Eco-Vehicle 的制动控制系统

Eco-Vehicle 是日本开发的一款电动车,该车的制动系统使用了传统制动系统不具有的制动压力控制阀单元。压力控制阀单元安装在主缸和前后制动器之间的液压回路中,压力控制阀包括主缸压力传感器和两个由制动控制器控制的电磁调节器,如图 5.15 所示。

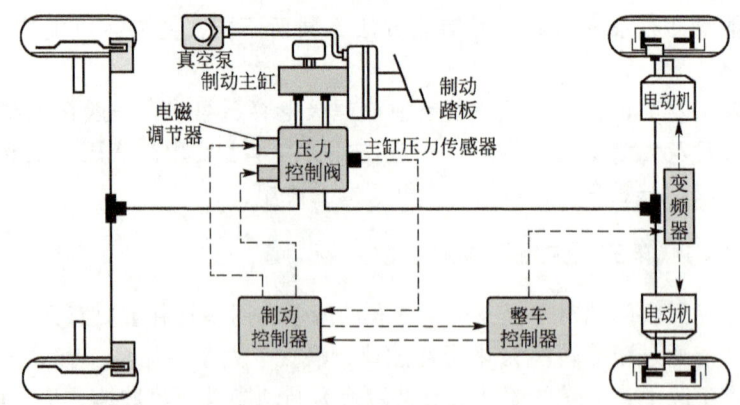

图 5.15 Eco-Vehicle 的制动控制系统

压力控制阀单元包含两个阀体,而且每个阀体能够独立地作用在前后轮制动器上,同时每个阀体都有一个电磁调节器。利用电磁调节器来控制输出的压力不会直接输送到轮缸，车上的制动控制器控制输出液压制动力。Eco-Vehicle 的制动控制系统使用压力控制阀来减小液压制动力所占比例。压力控制阀中还有一种补偿制动液损失的机械装置，它能够在压力出现起伏波动时减轻踏板的振动。制动控制器根据接收的主缸压力信号做出判断，计算出施加的再生制动力的大小，并将结果以电信号形式发送给整车控制器，之后整车控制器参与到再生制动过程中，同时将结果反馈给制动控制器。制动控制器根据反馈信号决定压力控制阀的调节器应处于什么位置，从而控制制动压力的大小。

2. 本田 EV Plus 的制动控制系统

本田 EV Plus 的制动控制系统与传统的液压(气压)制动系统有所区别，它使用电动真空泵给制动助力器提供动力源，制动过程中将回收能量传递到动力电池中。

本田 EV Plus 的制动控制系统如图 5.16 所示。当驾驶人踩下制动踏板一定时间后，电动机将以发电机方式工作。制动回收的动能经过能量控制单元进入电池，转换为电能储存起来。在制动过程中，主缸产生的液压制动力矩经过补偿阀，补偿阀根据能量回收制动力矩的大小对液压制动力矩进行相应的调节控制。

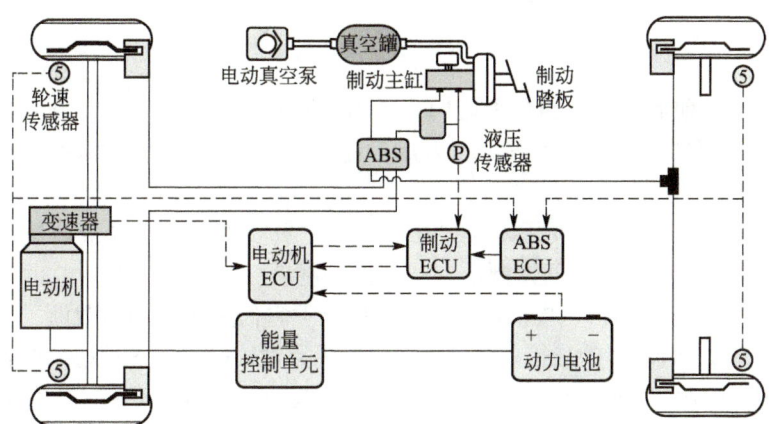

图 5.16　本田 EV Plus 的制动控制系统

3. 丰田普锐斯制动控制系统

丰田普锐斯是丰田汽车公司研制的一款混合动力电动汽车，它的制动系统包括能量回收制动和液压制动。能量回收制动由整车 ECU 控制，液压制动则由制动控制器控制。丰田普锐斯的液压制动控制系统如图 5.17 所示。该系统包括常规制动系统，并且加装了踏板行程模拟装置、压力传感器、压力控制单元。丰田普锐斯具有 ABS 的压力调节功能，4 个压力传感器分别用于检测 2 个制动力矩及 2 个轮缸压力。丰田普锐斯的制动过程如下。

（1）在制动开始时，制动控制器根据主缸的压力计算出驾驶人所需的制动力矩，并将该制动力矩发送给整车控制器，整车控制器通过计算得到当前所能够施加的能量回收制动力矩的大小，并将其发送给制动控制器。

（2）制动控制器根据能量回收制动力矩的大小计算目标液压制动力矩的大小，并根据目标液压制动力矩的大小确定电磁阀 SLA 的通电电流的大小，通过 SLA 来控制液压制动力矩的大小。

（3）在 ABS 不起作用的时候可以通过减压电磁阀 SLR 和储液器的配合来起到减压的作用。

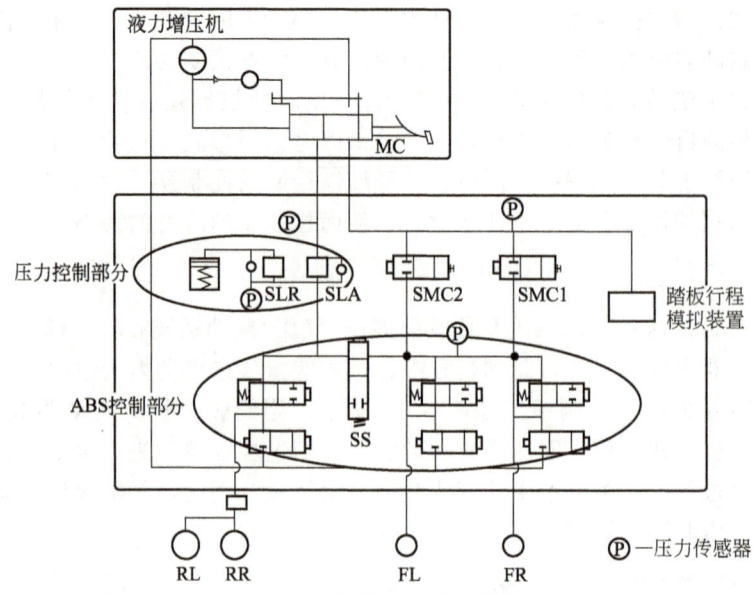

图 5.17　丰田普锐斯的液压制动控制系统

（4）SS 为沟通前后轮缸回路的电磁阀，当前轮的制动力完全可以由能量回收制动力矩提供时，SS 是关闭的；当能量回收制动力矩不能够满足前轮制动需要时，SS 打开，前轮也进行液压制动。

（5）踏板行程模拟装置主要用来模拟踏板行程，吸收多余的制动液，使得在确保制动安全的前提下尽可能采用能量回馈制动，减少液压制动。

（6）SMC1 和 SMC2 为两个电磁阀，在正常情况下它们是关闭的，截断了两个前轮的轮缸制动回路和制动主缸之间的连接。当制动回路出现异常情况（如 SS 失效），前轮无法获取液压制动力矩时，SMC1 和 SMC2 打开，连通前轮的制动轮缸和制动主缸，确保前轮制动。

（7）电磁阀 SLA 和 SLR 都是相关的机械开启装置（在一定的开启压力下可以打开），防止由于电信号失效导致制动轮缸的压力增减失效。当 ABS 起作用时，SLA 全开，此后制动过程由 ABS 控制。

（8）当 ABS 不再起作用时，则转换为压力控制部分工作，通过 SLA 来控制液压制动力矩。

（9）压力控制单元主要用于控制液压制动力矩，它包括液压调节阀和制动主缸，同时实现 ABS 功能。当 ABS 起作用时，该车不进行能量回收制动，完全由液压制动系统来完成制动过程。

4. 再生-液压混合制动系统

图 5.18 所示为是某电动汽车的再生-液压混合制动系统。该制动系统只在前轮上进行再生制动能量回收，前轮上的总制动力矩大小等于电动机产生的再生制动力矩与机械制动系统产生的摩擦制动力矩的和。踩下制动踏板后，电动泵使制动液压力增加以产生所需的制动力，制动控制器与电动机控制器协同工作以确定再生制动力矩和前后轮上的液压制动力矩大小。在电动机再生制动过程中，再生制制动控制器回收再生制动能量并输送到电池中，电动汽车上的 ABS 及其控制阀的作用都是产生尽可能大的制动力。

制动能量回收系统现今广泛应用于混合动力电动汽车及纯电动汽车。作为汽车新能源技术的伴生技术，制动能量回收系统的加入进一步提高了能源的利用率，将混合动力电动汽车和电动汽车的节能环保性能发挥至极致。随着混合动力技术及电动技术的发展，制动能量回收系统有望成为高效环保的主流标配。

制动能量回收系统不仅应用于新能源汽车上，在高级燃油汽车上也开始应用。马自达汽车株式会社（以下简称马自达）开发出世界首款面向乘用车、在充放电时采用"电容器"的制动能量回收系统，命名为 i-ELOOP，如图 5.19 所示。其独特之处在于使用了"电容器"这一电子元

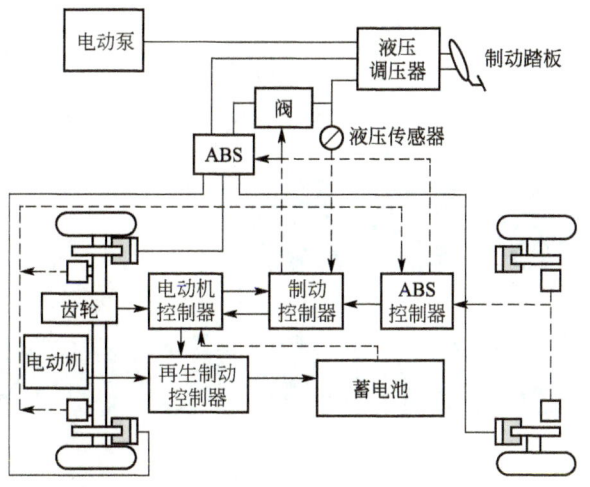

图 5.18　某电动汽车的再生-液压混合制动系统

件，它具有能够快速充放大量电力、即使长期反复使用也不易老化的特点。通过该项制动能量回收系统，可以将车辆减速时所产生的动能转化为电力，以供空调、音响及其他车载电器设备的使用，在频繁进行加速、制动的实际行驶中可以降低油耗约达 10%。

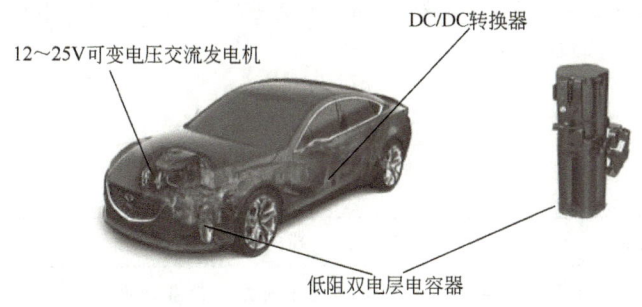

图 5.19　马自达的制动能量回收系统 i-ELOOP

为了在单次制动周期中实现良好的电能回收效果，马自达采用了全新的 12～25V 可变电压交流发电机、低阻双电层电容器、DC/DC 转换器。从行驶过程中驾驶人松开加速踏板车辆减速的瞬间开始，动能已开始被迅速回收，并利用交流发电机发电，提供最大为 25V 的电压，为双电层电容器进行充电并同时储存。这种新开发的汽车专用大容量电容器在短短数秒内即完成充电。之后通过 DC/DC 转换器将电容器所蓄积的电力减压至 12V，除直接分配给空调和音响等电子装置使用外，还可根据需要对蓄电池充电。由于车辆每次制动时都将重复这一过程，这大大节省了传统发动机为发电所消耗的燃料，因此，在日常行驶频繁发生加减速的场合，可达到降低油耗约 10% 的理想效果。

1. 电池管理系统有哪些功能？
2. 再生制动能量回收的方法和类型有哪些？

第 6 章 电动汽车充电技术

教学目标

通过本章的学习,要求读者了解电动汽车对充电设备的要求;掌握电动汽车充电设备的类型,以及充电方法和充电方式;熟悉电动汽车车载充电机和非车载充电机的组成、技术参数、充电接口和充电过程;了解电动汽车光伏充电站的结构与原理。

教学要求

知识要点	能力要求	相关知识
电动汽车对充电设备的要求,电动汽车充电设备的类型,电动汽车的充电方法和充电方式	了解电动汽车对充电设备的要求,掌握电动汽车充电设备的类型,以及充电方法和充电方式	充电设备
电动汽车车载充电机的组成、技术参数、充电接口和充电过程	熟悉电动汽车车载充电机的组成、技术参数、充电接口和充电过程	车载充电机
电动汽车非车载充电机的组成、技术参数、充电接口和充电过程	熟悉电动汽车非车载充电机的组成、技术参数、充电接口和充电过程	非车载充电机
电动汽车光伏充电站的结构与原理	了解电动汽车光伏充电站的结构与原理	光伏发电

> **导入案例**
>
> 电动汽车充电站是电动汽车的重要基础支撑系统,也是电动汽车商业化、产业化过程中的重要环节。随着电动汽车产业的快速发展,为避免充电标准不统一可能引发电动汽车无序发展的问题,国家相关部门正在积极推动电动汽车充电标准建设相关工作。图6.1所示为某电动汽车充电站。
>
> 电动汽车的充电设备有哪些?如何对电动汽车进行充电?通过本章的学习,读者可以得到答案。

图 6.1 某电动汽车充电站

电动汽车产业能否得到快速发展,充电技术是关键因素之一。智能、快速的充电方式是电动汽车充电技术的发展趋势。

6.1 概 述

6.1.1 电动汽车对充电设备的要求

电动汽车充电设备是指与电动汽车或动力蓄电池相连接,并为其提供电能的设备,是电动汽车充电站最主要的设备。

电动汽车对充电设备的基本要求如下。

(1) 安全。电动汽车充电时,要确保人员的人身安全和蓄电池组的安全。

(2) 使用方便。充电设备应具有较高的智能性,不需要操作人员过多干预充电过程。

(3) 成本经济。成本经济、价格低廉的充电设备有助于降低电动汽车的整体成本,提高运行效益,促进电动汽车的商业化推广。

(4) 效率高。高效率是对现代充电设备最重要的要求之一,效率的高低对电动汽车的整体能量效率具有重大影响。

(5) 对供电电网及其他用电设备污染要小。采用电力电子技术的充电设备是一种高度非线性的设备,会对供电电网及其他用电设备产生有害的谐波污染,而且由于充电设备功率因数低,在充电系统负载增加时,对其供电网的影响也不容忽视。

6.1.2 电动汽车充电设备的类型

电动汽车充电设备的类型很多,一般分为非车载充电机、车载充电机、交流充电桩、直流充电桩和交直流充电桩等。

1. 非车载充电机

非车载充电机是指安装在电动汽车车体外，将电网的交流电能转换为直流电能，采用传导方式为电动汽车动力蓄电池充电的专用装置。图 6.2 所示为电动汽车非车载充电机。

非车载充电机一般由高频开关电源模块、监控单元、人机操作界面、与电动汽车相连的电气接口、计量系统和通信接口等组成。

2. 车载充电机

车载充电机是指固定安装在电动汽车上运行，将交流电能转换为直流电能，采用传导方式为电动汽车动力蓄电池充电的专用装置。图 6.3 所示为电动汽车车载充电机。

车载充电机由交流输入接口、功率单元、控制单元、直流输出接口等部分组成，充电过程中宜由车载充电机提供电池管理系统、充电接触器、仪表板、冷却系统等低压用电电源。

图 6.2　电动汽车非车载充电机

图 6.3　电动汽车车载充电机

图 6.4　电动汽车交流充电桩

3. 交流充电桩

交流充电桩是指固定在电动汽车外、与交流电网连接，采用传导方式为具有车载充电装置的电动汽车提供交流电源的专用供电装置。交流充电桩只提供电力输出，没有充电功能，需连接车载充电机为电动汽车充电。图 6.4 所示为电动汽车交流充电桩。

交流充电桩由桩体、电气模块和计量模块组成。桩体外部结构包括外壳和人机交互界面；电气模块包括充电插座、供电电缆、电源转接端子排、安全防护装置等；计量模块包括电能表、计费管理系统、非接触式读写装置等。

4. 直流充电桩

直流充电桩是指固定在电动汽车外、与交流电网连接，可以为非车载电动汽车动力蓄电池提供小功率直流电源的供电装置。直流充电桩的输入电压采用三相四线 AC380V(1±15%)，频率为 50Hz，输出为可调直流电，直接为电动汽车的动力蓄电池充电。图 6.5 所示为电动汽车直流充电桩。

【电动汽车充电桩】

直流充电桩主要由监控器、电度计量表、读卡器、人机交互界面、通信模块及充电接口、执行机构和户外柜体等部分组成。

5. 交直流充电桩

交直流充电桩是采用交直流一体的结构，既可实现直流充电，也可以实现交流充电。白天充电业务多的时候，使用直流方式进行快速充电，当夜间充电站用户少时可用交流充电进行慢充操作。图 6.6 所示为电动汽车交直流充电桩。

图 6.5　电动汽车直流充电桩　　　　图 6.6　电动汽车交直流充电桩

6.1.3　电动汽车的充电方法

电动汽车的充电方法主要有恒流充电、恒压充电和恒流限压充电。现代智能型蓄电池充电机可设置不同的充电方法。

1. 恒流充电

恒流充电是指充电过程中使充电电流保持不变的方法。恒流充电的优点是具有较大的适应性，容易将蓄电池完全充足，有益于延长蓄电池的寿命；缺点是在充电过程中需要根据逐渐升高的蓄电池电动势调节充电电压以保持电流不变，充电时间也较长。

恒流充电是一种标准的充电方法，有如下 4 种。

(1) 涓流充电，即维持蓄电池的满充电状态，恰好能抵消蓄电池自放电的一种充电方法，其充电电率对满充电的蓄电池长期充电无害，但对完全放电的蓄电池充电，电流太小。

(2) 最小电流充电，是指在能使深度放电的蓄电池有效恢复蓄电池容量的前提下，把充电电流尽可能地调整到最小的方法。

（3）标准充电，即采用标准速率充电，充电时间为14h。

（4）高速率（快速）充电，即在3h内就给蓄电池充满电的方法。这种充电方法需要自动控制电路保护蓄电池不损坏。

2. 恒压充电

恒压充电是指充电过程中保持充电电压不变的充电方法。恒压充电时充电电流随蓄电池电动势的升高而减小。合理的充电电压，应在蓄电池即将充足时使其充电电流趋于0。电压过高会造成充电初期充电电流过大和过充电，电压过低则会使蓄电池充电不足。充电初期若充电电流过大，则应适当调低充电电压，待蓄电池电动势升高后再将充电电压调整到规定值。

恒压充电的优点是充电时间短，充电过程无须调整电压，较适合于补充充电；缺点是不容易将蓄电池完全充足，充电初期大电流对极板会有不利影响。

3. 恒流限压充电

恒流限压充电是指先以恒流方式进行充电，当蓄电池组端电压上升到限压值时，充电机自动转换为恒压充电，直到充电完毕。

6.1.4 电动汽车的充电方式

电动汽车的充电方式主要有常规充电方式、快速充电方式、更换蓄电池充电方式、无线充电方式和移动式充电方式。

1. 常规充电方式

常规充电方式采用恒压、恒流的传统充电方式对电动汽车进行充电，相应的充电器的工作和安装成本相对比较低。电动汽车家用充电设施（车载充电机）和小型充电站多采用这种充电方式。车载充电机是电动汽车的一种最基本的充电设备，如图6.7所示。车载充电机作为标准配置固定在车上或放在行李舱里。由于只需将车载充电机的插头插到停车场或家中的电源插座上即可进行充电，因此充电过程一般由用户自己独立完成。直接从低压照明电路取电，充电功率较小，由220V/16A规格的标准电网电源供电。车载充电机典型的充电时间为8~10h（SOC>95%）。这种充电方式对电网没有特殊要求，能够满足照明要求的供电质量就能够使用。由于在家中充电通常是晚上或者是在电低谷期，有利于电能的有效利用，因此电力部门一般会给予电动汽车用户一些优惠，如电低谷期充电打折。

【电动汽车快速充电和慢速充电】

小型充电站是电动汽车的一种最重要的充电方式，如图6.8所示。小型充电站设置在街

图6.7 车载充电机

图6.8 小型充电站

边、超市、办公楼、停车场等处,采用常规充电电流充电。电动汽车驾驶人只需将车停靠在充电站指定的位置上,接上电线即可开始充电。计费方式是投币或刷卡,充电功率一般为 5～10kW,采用三相四线制 380V 供电或单相 220V 供电。其典型的充电时间是补电 1～2h,充满 5～8h(SOC>95%)。

常规充电方式的主要优点:充电技术成熟,技术门槛低,使用方便,容易推广普及;充电设施配置简单,占地较小,投资少;蓄电池充电过程缓和,蓄电池能够深度充满,续航能力更长;充电时蓄电池发热温和,不易发生高温短路或爆炸危险,安全性较高;接口和相关标准较低;充电功率相对低,对配电网要求较低,基础设施配套需求小;一般选择夜间充电,可避开傍晚用电高峰期,享受低谷电价优惠,节能效果较好。

常规充电方式的主要缺点:充电时间长,续驶里程有限,使用受到限制;用于有慢速充电需求的停车场所,如住宅小区停车场、社会公共停车场等。

2. 快速充电方式

快速充电方式以 150～400A 的高充电电流在短时间内为蓄电池充电,与常规充电方式相比安装成本相对较高。快速充电也称迅速充电或应急充电,其目的是在短时间内给电动汽车充满电,充电时间应该与燃油汽车的加油时间接近。大型充电站(机)多采用这种充电方式(图 6.9)。

大型充电站(机)的快速充电方式,主要针对长距离旅行或需要进行快速补充电能的情况进行充电,充电机功率很大,一般都大于 30kW,采用三相四线制 380V 供电。其典型的充电时间是 10～30min。这种充电方式对蓄电池寿命有一定的影响,特别是普通蓄电池不能进行快速充电,因为在短时间内接受大量的电量会导致蓄电池过热。快速充电站的关键是非车载快速充电组件,它能够输出 35kW 甚至更高的功率。由于功率和电流的额定值都很高,因此这种充电方式对电网有较高的要求,一般应靠近 10kV 变电站附近或在监测站和服务中心使用。

图 6.9 大型充电站(机)

快速充电方式的主要优点:技术较为成熟,接口标准要求较低;充电速度快,增加电动汽车长途续驶里程,是一种有效的补充方案;快速充电模式技术较为成熟,接口标准逐渐统一。

快速充电方式的主要缺点:充电功率较大,接口和用电安全提高,蓄电池散热成为重要因素;蓄电池不能深度充电,一般为蓄电池容量的 80% 左右,容易损害蓄电池寿命,需要承担更多的蓄电池折旧成本;短时用电消耗大,对配电网要求较高,基础设施配套需求巨大;一般在白天和傍晚时间段充电,属于城市电力负荷高峰时段,对城市电网的安全性是一种威胁,而且不享受夜间电价打折。

3. 更换蓄电池充电方式

更换蓄电池充电方式采用更换动力蓄电池的方法迅速补充车辆电能,更换蓄电池可在 10min 以内完成,理论上无限提升了车辆续驶里程。

图 6.10 所示为利用换电机器人为电动汽车更换蓄电池。

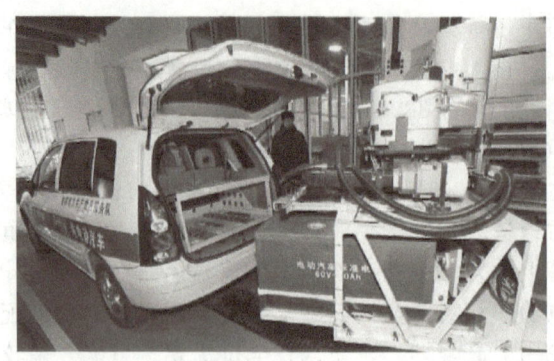

图 6.10 利用换电机器人为电动汽车更换蓄电池

更换蓄电池充电方式的主要优点：更换蓄电池的客户感受接近传统的加油站加油；用户只需购买裸车，并租赁蓄电池，大幅降低了车辆价格；采用合适的充电方式保证蓄电池的健康及蓄电池效能的发挥；蓄电池集中管理便于集中回收和维护，减小环境污染；选择夜间用电低谷时段慢速充电，降低服务机构运行成本，对电网起到削峰填谷作用。

更换蓄电池充电方式的主要缺点：基础设施建设成本较高，占用场地大，电网配套要求高；需解决电动汽车更换蓄电池方便问题，如蓄电池设计安装位置、蓄电池拆卸难易程度等；需要电动汽车行业众多标准的严格统一，包括蓄电池本身外形和各项参数的标准化、蓄电池和电动汽车接口的标准化，蓄电池和外置充电设备接口的标准化等；更换蓄电池容易导致蓄电池接口接触不良等问题，对蓄电池及电动汽车接口的安全可靠要求提高；蓄电池租赁带来资产管理、物流配送、计价收费等一系列问题，运作复杂性和成本提高。

4. 无线充电方式

电动汽车无线充电方式是利用无线电能传输技术对蓄电池进行充电的一种新型充电方式，主要有感应式无线电能传输、谐振式无线电能传输和微波无线电能传输 3 种形式。感应式无线电能传输是松散耦合结构，相当于可分离变压器。谐振式无线电能传输利用近场电磁共振耦合，可以实现电能中距离有效传输。微波无线电能传输是一种远场辐射型能量传输方式，由于其传输效率很低，而且容易对人体产生危害，因此不宜用于电动汽车无线充电。

【电动汽车无线充电】

相对于电动汽车的有线充电而言，无线充电具有使用方便、安全、可靠，没有电火花和触电的危险，无积尘和接触损耗，无机械磨损，没有相应的维护问题，可以适应雨雪等恶劣的天气等优点。无线充电技术用于电动汽车充电可以降低人力成本、节省空间、不影响交通视线等。如果可以实现电动汽车的动态无线充电，则可以大幅减小电动汽车配备的动力蓄电池容量，从而减轻车体质量，降低电动汽车的运行成本。

有了无线充电技术，公路上行驶的电动汽车或双能源汽车可通过安装在电线杆或其他高层建筑上的发射器快速补充电能。电费将从汽车上安装的预付卡中扣除。

图 6.11 电动汽车无线充电示意

电动汽车无线充电示意如图 6.11 所示。

5. 移动式充电方式

对电动汽车蓄电池而言，最理想的情况是电动汽车在路上巡航时充电，即所谓的移动式充电。这样，电动汽车用户就没有必要去寻找充电站、停放车辆，并花费时间去充电了。移动式充电系统埋设在一段路面之下（即充电区），不需要额外的空间。

移动式充电包括接触式和感应式两种。接触式移动充电方式需要在车体的底部装一个接触拱，通过与嵌在路面上的充电元件相接触，接触拱便可获得瞬时高电流。当电动汽车巡航通过移动式充电区时，其充电过程为脉冲充电。对于感应式移动充电方式，车载式接触拱被感应线圈所取代，嵌在路面上的充电元件被可产生强磁场的高电流绕组所取代。很明显，由于机械损耗和接触拱的安装位置等因素的影响，接触式的移动式充电对人们的吸引力不大。

目前的研究主要集中在感应式移动充电方式，因为它不需要机械接触，也不会产生大的位置误差。当然，这种充电方式的投资巨大，现在仍处于实验阶段。

6.1.5 电动汽车充电技术的发展趋势

1. 充电通用化

在多种类型蓄电池、多种电压等级共存的市场背景下，用于公共场所的充电装置必须具有适应多种类型蓄电池系统和适应各种电压等级的能力，即充电系统需要具有充电广泛性，具备多种类型蓄电池的充电控制算法，可与各类电动汽车上的不同蓄电池系统实现充电特性匹配，能够针对不同的蓄电池进行充电。因此，在电动汽车商业化的早期，就应该制定相关政策措施，规范公共场所用充电装置与电动汽车的充电接口、充电规范和接口协议等。

2. 实现智能充电控制

电动汽车充电行为具有随机性和间歇性，会对电网造成诸多不利影响。如果能在提供方便安全的电动汽车充电服务的基础上，通过现代化的技术手段和管理方法，对电动汽车充电设施进行统一监控，实现充电网络一体化、自动化与智能化的充电设施管理与控制，可大幅度削弱电动汽车充电给电力系统带来的不利影响，甚至可将电动汽车充电设施作为电力系统的"友好负荷"，使其参与电力系统削峰填谷，有助于提高电力系统的运行效率和安全性。

3. 与新能源发电配合

新能源发电可利用的资源丰富、污染较少，甚至是零污染，可以在一定程度上缓解电力供应的紧张情况和环保压力。如果能将充电设施与新能源发电集成接入电力系统，将在一定程度上削弱新能源接入对电力系统造成的不利影响，降低充电设施带来的负荷增量，提高可再生能源的利用率。在新能源丰富的郊区建立电动汽车充电站，同时在市区提供蓄电池组更换服务，通过双向运输等方式促进电动汽车和新能源发电的发展。

4. 作为系统储能的组成部分

由于太阳能和风能均具有随机性、波动性和不可控性，在含光伏发电、风力发电的微电网或配电网中，需配置一定容量的储能设备。若储能配置偏少，则可能无法满足系统发电和用电之间的实时动态平衡;若储能配置过于充裕,将显著增加系统总投资费用,则可能造成经济性变差。从电动汽车特性可知,蓄电池只有在荷电状态比较充裕时才可使用,因此电动汽车因电量不足不能行驶时,蓄电池仍有一定的电量储存,可用于参与含分布式电源的微电网或配电网功率实时动态平衡。此外,电动汽车行驶时间通常较短,其可在大量的空置时间内参与电网运行,作为储能单元参与系统削峰填谷,减少系统静态储能设备的配置,提高系统的经济性。

5. 成为智能电网的重要组成部分

电动汽车是发展新能源汽车的重要方向,支持电动汽车发展的电网技术是智能电网的重要组成部分。目前,为充电设施安装智能电表、充电站双向通信设施等都是电动汽车充电技术的主要研究方向。智能电网的实现也依赖于对电网中各环节重要运行参数的在线监测和实时信息掌控,新兴的物联网可作为"智能信息感知末梢",使管理更加集中化、统一化和智能化。物联网应用于电动汽车充电将有助于实现电动汽车的自动识别、自动报警和自动管理等功能,是推动智能电网发展的重要技术手段。

6.2 电动汽车车载充电机

车载充电机具有保障电动汽车动力电池安全且自动充满电的能力,其依据电池管理系统提供的数据,能动态调节充电电流或电压参数,执行相应的动作,完成充电过程。

6.2.1 电动汽车车载充电机组成

车载充电机由输入端口、功率单元、控制单元、低压辅助单元、输出端口等部分组成。车载充电机连接示意图如图6.12所示。

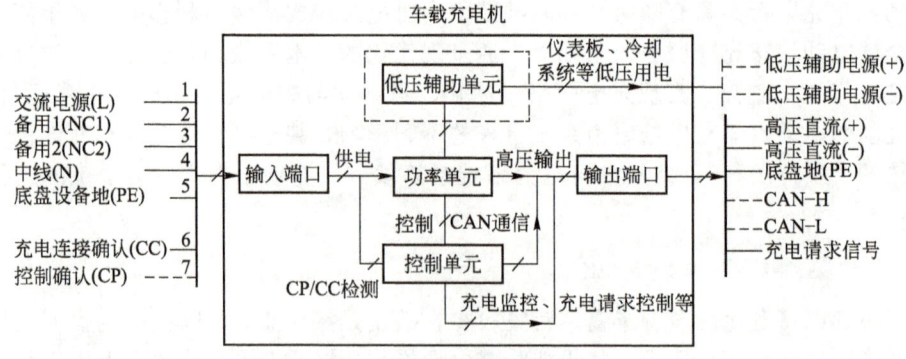

图 6.12 车载充电机连接示意图

输入端口是车载充电机与地面供电设备的连接装置,当使用车载充电机对电动汽车充电时,推荐使用图6.13所示的典型引导电路作为充电接口连接状态及车载充电机输出的判断装置。

功率单元作为充电能量的传递通道,主要包括EMI抑制模块、整流模块、PFC校正模块、滤波模块、全桥变换模块、直流输出模块,其作用是在控制单元的配合下,把电网的交流电转换成蓄电池需要的高压直流电。

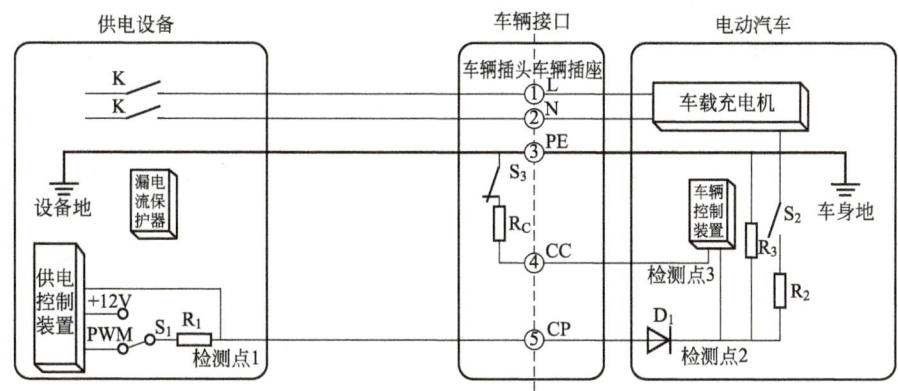

图 6.13 车载充电机输入控制引导电路

控制单元主要包括原边监测及保护模块、过电流监测及保护模块、过电压/欠电压监测及保护模块、DSP 主控模块，其作用是通过电力电子开关器件控制功率单元的转换过程，通过闭环控制方式精确完成转换功能，并提供保护功能。

低压辅助单元主要包括 CAN 通信模块、辅助电源模块、人机交互模块，其作用是为控制单元的电力电子器件提供低压供电及实现系统与外界的联系。

输出端口是车载充电机与蓄电池之间的连接装置，车载充电机输出控制引导电路如图 6.14 所示。

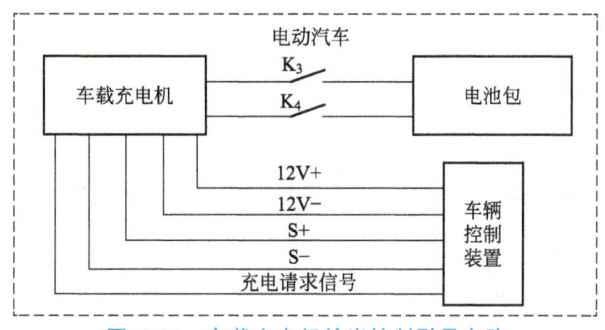

图 6.14 车载充电机输出控制引导电路

6.2.2 电动汽车车载充电机的技术参数

电动汽车车载充电机输入技术参数的推荐值见表 6-1。

表 6-1 电动汽车车载充电机输入技术参数的推荐值

序号	额定输入电压/V	额定输入电流/A	额定输入功率/kW	额定频率/Hz
1	单相 220	10	2.2	50
2	单相 220	16	3.5	
3	单相 220	32	7.0	
4	三相 380	16	10.5	
5	三相 380	32	21.0	
6	三相 380	63	41.0	

电动汽车车载充电机输出技术参数的推荐值见表 6-2。

表 6-2 电动汽车车载充电机输出技术参数的推荐值

输出电压等级	输出电压/V	标称输出电压推荐值/V
1	24~65	48
2	55~120	72
3	100~250	144
4	200~420	336
5	300~570	384、480
6	400~750	640

输出电流可根据各厂家蓄电池组电压情况设定。车载充电机在额定输入电压、额定负载的状态下，效率应不低于90%，功率因数应不低于0.92。

车载充电机的技术参数误差要求：输入电压波动范围为额定输入电压的±15%；输入频率波动范围为额定频率的±2%；车载充电机在恒压输出状态下运行时，其输出电压与设定电压的误差应为±1%；车载充电机在恒流输出状态下运行时，其输出电流与设定电流的误差应为±5%；车载充电机在允许的输出电流的范围内，输出电流的周期和随机偏差不能大于设定电流值的10%；车载充电机在稳流区间工作时，其稳流精度应小于1%，在稳压区间工作时，稳压精度应小于0.5%。

6.2.3 电动汽车车载充电机的充电接口

电动汽车车载充电机属于交流充电，其接口应满足交流充电接口的要求。

车载充电机车辆供电插头的触头布置方式如图6.15所示。车载充电机车辆充电插座的触头布置方式如图6.16所示。车载充电机车辆供电插头和充电插座如图6.17所示。

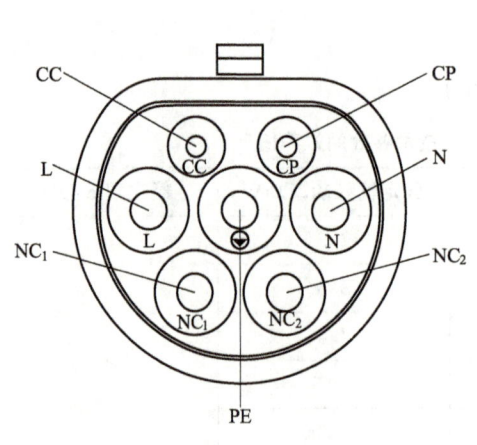

图 6.15 车载充电机车辆供电插头的触头布置方式

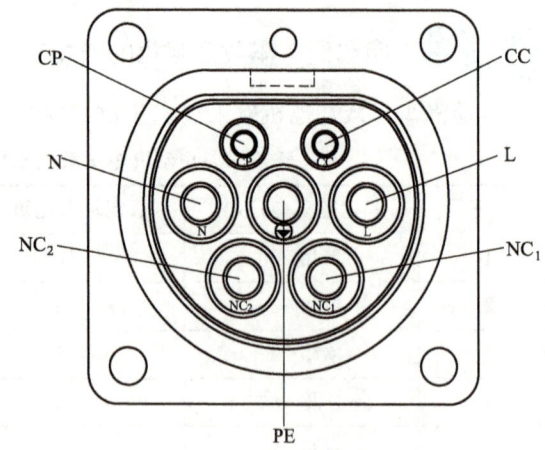

图 6.16 车载充电机车辆充电插座的触头布置方式

图 6.17　车载充电机车辆供电插头和充电插座

在充电连接过程中，首先接通保护接地触头，最后接通控制导引触头与充电连接确认触头；断开过程相反。车辆接口的电气连接界面如图 6.18 所示。车辆供电接口的电气连接界面如图 6.19 所示。

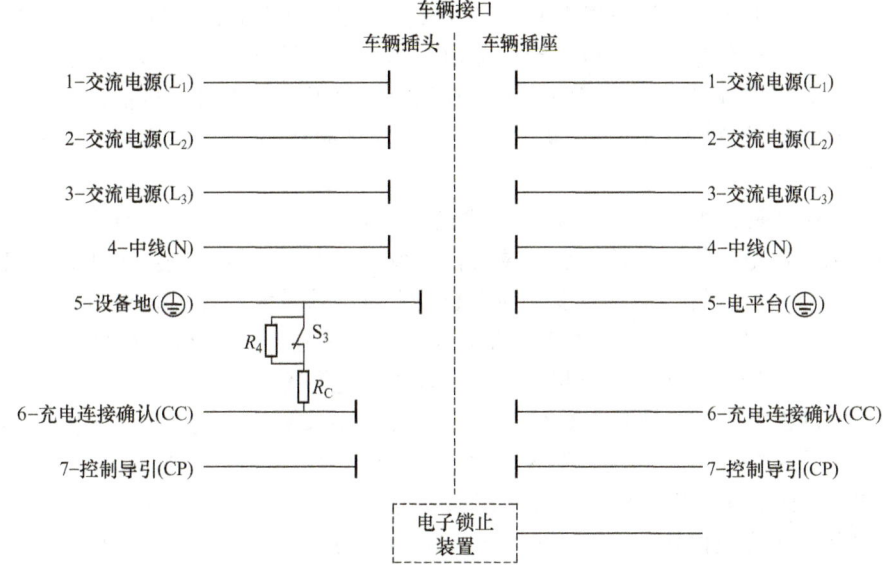

图 6.18　车辆接口的电气连接界面

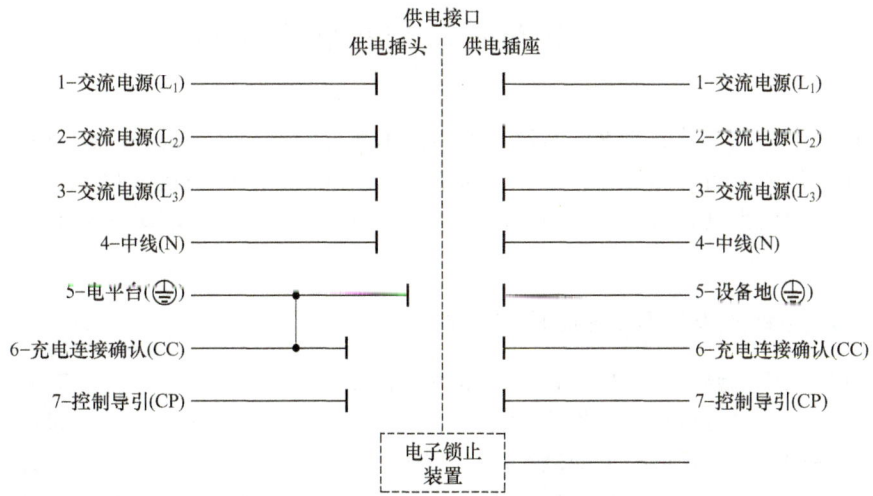

图 6.19　车辆供电接口的电气连接界面

6.2.4　电动汽车车载充电机的充电过程

利用车载充电机对电动汽车充电,充电过程如下。

(1) 将车辆插头和车辆插座插合后,车辆的总体设计方案可以自动启动某种触发条件,通过互锁或者其他控制措施使车辆处于不可行驶状态。

(2) 电动汽车车辆控制装置通过测量图 6.13 中检测点 3 与 PE 之间的电阻值,判断车辆插头与车辆插座是否已完全连接。

(3) 在操作人员对供电设备完成充电启动设置后,如供电设备无故障,并且供电接口已完全连接,则闭合 S_1,供电控制装置发出 PWM 信号。电动汽车车辆控制装置通过测量图 6.13 中检测点 2 的 PWM 信号,判断充电连接装置是否已完全连接。

(4) 在电动汽车和供电设备建立电气连接及车载充电机完成自检后,通过测量图 6.13 中检测点 2 的 PWM 信号确认充电额定电流值;车载充电机给电动汽车控制装置发送充电感应请求信号,同时或延时后给车辆控制装置供电;根据充电协议进行信息确认,若需充电则电动汽车控制装置发送需充电报文并控制充电接触器闭合,车载充电机按所需功率输出。

(5) 车辆控制装置通过判断图 6.13 中检测点 2 的 PWM 信号占空比确认供电设备当前能提供的最大充电电流值;车辆控制装置对供电设备、充电连接装置及车载充电机的额定输入电流值进行比较,将其最小值设定为车载充电机当前最大允许输入电流;当判断充电连接装置已完全连接,并完成车载充电机最大允许输入电流设置后,车辆控制装置控制图 6.14 中 K_3、K_4 闭合,车载充电机开始对电动汽车进行充电。

(6) 充电过程中,车辆控制装置可以对图 6.13 中检测点 3 的电压值及 PWM 信号占空比进行监测,供电控制装置可以对图 6.13 中检测点 1 的电压值进行监测。

(7) 在充电过程中,当充电完成或者因为其他原因不满足充电条件时,车辆控制装置给车载充电机发出充电停止信号,车载充电机停止直流输出、CAN 通信和低压辅助电源输出。

6.3　电动汽车非车载充电机

作为推动电动汽车发展的重要因素,电动汽车充电站这一基础设施的建设显得尤为重要,没有充电站就相当于燃油汽车没有加油站。电动汽车充电站的建设对于电动汽车远程旅行及提高续驶里程具有非常重要的作用。而作为充电站的核心,非车载充电机是必不可少的。

6.3.1　电动汽车非车载充电机的组成

非车载充电机主要由充电机主体和充电终端两个部分组成,如图 6.20 所示。充电机主体通过三相输入接触器与电网相连,将交流电转换为输出电压和电流可调的直流电。输出经过充电终端的充电接口与电动汽车的蓄电池相连。充电终端面向用户,并与整流柜控制系统、电池管理系统、充电站监控系统等实现通信。充电终端有一个单独的控制系统对整个终端进行管理。充电终端包括 IC 卡计费系统、信息打印系统、人机交互面板显示系统、电能测量系统,并与整流柜控制系统、电池管理系统、充电站监控系统等实现通信,它们之间的相互间关系如图 6.21 所示。

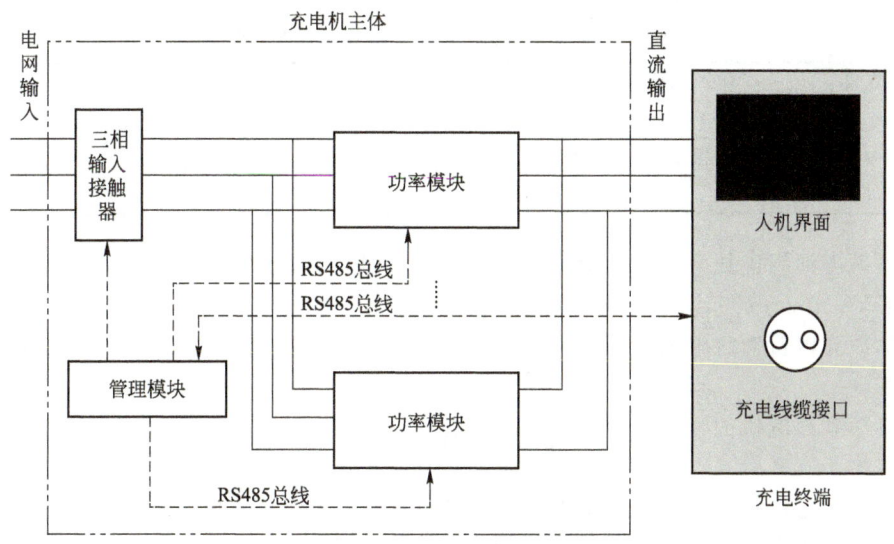

图 6.20　非车载充电机系统结构

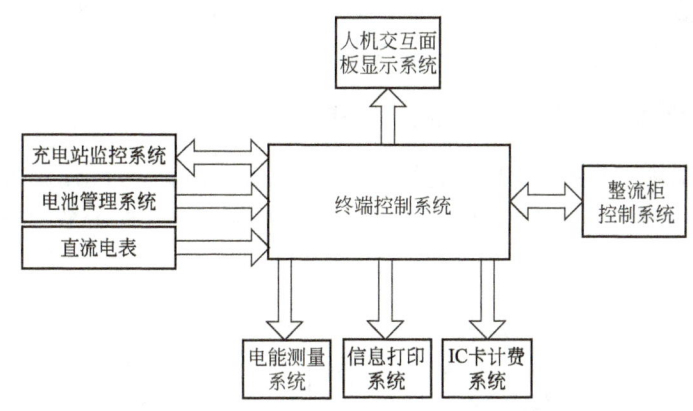

图 6.21　非车载充电机充电终端结构

功率模块是非车载充电机中实现能量传递的主体,是充电机中最关键的部件。单个功率模块难以实现充电机的大功率输出,必须选择分布式系统来实现,即多个相同的功率模块并联均流。

人机交互界面不但要提供充电时客户所关心的一些信息,还要给充电站维护人员提供一些必要信息,主要有:电池类型、充电电压、充电电流、电能量计量信息;单体电池最高/最低电压;故障及报警信息等。在充电完成后,充电机需要打印输出交易信息,如用电度数、交易金额及充电时间等。

管理模块和充电终端及各功率模块进行数据交互,通过 RS485 总线下发正确的充电控制命令和参数设置命令给各功率模块。功率模块作为充电的具体执行模块,按照管理模块下发的命令上传自身参数,或者接收管理模块的命令,设置相关参数完成充电过程。管理模块和功率模块协同工作实现充电功能。

6.3.2 电动汽车非车载充电机的技术参数

电动汽车非车载充电机的输入技术参数见表 6-3。

表 6-3 电动汽车非车载充电机的输入技术参数

输入方式	输入电压额定值/V	输入电流额定值/A	频率/Hz
1	单相 220	$I_N \leq 16$	50
2	单相 220/三相 380	$16 < I_N \leq 32$	
3	三相 380	$I_N > 32$	

根据蓄电池组电压等级的范围,非车载充电机输出电压一般分为三级:150~350V、300~500V、450~700V。

非车载充电机额定输出电流宜采用:10A、20A、50A、100A、160A、200A、315A、400A、500A。

当非车载充电机的输出功率为额定功率的 50%~100% 时,效率不应小于 90%,功率因数不应小于 0.9。

非车载充电机技术参数误差要求:当交流电源电压在标称值的 ±15% 范围内变化,输出直流电压在规定的相应调节范围内变化时,输出直流电流在额定值的 20%~100% 内任一数值上应保持稳定,充电机输出电流精度不应超过 ±1%;当交流电源电压在标称值的 ±15% 内变化,输出直流电流在额定值的 0~100% 内变化时,输出直流电压在规定的相应调节范围内任一数值上应保持稳定,充电机输出电压精度不应超过 ±0.5%。

6.3.3 电动汽车非车载充电机的充电接口

电动汽车非车载充电机车辆插头的触头布置方式如图 6.22 所示,车辆插座的触头布置方式如图 6.23 所示。非车载充电机车辆供电插头和充电插座如图 6.24 所示。

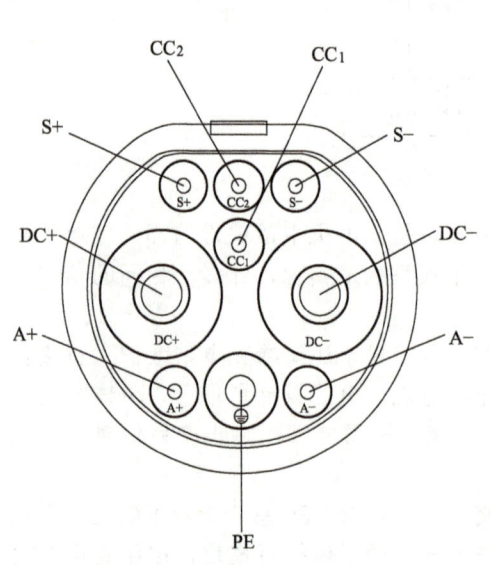

图 6.22 非车载充电机车辆插头的触头布置方式

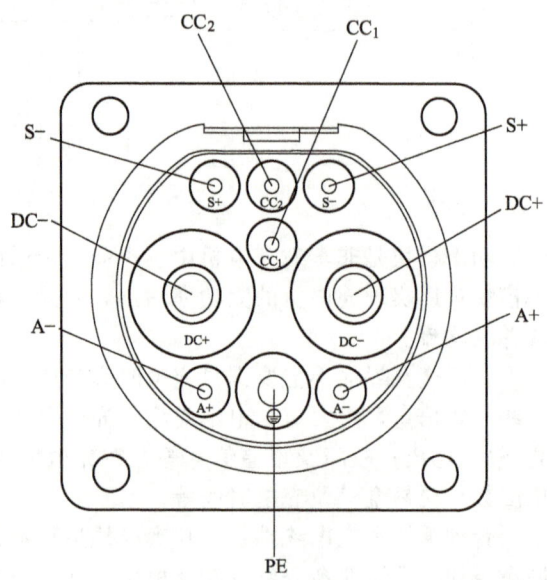

图 6.23 非车载充电机车辆插座的触头布置方式

电动汽车充电技术 第6章

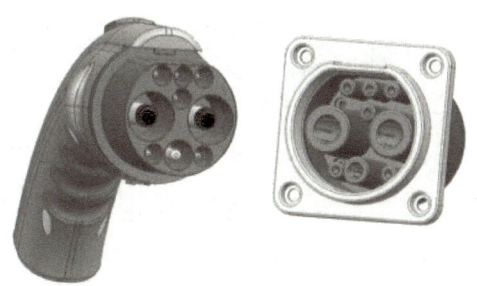

图 6.24　非车载充电机车辆供电插头和充电插座

车辆插头和车辆插座在连接过程中触头耦合的顺序为保护接地，直流电源正、直流电源负、车辆端连接确认，低压辅助电源正与低压辅助电源负，充电通信与供电端连接确认；在脱开的过程中则顺序相反。非车载充电机直流充电接口的连接界面如图 6.25 所示。

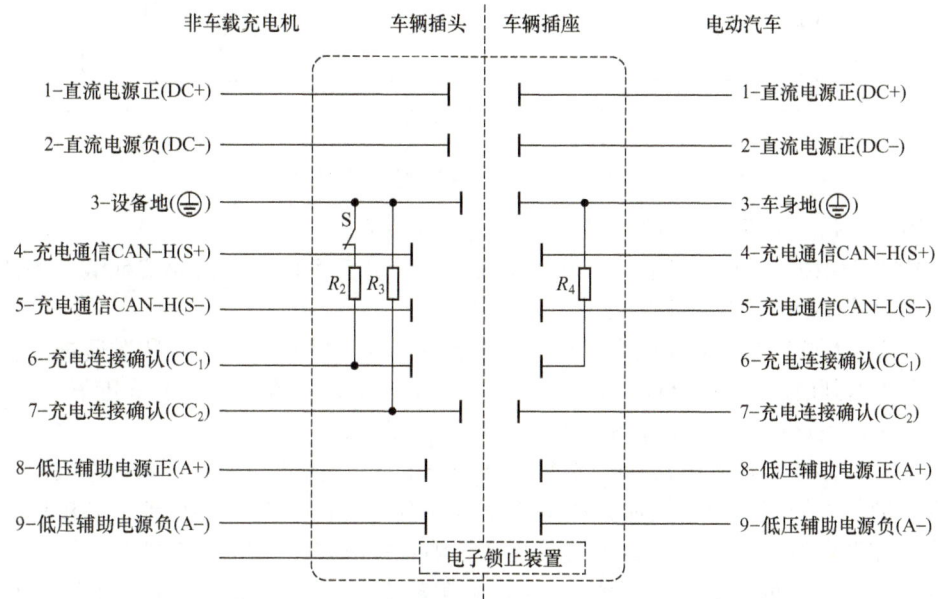

图 6.25　非车载充电机直流充电接口的连接界面

6.3.4　电动汽车非车载充电机的充电过程

非车载充电机直流充电安全保护系统基本方案包括非车载充电机控制装置，电阻 $R_1 \sim R_5$，开关 S，直流供电回路接触器 K_1 和 K_2（可以仅设置 1 个）、低压辅助供电回路接触器 K_3 和 K_4（可以仅设置 K_3）、充电回路接触器 K_5 和 K_6（可以仅设置 1 个），电子锁及车辆控制装置，其中车辆控制装置可以集成在电池管理系统中，如图 6.26 所示。电阻 R_2 和 R_3 安装在车辆插头上，电阻 R_4 安装在车辆插座上。开关 S 为车辆插头的内部常闭开关，当车辆插头和车辆插座完全连接后，开关 S 闭合。在整个充电过程中，非车载充电机控制装置应能监测接触器 K_1、K_2，接触器 K_3、K_4 及电子锁状态并控制其接通及关断；电动汽车车辆控制装置应能监测接触器 K_5 和 K_6 的状态并控制其接通及关断。

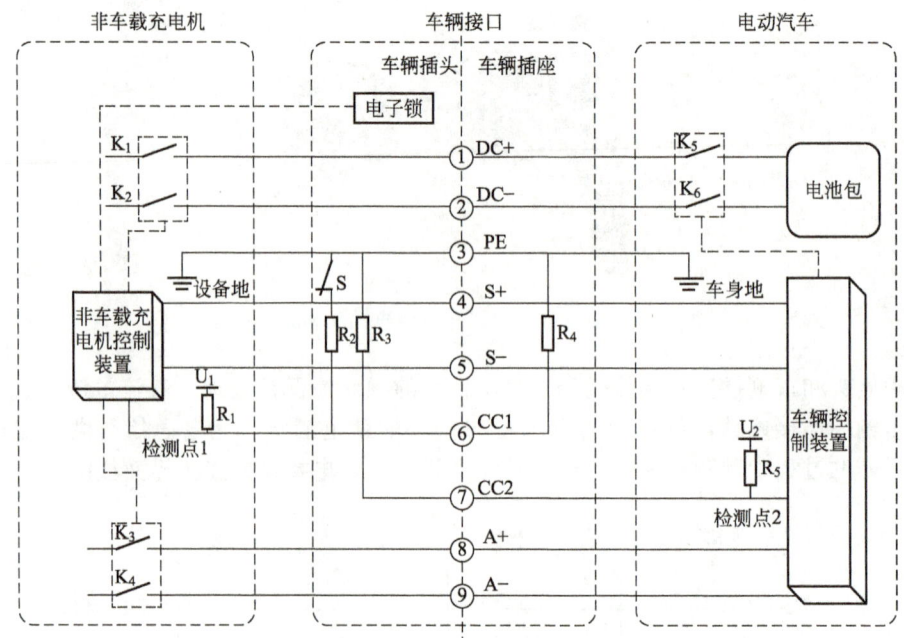

图 6.26 非车载充电机直流充电安全保护系统基本方案

利用非车载充电机对电动汽车充电,充电过程如下。

(1)将车辆插头和插座插合后,车辆的总体设计方案可以自动启动某种触发条件,通过互锁或者其他控制措施使车辆处于不可行驶状态。

(2)操作人员对非车载充电机进行充电设置后,非车载充电机控制装置通过测量检测点 1 的电压值判断车辆插头与车辆插座是否已完全连接,如检测点 1 的电压值为 4V,则判断车辆接口完全连接,非车载充电机控制电子锁锁止。

(3)在车辆接口完全连接后,如非车载充电机完成自检,则闭合接触器 K_3 和 K_4,使低压辅助供电回路导通,同时开始周期发送充电机辨识报文;在得到非车载充电机提供的低压辅助电源供电后,车辆控制装置通过测量检测点 2 的电压值判断车辆接口是否已完全连接;如检测点 2 的电压值为 6V,则车辆控制装置开始周期发送车辆控制装置(或电池管理系统)辨识报文,该信号也可以作为车辆处于不可行驶状态的触发条件之一。

(4)车辆控制装置与非车载充电机控制装置通过通信完成握手和配置后,车辆控制装置闭合接触器 K_5 和 K_6,使充电回路导通,非车载充电机控制装置闭合接触器 K_1 和 K_2,使直流供电回路导通。

(5)在整个充电阶段,车辆控制装置通过向非车载充电机控制装置实时发送充电级别需求来控制整个充电过程,非车载充电机控制装置根据电池充电级别需求来调整充电电压和充电电流以确保充电正常进行,此外,车辆控制装置和非车载充电机控制装置还相互发送各自的状态信息。

(6)车辆控制装置根据电池系统是否达到满充状态或是否收到充电机中止充电报文来判断是否结束充电。在满足以上充电结束条件时,车辆控制装置开始周期发送车辆控制装置(或电池管理系统)中止充电报文,在一定时间后断开接触器 K_5 和 K_6;非车载充电机控制装置开始周期发送充电机中止充电报文,并控制充电机停止充电,之后断开接触器 K_1、K_2、K_3 和 K_4,然后解锁电子锁。

6.4 电动汽车光伏充电站

目前,电动汽车充电站主要是利用电网供电,如果电动汽车得到大量推广使用,必将额外消耗大量不可再生资源用于发电。煤、石油等化石能源在燃烧发电过程中又造成环境污染,加重了传统能源消耗和环境问题。因此,开发利用清洁的可再生能源给电动汽车充电站供电势在必行,光伏充电站是电动汽车未来最理想的充电站。

电动汽车光伏充电站可以分为两类,即离网运行的电动汽车光伏充电站和并网运行的电动汽车光伏充电站,目前应用较多的是并网运行的电动汽车光伏充电站。

并网运行的电动汽车光伏充电站主要由光伏电池阵列、储能电池组、多组 DC/DC 转换器、交流配电网、中央控制器等组成,如图 6.27 所示。

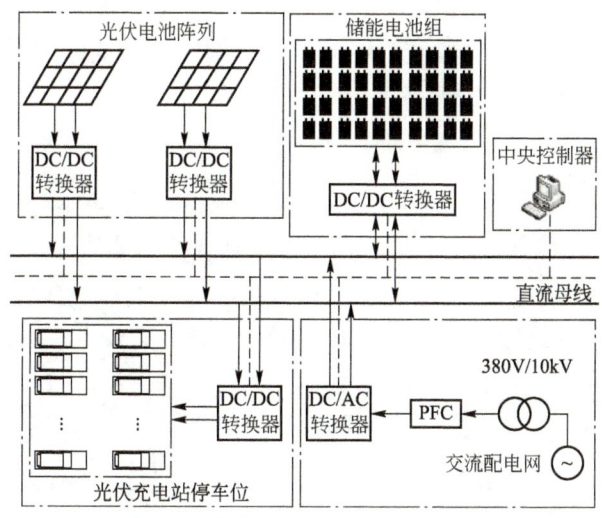

图 6.27 电动汽车光伏充电站系统结构

光伏电池阵列由太阳电池板串联或并联组成,它吸收太阳能并发出直流电,经 DC/DC 转换器接入充电系统,是站内电动汽车充电的主要电源。

储能电池组在系统中起能量储存和调节的作用,当光伏发电量过剩时,储存多余的电能;光伏不足时,由储能或与交流配网一起向电动汽车充电。

多组 DC/DC 转换器作为光伏电池阵列、储能电池组和电动汽车充电系统的变流单元,其中,光伏发电系统和电动汽车充电系统使用能量单向流动的 DC/DC 转换器,储能电池组使用能量双向流动的转换器模块。

DC/AC 转换器作为交流配电网与光伏充电系统的连接单元,根据站内充电需要,将配电网输入的交流电转换为直流电接入充电系统。

中央控制器协调系统内各组成单元正常运行,实现能量的监测与控制。

电动汽车光伏充电站的原理是利用高储能电池将太阳能发的电量储存起来并及时提供

给电动汽车充电使用或是给其他系统供应电力；而在太阳能发的电量不足以满足充电站使用时，可以从电网中输送电量到充电站中储存以便于及时给汽车提供电力。

光伏充电站的主要特点如下。第一，光伏充电站不需要建设专门的电站或是电网来供电给充电站使用，也不需要加大电网的电容量。因为光伏发电系统不但有自身的发电功能，在遇到供不应求的情况时，光伏充电站系统会在电网低谷时段选择从国家电网购买电量储存在电容器里，这样不仅使充电站的电量能满足快速供给电动汽车充电而不影响电网的使用，而且对国家电网低谷时段的电力做了有效利用。相反地，当国家电网到高峰时段用电压力较大时，也同样可以利用充电站储电优势反供电给电网。第二，因为储能光伏充电站是由多个储能电池组合成的，所以在遇到供不应求的情况下，也不需要重新建造更大的充电站，其扩大能量的方法非常简单，只要按需求增加电池组数量即可。这样在很大程度上节约了充电站的建设成本，也给充电站的长远发展提供了更多的可能性。

特斯拉在北京建设的首个光伏超级充电站如图 6.28 所示。该光伏超级充电站由一个充电机带两个充电桩组成，采用电网电能和太阳能联合供电方式，并备有电池组储电。所谓超级，即高压大电流，可实现快速充电。交流输入电压为 380V，电流为 192A；直流输出功率为 125kW，给电动汽车充电。以电力用尽的特斯拉 Model S85 为例，20min 充电 50%，40min 充电 80%，80min 充电 100%。

图 6.28　特斯拉在北京建设的首个光伏超级充电站

宝马公司和 EIGHT 设计公司共同开发了一款电动汽车光伏充电站，安装在慕尼黑的宝马博物馆，如图 6.29 所示。该充电站的外形类似一个拱形的鸟翼，以太阳能板作为顶棚，内部基于 LED 的电气照明系统可以跟用户进行交互式体验。当用户接近充电站时，LED 灯的颜色和亮度会发生改变。LED 照明系统还可以告诉人们该充电站是有人占用还是处于空闲状态。该充电站的集成触摸显示屏会显示车辆相关的信息，如当前电池续驶里程、启动之前的安全信息及收费方式；它还会告诉用户电动汽车的电池能使用多久，在到达目的地之前，用户需要在何时何地进行充电。该充电站靠收集太阳能为电动汽车充电，同时也将平日不用的能量重新输送回输电网。

图 6.29　宝马电动汽车光伏充电站

1. 电动汽车的充电设备有哪些？
2. 电动汽车的充电方法有哪些？
3. 电动汽车的充电方式有哪些？

第 7 章 新技术应用

教学目标

通过本章的学习，要求读者了解新能源汽车向智能网联汽车及无人驾驶汽车发展过程中涉及的新技术，包括汽车轻量化技术，智能网联汽车和无人驾驶汽车的定义，汽车网络技术，汽车识别技术，以及先进驾驶辅助技术等。

教学要求

知识要点	能力要求	相关知识
汽车轻量化材料，汽车轻量化设计，汽车轻量化制造	了解汽车轻量化材料——铝合金、镁合金、钛合金、碳纤维，汽车轻量化设计概念，汽车轻量化制造方法	铝合金、镁合金、钛合金、碳纤维材料，结构优化设计，先进制造技术
智能网联汽车，无人驾驶汽车	了解智能网联汽车的定义、构成和关键技术，无人驾驶汽车的定义、构成和关键技术	汽车发展趋势
车载网络技术，车载自组织网络技术，车载移动互联网	了解车载网络的类型，车载自组织网络的定义、结构和应用场景，移动互联网的定义和组成	网络技术
道路识别，车辆识别，行人识别，交通标识识别，交通信号灯识别	了解道路识别、车辆识别、行人识别、交通标识识别、交通信号灯识别的目的和方法	识别技术
先进驾驶辅助系统的定义和类型	了解汽车自适应巡航控制系统、车道偏离预警系统、车道保持辅助系统、汽车并线辅助系统、汽车自动制动辅助系统、汽车自适应前照明系统、汽车夜视辅助系统、汽车平视显示系统、自动泊车辅助系统、驾驶人疲劳检测系统	智能网联汽车 无人驾驶汽车

新技术应用 第7章

> **导入案例**
>
> 克罗地亚的 Rimac 公司发布了一款全新的无人驾驶电动跑车，如图 7.1 所示。这款跑车搭载了 1404kW 的发动机，因此加速能力惊人，能够在 1.85s 内实现 0～100km/h 的加速，车速能够达到 420km/h。这款跑车搭配的 120kW·h 的电池能让它的续航里程达到了 640km，几乎是其他畅销电动汽车的两倍，同时配备了 8 台摄像机、1～2 个激光雷达、6 个雷达和 12 个超声扫描器。

图 7.1 无人驾驶电动跑车

全球汽车行业正在经历电动化、智能化、网联化、共享化的全面转型，最终实现无人驾驶。

新能源汽车向智能网联汽车、无人驾驶汽车发展过程中涉及哪些新技术，通过本章的学习，读者可以得到正确答案。

新能源汽车的发展趋势是轻量化、智能化、网联化，最终实现无人驾驶，因此，新能源汽车也要向智能网联汽车、无人驾驶汽车方向发展。

7.1 汽车轻量化技术

汽车轻量化是指汽车在保持原有的行驶安全性、耐撞性、抗振性及舒适性等性能不降低且汽车本身造价合理的前提下，有目标地减轻汽车自身的质量。汽车轻量化是设计、材料和先进的加工制造技术的优势集成，其中材料的创新是基础和核心。汽车轻量化实际上是汽车性能提高、质量减轻、结构优化、价格合理四方面相结合的系统工程。

有试验表明，汽车质量每减轻 10%，油耗下降 6%～8%，排放量下降 4%。同时汽车轻量化能直接提高汽车的比功率，从而提高汽车的动力性能。因此，汽车轻量化技术是有效降低油耗、减少排放和提升安全性的重要技术措施之一，汽车的轻量化已经成为世界汽车发展的潮流。

207

汽车轻量化的实现需要材料技术、轻量化结构优化设计技术、轻量化绿色制造技术三方面的进步。

7.1.1 汽车轻量化材料

【奥迪车身轻量化技术】

新材料的应用是汽车实现轻量化的关键。为了实现轻量化，世界各大汽车生产厂家和材料生产厂家一直致力于轻量化材料的研发，轻量化材料应用的多少已经成为衡量汽车生产技术和新材料开发水平的重要标准之一。目前，用于汽车轻量化的材料主要有低密度的轻质材料和高强度材料，前者包括以铝合金、镁合金、钛合金为代表的金属材料和塑料、纤维等高分子材料，后者主要指高强度钢。

1. 铝合金

铝合金是以铝为基加入其他元素组成的合金。铝合金密度为 $2.7g/cm^3$，约是钢密度的 1/3。铝合金具有密度小、比强度和比刚度高、循环利用性强、导热导电性能好等优势，在气缸体、壳体、转向盘骨架等零部件上大量使用，是汽车轻量化重要的替代材料。加之铝合金加工技术不断发展成熟，通过对铝合金进行适当的加工与处理，铝合金强度还可以大幅提升。铝合金应用范围已经逐渐从车轮等零部件逐渐扩展到车身、车门和车盖。目前，已经有福特、奥迪、捷豹等汽车生产厂家使用全铝车身。

随着铝合金技术的发展及汽车节能减排的需要，铝合金在汽车上的应用将快速增加，汽车的铝化界限可以达到30%～50%。图7.2所示为铝合金在汽车上的应用实例。

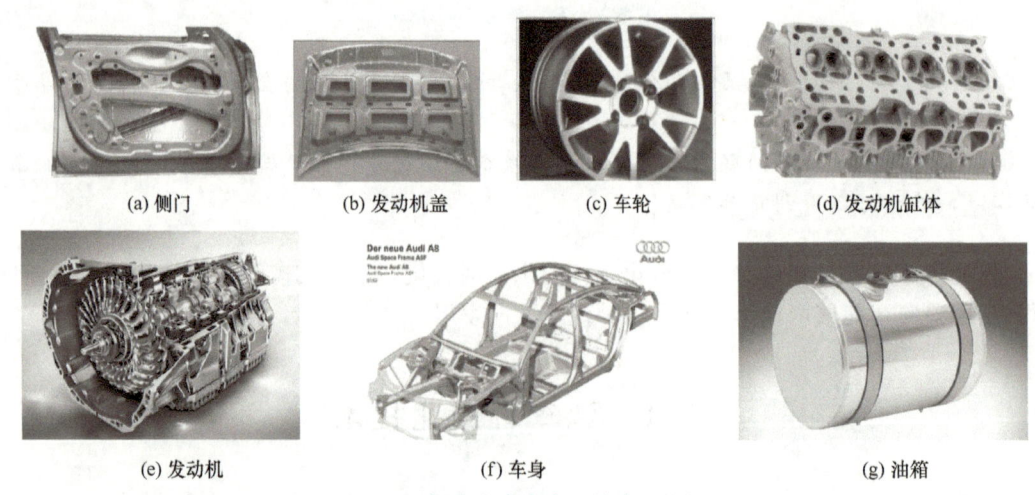

图 7.2　铝合金在汽车上的应用实例

福特公司使用全铝车身，并在悬架系统、车门、发动机罩、保险杠等部件也使用铝合金的新款 F-150 车型，与现款车型相比，减重 340kg，燃油经济性提升 20%。

2. 镁合金

镁合金是以镁为基加入其他元素组成的合金。其特点是密度小，约为铝合金的 2/3，比强度高，弹性模量大，消振性好，承受冲击载荷能力比铝合金大，耐有机物和碱的腐蚀性能好。

镁合金大部分以压铸件的形式在汽车上应用，镁合金压铸件的生产效率比铝合金压铸件高30%～50%。新开发的无孔压铸法可生产出没有气孔且可热处理的镁合金压铸件。镁合金压铸件在汽车上使用最早的实例是车轮轮辋。在汽车上试用或应用镁合金的实例还有离合器壳体、离合器踏板、制动踏板固定支架、仪表板骨架、座椅、转向柱部件、转向盘轮芯、变速器壳体、发动机悬架和气缸盖等。

图7.3所示为镁合金在汽车上的应用实例。

 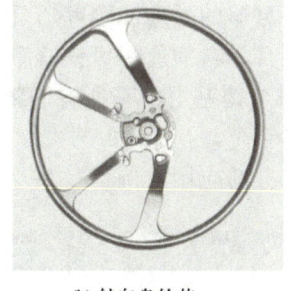 

(a) 轮毂　　　　　　　　(b) 转向盘轮芯　　　　　　　(c) 变速器壳体

图7.3　镁合金在汽车上的应用实例

镁合金以其显著的减重效果、良好的铸造和尺寸稳定性、优良的抗振性及可回收再生等特性，已成为汽车制造业最具潜力的结构材料。在大力提倡和发展低碳经济的今天，镁合金是汽车轻量化中取代钢铁及部分铝合金的首选材料，各国也把单车镁合金用量作为汽车先进性的标志之一。

3. 钛合金

钛合金是以钛为基加入其他元素组成的合金。钛的密度为4.5g/cm³，具有比强度高、高温强度高和耐腐蚀等优点。由于钛的价格昂贵，至今只在赛车和个别豪华车上少量应用。尽管如此，对钛合金在汽车上应用的试验研究工作却不少。例如，用α+β系钛合金制造的发动机连杆，强度相当于45钢调质的水平，而质量可以减轻30%；β系钛合金经强冷加工和时效处理，强度可达2000MPa，可用来制造悬架弹簧、气门弹簧和气门等，与拉伸强度为2100MPa的高强度钢相比，钛合金弹簧可减重20%。

图7.4所示为钛合金在汽车上的应用实例。

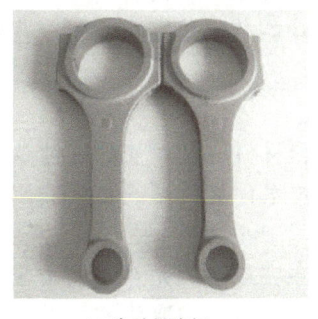  

(a) 发动机连杆　　　　　　(b) 弹簧　　　　　　　(c) 气门

图7.4　钛合金在汽车上的应用实例

4. 碳纤维

碳纤维是一种纤维状复合材料，含碳量超过 90%，具有碳材料的固有本征特性，又兼备纺织纤维的柔软可加工性，是新一代增强纤维。它的强度比钢大，密度比铝小，具有极好的电学、热学和力学性能。碳纤维和碳纤维增强复合材料作为 21 世纪的新材料，具有强度高、质量轻、耐腐蚀等优势，多年前便应用于赛车领域，目前已开始逐步应用到民用汽车领域。特别是在新能源汽车上，碳纤维有着广泛的应用前景。

由于碳纤维增强复合材料有足够的强度和刚度，是制造汽车车身和底盘等主要结构件的最轻材料。预计碳纤维增强复合材料的应用可使汽车车身和底盘减重 40%～60%，相当于钢结构质量的 1/3～1/6。未来兰博基尼几乎所有的新车型车身都将使用碳纤维，以大幅降低车身质量。

图 7.5 所示为碳纤维在汽车上的应用实例。

(a) 发动机盖　　　　　　　　　(b) 车身　　　　　　　　　(c) 轮毂

图 7.5　碳纤维在汽车上的应用实例

虽然对于汽车来说，碳纤维增强复合材料具有更高的安全性、轻量化等众多优点，但是现阶段还仅限于高档轿车应用，这主要是因为碳纤维的价格较高。

7.1.2　汽车轻量化设计

【宝马轻量化技术】

汽车轻量化设计也就是结构优化设计，即通过采用先进的优化设计方法和技术手段，在满足结构强度、刚度、模态、碰撞安全性、疲劳寿命、生产成本和 NVH（噪声、振动与声振粗糙度）等诸多方面的性能要求，以及相关的法律、法规、标准的前提下，通过优化结构参数，提高材料的利用率，去除零部件冗余部分，同时又使部件薄壁化、中空化、小型化、复合化以减轻质量，实现轻量化。

汽车结构的轻量化设计主要包括以下内容。

（1）通过 CAD 来优化设计汽车结构，减少结构质量和材料厚度，使部件薄壁化、中空化、小型化及复合化，达到轻量化的目的；采用 CAE 技术计算汽车的强度和刚度，确保减重后整车的性能。

（2）开发设计车体和部件更趋合理化的中空型结构，主要途径就是在结构上采用"以空代实"，即对于承受以弯曲或扭转载荷为主的构件，采用空心结构取代实心结构，同时优化结构布局，使之更加紧凑，这样既可以节约材料，减轻质量，又可以充分利用材料的强度和刚度。

（3）在轻量化与材料特性、工艺性、生产批量、成本及其他制约因素中找到一个最佳的结合点，实现多材料组合的轻量化结构，强调合适的材料用于合适的部位，借助CAD/CAE技术，使结构轻量化设计融入开发前期，缩短开发周期，降低成本，确保汽车轻量化的效率和质量。

图7.6所示汽车设计轻量化实例，为某汽车结构件采用以塑代钢和轻量化技术，可实现单车累计减重60kg以上。

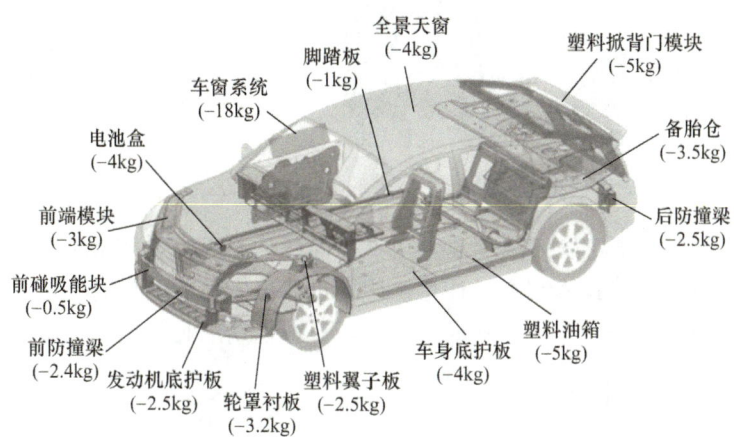

图7.6 汽车设计轻量化实例

7.1.3 汽车轻量化制造

对于材料一定时，减重的主要方法是设计和制造出合理的轻体结构。先进成型制造技术包括热冲压成型技术、液压成型技术、激光拼焊成型技术、辊压成型技术等。

热冲压成型技术广泛应用于国外汽车上的各类强度高达1500MPa的汽车前后保险杠、保安件和碰撞件的加强件，为汽车轻量化和提高安全性做出了突出贡献。

液压成型技术主要用来加工管件，使之成型为具有异型截面的构件，来代替实心构件，在不提高材料成本的前提下，既可减轻质量又可充分利用材料的强度和刚度。目前应用液压成型技术的汽车零部件主要有：发动机系统零件，如进气支管、排气支管、发动机托架、涡轮增压系统元件等；悬吊系统零件，如发动机支承架、传动轴元件等；车身结构件，如底盘、车顶支架、侧门横梁等；其他类，如座椅框架及散热器支架等。图7.7所示为液压成型的典型汽车零部件。

激光拼焊成型技术是将不同厚度或不同材质及不同表面状态的板材剪裁成一定的尺寸和形状，用激光拼焊成一块整体板，在冲压制造后，与其他零件一起装配汽车。据统计，汽车制造中采用激光拼焊板材后，可使零件质量相对减轻24%，零件数量减少19%，焊点下降49%，生产效率提高21%。图7.8所示为激光拼焊成型的前围板。该前围板由上部分厚度为0.8mm的270MPa钢板与下部分厚度为1.2mm的590MPa高强度钢板激光拼焊而成，不仅能减轻质量并降低制造成本，还能抑制发动机舱部件向乘员舱侵入，减小A柱形变的压力使得在关键时刻最大限度地保护乘客的生命安全。

辊压成型技术主要是靠材料的塑性移动滚压加工成各种形状复杂的轴杆、阀门芯和特殊紧固件等产品,如汽车保险杠本体、防撞杆、门槛件、座椅轨等。

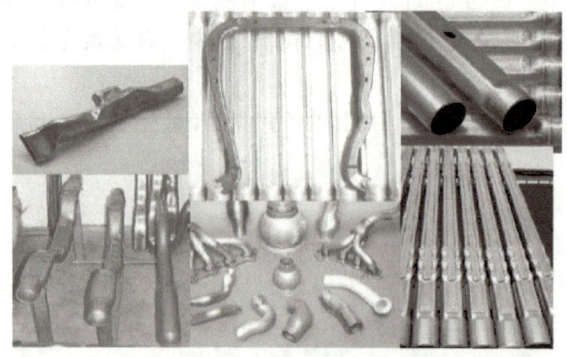

图 7.7　液压成型的典型汽车零部件

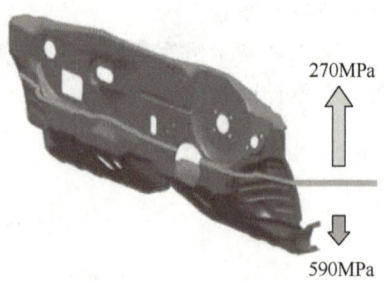

图 7.8　激光拼焊成型的前围板

另外,还有半固态成型技术、高真空压铸成型技术、等温挤压成型技术、等温锻造成型技术等,每种成型制造技术都通过计算机仿真设计极大地改善轻合金的精确、高效成型性能,可实现高精度、高效率的精确成型制造,获得预期的材料组织性能与成型质量。

7.1.4　汽车轻量化技术路线

1. 总体思路

(1) 近期重点发展超高强钢和先进高强钢技术,实现高强钢在汽车上的应用比例达到50%以上。

(2) 中期重点发展第3代汽车钢和铝合金技术,实现铝合金覆盖件和铝合金零部件的批量生产和产业化应用。

(3) 远期重点发展镁合金和碳纤维复合材料技术,实现碳纤维复合材料混合车身及碳纤维零部件的大范围应用。

2. 技术路线

汽车轻量化技术路线如图7.9所示。

发展目标	技术路径	发展重点
到2030年 • 高强钢应用比例大幅增加 • 单车用铝量超过350kg • 单车使用镁合金45kg • 碳纤维使用量占车重5% 整车比2015年减重 | 2020年 | 2025年 | 2030年 | | 10% | 20% | 35% |	➤ 轻质材料的应用 ➤ 新的制造技术和工艺 ➤ 先进的结构优化或设计方法 ➤ 大力推进高强度钢、铝合金、镁合金、工程塑料、复合材料等在汽车上的应用	✓ 轿车车身的轻量化 ✓ 轿车动力传动的轻量化 ✓ 底盘轻量化技术 ✓ 高强钢的材料与工艺提升 ✓ 轻质材料的部件制作工艺研究 ✓ 轻质材料典型部件的标准化、系列化研究 ✓ 复合材料工艺及高效制备 ✓ 轻质材料部件的设计与工艺模拟技术

图 7.9　汽车轻量化技术路线

7.2 智能网联汽车和无人驾驶汽车

7.2.1 智能网联汽车

智能网联汽车（图 7.10）是新一轮科技革命背景下的新兴产业，可显著改善交通安全、实现节能减排、减缓交通拥堵、提高交通效率，并拉动汽车、电子、通信、服务、社会管理等协同发展，对促进汽车产业转型升级具有重大战略意义。

图 7.10 智能网联汽车

1. 智能网联汽车的定义

智能网联汽车是一个跨技术、跨产业领域的新兴体系。各国对智能网联汽车的定义不同，叫法也不尽相同，但终极目标是一样的，即可以上路安全行驶的无人驾驶汽车。

【智能网联汽车】

从狭义上讲，智能网联汽车是搭载先进的车载传感器、控制器、执行器等装置，并融合现代通信与网络技术，实现车与 X(车、道路、行人及后台等)智能信息交换共享，具备复杂的环境感知、智能决策、协同控制和执行等功能，可实现安全、舒适、节能、高效行驶，并最终可替代人来操作的新一代汽车。

从广义上讲，智能网联汽车是以车辆为主体和主要节点，融合现代通信和网络技术，使车辆与外部节点实现信息共享和协同控制，以达到车辆安全、有序、高效、节能行驶的新一代多车辆系统。

2. 智能网联汽车的系统构成

（1）智能网联汽车以汽车为主体，利用环境感知技术实现多车辆有序安全行驶，通过无线通信网络等手段为用户提供多样化信息服务。智能网联汽车由环境感知层、智能决策层、控制和执行层组成，如图 7.11 所示。

① 环境感知层。环境感知层的主要功能是通过车载环境感知技术、卫星定位技术、4G/5G 及 V2X 无线通信技术等，实现对车辆自身属性和车辆外在属性(如道路、车辆和行人等)静态信息及动态信息的提取和收集，并向智能决策层输送信息。

② 智能决策层。智能决策层的主要功能是接收环境感知层的信息并进行融合，对道路、车辆、行人、交通标识和交通信号等进行识别，决策分析和判断车辆驾驶模式和将要执行的操作，并向控制和执行层输送指令。

③ 控制和执行层。控制和执行层的主要功能是按照智能决策层的指令，对车辆进行操作和协同控制，并为联网汽车提供道路交通信息、安全信息、娱乐信息、救援信息及商务办公、网上消费等，保障汽车安全行驶和舒适驾驶。

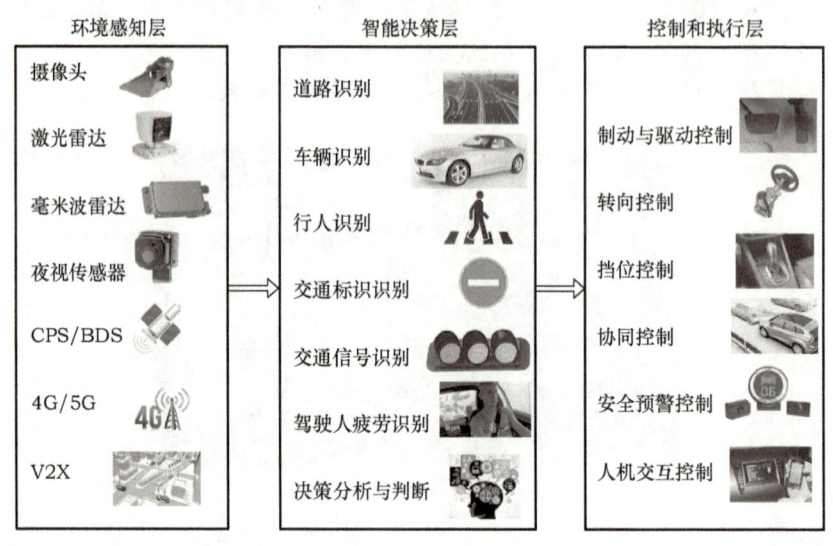

图 7.11　智能网联汽车结构层次

(2) 从功能角度上讲，智能网联汽车与一般汽车相比，主要增加了环境感知与定位系统、无线通信系统、车载自组织网络系统和先进驾驶辅助系统等。

① 环境感知与定位系统。环境感知与定位系统的主要功能是通过各种传感技术和定位技术感知车辆本身状况和车辆周围状况。传感器主要包括车轮转速传感器、加速度传感器、微机械陀螺仪、转向盘转角传感器、超声波传感器、激光雷达、毫米波雷达、视觉传感器等。通过这些传感器，感知车辆行驶速度、行驶方向、运动姿态、道路交通情况等。定位技术主要使用 GPS。中国北斗卫星导航系统发展也很快，是中国大力推广的位置定位系统。

② 无线通信系统。无线通信系统分为短距离无线通信技术和远距离无线通信技术，主要功能是传输各种数据和信息。短距离无线通信技术为车辆安全系统提供实时响应的保障并为基于位置信息的服务提供有效支持。用于智能网联汽车的短距离无线通信技术还没有统一标准，处于起步阶段，但短距离无线通信技术在其他领域应用比较广泛，如蓝牙技术、ZigBee 技术、WiFi 技术、UWB 技术、60GHz 技术、IrDA 技术、RFID 技术、NFC 技术、专用短程通信技术等。远距离无线通信技术用于提供即时的互联网接入，主要有移动通信技术、微波通信技术、卫星通信技术等，在智能网联汽车上的应用主要是 4G/5G 技术。智能网联汽车无线通信技术标准有望世界统一。

③ 车载自组织网络系统。车载自组织网络依靠短距离无线通信技术实现 V2X 之间的通信，是在一定通信范围内可以实现 V2V（车辆对车辆）、V2I（车辆对基础设施）、V2P（车辆对行人）之间相互交换各自的信息，并自动连接建立起一个移动的网络。其典型应用

包括车辆行驶安全预警、辅助驾驶、分布式交通信息发布及基于通信的纵向车辆行驶控制等。

④ 先进驾驶辅助系统。先进驾驶辅助系统的主要功能是提前感知车辆及其周围情况，发现危险及时预警，保障车辆安全行驶，是预防交通事故的新一代前沿技术。先进驾驶辅助系统是智能网联汽车的重要组成部分，是无人驾驶汽车的关键技术。世界各大汽车公司纷纷开发各种驾驶辅助系统（名称不尽相同，但目标是一样的），有的已经量产开始装备使用，有的处于试验研究阶段。

3. 智能网联汽车的关键技术

智能网联汽车关键技术包含环境感知技术、无线通信技术、智能互联技术、车载网络技术、先进驾驶辅助技术、信息融合技术、信息安全与隐私保护技术、人机交互技术等。

（1）环境感知技术

环境感知包括车辆本身状态感知、道路感知、行人感知、交通信号感知、交通标识感知、交通状况感知、周围车辆感知等。车辆本身状态感知包括行驶速度、行驶方向、行驶状态、车辆位置等；道路感知包括道路类型检测、道路标线识别、道路状况判断、是否偏离行驶轨迹等；行人感知主要判断车辆行驶前方是否有行人，包括白天行人识别、夜晚行人识别、被障碍物遮挡的行人识别等；交通信号感知主要是自动识别交叉路口的信号灯、如何高效通过交叉路口等；交通标识感知主要是识别道路两侧的各种交通标识（如限速、弯道等），及时提醒驾驶人注意；交通状况感知主要是检测道路交通拥堵情况、是否发生交通事故等，以便车辆选择通畅的路线行驶；周围车辆感知主要检测车辆前方、后方、侧方的车辆情况，避免发生碰撞，也包括交叉路口被障碍物遮挡的车辆。在复杂路况的交通环境下，单一传感器无法完成环境感知的全部，必须整合各种类型的传感器，利用传感器融合技术，使其为智能网联汽车提供更加真实可靠的路况环境信息。

（2）无线通信技术

无线通信技术分为长距离无线通信技术和短距离无线通信技术。长距离无线通信技术用于提供即时的互联网接入，主要采用4G/5G技术，特别是5G技术有望成为车载长距离无线通信专用技术。短距离通信技术包括专用短程通信技术、蓝牙、WiFi等，其中专用短程通信技术可以实现在特定区域内对高速运动下移动目标的识别和双向通信（如V2V、V2I双向通信），实时传输图像、语音和数据信息等，其重要性高且亟须发展。

（3）智能互联技术

当两辆车距离较远或中间被障碍物遮挡，无法完成直接通信时，两辆车之间的通信可以通过路侧单元进行信息传递，构成一个无中心、完全自组织的车载自组织网络。车载自组织网络依靠短距离通信技术实现V2V通信和V2I通信，使在一定通信范围内的车辆可以相互交换各自的车速、位置等信息和车载传感器感知的数据，并自动连接建立起一个移动的网络。其典型的应用包括行驶安全预警、交叉路口协助驾驶、交通信息发布及基于通信的纵向车辆控制等。

（4）车载网络技术

目前汽车上广泛应用的网络是CAN、LIN和MOST总线等，它们的特点是传输速率小、带宽窄。随着越来越多的高清视频应用嵌入汽车系统，如ADAS、360°全景泊车系统和蓝光DVD播放系统等，它们的传输速率和带宽已无法满足需要。以太网最有可能进入智能网联汽车环境下工作,它采用星形连接架构,每一个设备或每一条链路都可以专享 100Mbit/s 带宽,而且传输速率达到万兆级。同时,以太网还可以顺应未来汽车行业的发展趋势,即具有开放性和兼容性,从而可以很容易将现有的应用嵌入新的系统中。

(5) 先进驾驶辅助技术

先进驾驶辅助技术是通过车辆环境感知技术和自组织网络技术对道路、车辆、行人、交通标识、交通信号等进行检测和识别,对识别信号进行分析处理然后传输给执行机构,保障车辆安全行驶。先进驾驶辅助技术是智能网联汽车重点发展的技术,其成熟程度和使用多少代表了智能网联汽车的技术水平,是其他关键技术的具体应用体现。

(6) 信息融合技术

信息融合技术是指在一定准则下利用计算机技术对多源信息进行分析和综合以实现不同应用的分类任务而进行的处理过程。该技术主要用于对多源信息进行采集、传输、分析和综合,将不同数据源在时间和空间上的冗余信息或互补信息依据某种准则进行组合,进而整合出完整、准确、及时、有效的综合信息。智能网联汽车采集和传输的信息种类多、数量大,必须采用信息融合技术才能保障实时性和准确性。

(7) 信息安全与隐私保护技术

智能网联汽车接入网络的同时也带来了信息安全的问题,在实际应用中,每辆车及其车主的信息都将随时随地的传输到网络中被感知。这种暴露在网络中的信息很容易被窃取、干扰甚至修改,从而直接影响智能网联汽车体系的安全,因此在智能网联汽车中,必须重视信息安全与隐私保护技术的研究。

(8) 人机界面技术

目前,人机界面技术,尤其是语音控制、手势识别和触摸屏技术,在全球未来汽车市场上将被大量采用。全球领先的汽车制造商,如奥迪、宝马、奔驰、福特及菲亚特等都在研究人机界面技术。不同国家汽车人机界面技术发展重点也不同,美国和日本侧重于是远程控制,主要通过呼叫中心实现;德国则把精力放在车主对车辆的中央控制系统,主要是奥迪的 MMI、宝马的 iDrive、奔驰的 COMMAND。智能网联汽车人机界面设计的最终目的是提供好的用户体验,增强用户的驾驶乐趣或驾驶过程中的操作体验。人机界面技术更加注重驾驶的安全性,这样使得人机界面的设计必须在好的用户体验和安全之间做平衡,很大程度上安全始终是第一位的。智能网联汽车人机界面应集成车辆控制、功能设定、信息娱乐、导航系统、车载电话等多项功能,方便驾驶人快捷地从中查询、设置、切换车辆系统的各种信息,从而使车辆达到理想的运行和操纵状态。未来车载信息显示系统和智能手机将无缝连接,人机界面提供的输入方式将会有多种选择,通过使用不同的技术允许消费者能够根据不同的操作、不同的功能进行自由切换。

7.2.2 无人驾驶汽车

无人驾驶汽车是现代汽车的最终发展形式,将会给社会很多行业带来颠覆性的改变,促进许多新兴行业的兴起,其受到国内外政府机构、科研单位和相关企业的广泛关注,目前正在向产业化方向发展。

【无人驾驶汽车】

1. 无人驾驶汽车的定义

无人驾驶汽车是通过车载传感系统感知道路环境、自动规划行车路线并控制车辆到达预定目的地的智能汽车。它利用车载传感器来感知车辆周围环境,并根据感知所获得的道路、车辆位置和障碍物信息等,控制车辆的转向和速度,从而使车辆能够安全可靠地在道路上行驶。无人驾驶汽车技术是传感器、计算机、人工智能、通信、导航定位、模式识别、机器视觉、智能控制等多门前沿学科的综合体,是汽车智能化的终极目标。

2. 无人驾驶汽车的构成

无人驾驶汽车的体系结构一般分为环境感知层、决策控制层和操作执行层,如图 7.12 所示。

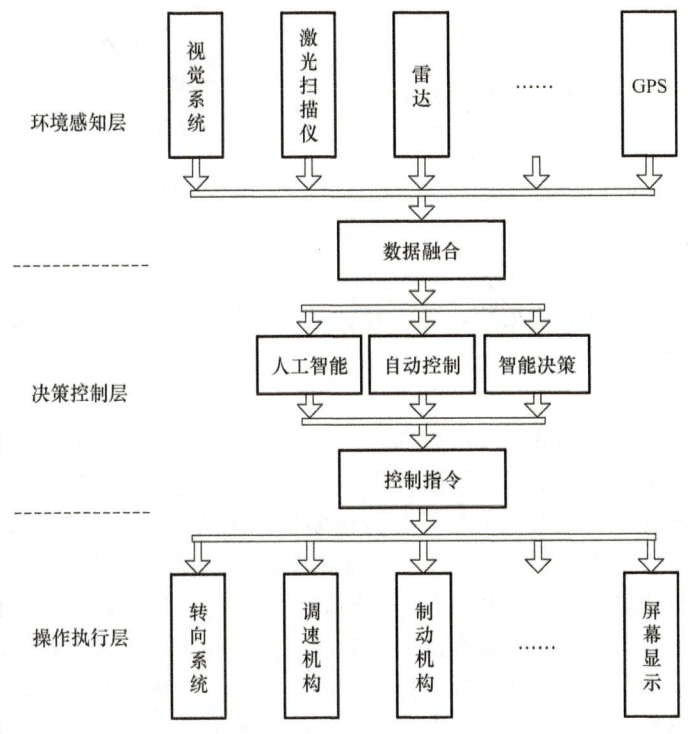

图 7.12 无人驾驶汽车的体系结构

环境感知层是指为决策控制层提供车辆所在道路及周围的信息的各种传感器。为了提高环境感知的可靠性,一般采用多传感器信息的数据融合技术。决策控制层利用人工智能、自动控制等理论对环境感知层所获得的信息做出决策,并向执行机构发出控制命令,包括转向、制动或加速等操纵。操作执行层主要指各种执行器,包括转向机构、调速机构、制动机构等。

图 7.13 所示为某公司无人驾驶汽车的构成。激光测距仪能够及时、准确地绘制出车辆周边 200m 之内的三维地形图并上传至车载中央系统,以便在自动驾驶过程中躲避障碍物和遵循交通法规。视频摄像头用于发现障碍物,识别道路标识和交通信号灯。微型传感器用以检测车辆行驶信号,判断车辆是否偏离了 GPS 导航仪所指定的路线。GPS 导航仪结合其他传感器信息,提供更准确的位置信息。车载雷达用以探测车辆周围环境及较远处

的路障。电脑资料库储存了每条道路的限速标准和出入口位置，供车辆收集数据进行分析使用。在汽车行驶过程中，用导航系统输入路线，当汽车进入未知区域或者需要更新地图时，汽车会以无线方式与数据中心通信，并使用传感器不断收集地图数据，同时存储于中央系统，汽车行驶得越多，智能化水平就越高。

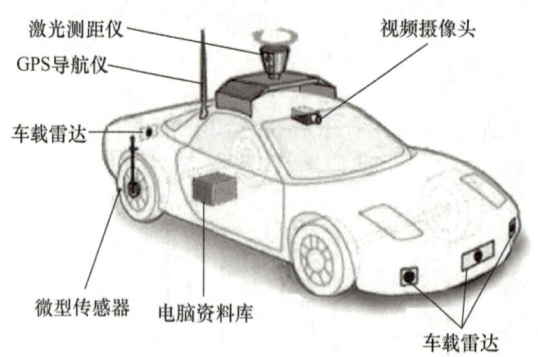

图7.13　某公司无人驾驶汽车的构成

3. 无人驾驶汽车的关键技术

按照无人驾驶汽车的职能模块，无人驾驶汽车的关键技术包括环境感知、导航定位、路径规划、决策控制等技术。

（1）环境感知

环境感知相当于无人驾驶汽车的眼和耳，无人驾驶汽车通过环境感知技术来辨别自身周围的环境信息，为其行为决策提供信息支持。环境感知包括无人驾驶汽车自身位姿感知和周围环境感知两部分。无人驾驶汽车自身位姿信息主要包括车辆自身的速度、加速度、倾角、位置等信息。这类信息测量方便，主要用驱动电动机、电子罗盘、倾角传感器、陀螺仪等传感器进行测量。无人驾驶汽车周围环境感知以雷达等主动型测距传感器为主，被动型测距传感器为辅，采用信息融合的方法实现。因为激光、雷达、超声波等主动型测距传感器相结合更能满足复杂恶劣条件下执行任务的需要，最重要的是处理数据量小，实时性好。同时进行路径规划时可以直接利用激光返回的数据进行计算，无须知道障碍物的具体信息。而视觉作为环境感知的一个重要手段，虽然目前在恶劣环境感知中存在一定问题，但是在目标识别、道路跟踪、地图创建等方面具有其他传感器所无法取代的重要性，而在野外环境中的植物分类、水域和泥泞检测等方面，视觉也是必不可少的手段。

（2）导航定位

无人驾驶汽车的导航定位用于确定其自身的地理位置，是无人驾驶汽车路径规划和任务规划的支撑。导航可分为自主导航和网络导航两种。自主导航是指除了定位辅助之外，不需要外界其他的协助，即可独立完成导航任务。自主导航在本地存储地理空间数据，所有的计算在终端完成，在任何情况下均可实现定位，但是自主导航设备的计算资源有限，导致计算能力差，有时不能提供准确、实时的导航服务。

网络导航能随时随地通过无线通信网络及交通信息中心进行信息交互。移动设备通过移动通信网与直接连接于Internet的Web GIS服务器相连，在服务器执行地图存储和复杂计算等功能，用户可以从服务器端下载地图数据。网络导航的优点在于不存在存储容量的限制，计算能力强，能够存储任意精度的地图，而且地图数据始终是最新的。

(3) **路径规划**

路径规划是无人驾驶汽车信息感知和智能控制的桥梁，是实现自主驾驶的基础。路径规划的任务就是在具有障碍物的环境内按照一定的评价标准，寻找一条从起始状态（包括位置和姿态）到达目标状态（包括位置和姿态）的无碰路径。路径规划技术可分为全局路径规划和局部路径规划两种。全局路径规划是在已知地图的情况下，利用已知局部信息（如障碍物位置和道路边界）确定可行和最优的路径，把优化和反馈机制很好地结合了起来。局部路径规划是在全局路径规划生成的可行驶区域指导下，依据传感器感知的局部环境信息来决策无人驾驶汽车当前前方路段所要行驶的轨迹。全局路径规划适用于周围环境已知的情况，局部路径规划适用于环境未知的情况。

(4) **决策控制**

决策控制是无人驾驶汽车的核心，其主要功能是依据感知系统获取的信息来进行决策判断，进而对下一步的行为进行决策，然后对车辆进行控制。决策控制技术主要包括模糊推理、强化学习、神经网络和贝叶斯网络等技术。决策控制系统的行为分为反应式控制、反射式控制和综合式控制三种。反应式控制是一个反馈控制的过程，根据车辆当前位姿与期望路径的偏差，不断地调节转向盘的转角和车速，直到到达目的地。反射式控制是一种低级行为，用于对行进过程中的突发事件做出判断，并迅速做出反应。综合式控制在反应层中加入机器学习模块，将部分决策层的行为转化为基于传感器的反应层行为，从而提高系统的反应速度。

7.3 汽车网络技术

智能网联汽车主要包括三种网络：①以车内总线通信为基础的车内网络，一般称为车载网络；②以短距离无线通信为基础的车载自组织网络；③以远距离通信为基础的车载移动互联网。因此，智能网联汽车是融合车载网络、车载自组织网络和车载移动互联网的一体化网络系统，如图 7.14 所示。

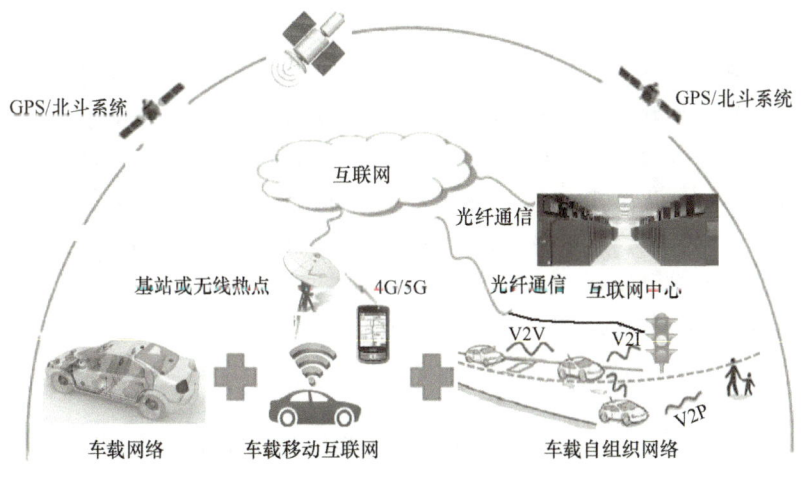

图 7.14 智能网联汽车网络体系构成

7.3.1　车载网络

车载网络是基于 CAN、LIN、FlexRay、MOST、以太网等总线技术建立的标准化整车网络，实现车内各电器、电子单元间的状态信息和控制信号在车内网上的传输，使车辆具有状态感知、故障诊断和智能控制等功能。

1. CAN 总线

CAN 总线是德国博世公司在 1985 年为了解决汽车上众多测试仪器与控制单元之间的数据传输而开发的一种支持分布式控制的串行数据通信总线。国际化标准组织在 1993 年提出了 CAN 总线的国际标准 ISO 11898，使得 CAN 总线的应用更标准化和规范化。目前，CAN 总线已经是国际上应用最广泛的网络总线之一，它的最大数据信息传输速率为 1Mbit/s，属于中速网络，通信距离（无须中继）最远可达 10km，最有可能成为世界标准的汽车局域网。

2. LIN 总线

LIN 总线也称局域网子系统，是专门为汽车开发的一种低成本串行通信网络，用于实现汽车中的分布式电子系统控制。LIN 总线的数据传输速率为 20kbit/s，属于低速网络，媒体访问方式为单主多从，是一种辅助总线，辅助 CAN 总线工作。在不需要 CAN 总线的带宽和多功能的场合，使用 LIN 总线可大大降低成本。

3. FlexRay 总线

FlexRay 总线是一种用于汽车的高速可确定性的、具备故障容错的总线系统。汽车中的控制器件、传感器和执行器之间的数据交换主要是通过 CAN 总线进行的。然而新的 X-by-Wire 系统设计思想的出现，导致车辆系统对信息传送速度尤其是故障容错与时间确定性的需求不断增加。FlexRay 总线通过在确定的时间槽中传送信息，以及在两个通道上的故障容错和冗余信息的传送，可以满足这些新增加的要求。

4. MOST 总线

MOST 总线是使用光纤或双绞线作为传输介质的环形网络，可以同时传输音频/视频流数据、异步数据和控制数据，支持高达 150Mbit/s 的传输速率。MOST 总线标准已经发展到第 3 代。第 1 代总线标准 MOST 25，最高可支持 24.6Mbit/s 的传输速率，以塑料光纤作为传输介质；第 2 代总线标准 MOST 50 的传输速率是 MOST 25 的两倍，除了可采用塑料光纤作为传输介质，还可采用非屏蔽双绞线作为传输介质；第 3 代总线标准 MOST 150，不仅可支持最高 147.5Mbit/s 的传输速率，还解决了与以太网的连接等问题。MOST 150 将成为 MOST 总线技术发展的趋势。

5. 以太网

以太网是由美国施乐公司创建并由施乐公司、英特尔公司和 DEC 公司联合开发的基带局域网规范，是当今现有局域网采用的最通用的通信协议标准。以太网包括标准以太网（10Mbit/s）、快速以太网（100Mbit/s）、千兆以太网（1000Mbit/s）和万兆以太网（10Gbit/s）。

随着先进传感器、高分辨率显示器、车载摄像头、先进驾驶辅助系统及其数据传输和控件的加入，汽车电子产品正变得更加复杂。采用标准的以太网协议将这些设备连接起来，可以帮助简化布线，节约成本，减少线束质量并增加行驶里程。

7.3.2　车载自组织网络

1. 车载自组织网络的定义

车载自组织网络是指在交通环境中，以车辆、路侧单元及行人为节点而构成的开放式移动自组织网络，可以进行 V2V、V2I、V2P 的信息传输，以实现事故预警、辅助驾驶、道路交通信息查询、车间通信和互联网接入服务等应用。它是智能交通系统未来发展的通信基础，也是智能网联汽车安全行驶的保障。

2. 车载自组织网络的结构

车载自组织网络在网络结构上主要分为三部分：V2V 通信、V2I 通信、V2P 通信，如图 7.15 所示。V2V 通信是通过 GPS 定位辅助建立无线多跳连接，从而能够进行暂时的数据通信，提供行车信息、行车安全等服务。V2I 通信能够通过接入互联网获得更丰富的信息与服务。V2P 通信的研究刚刚起步，目前主要是通过智能手机中的特种芯片提供行人和交通状况，以后会有更多通信方式。

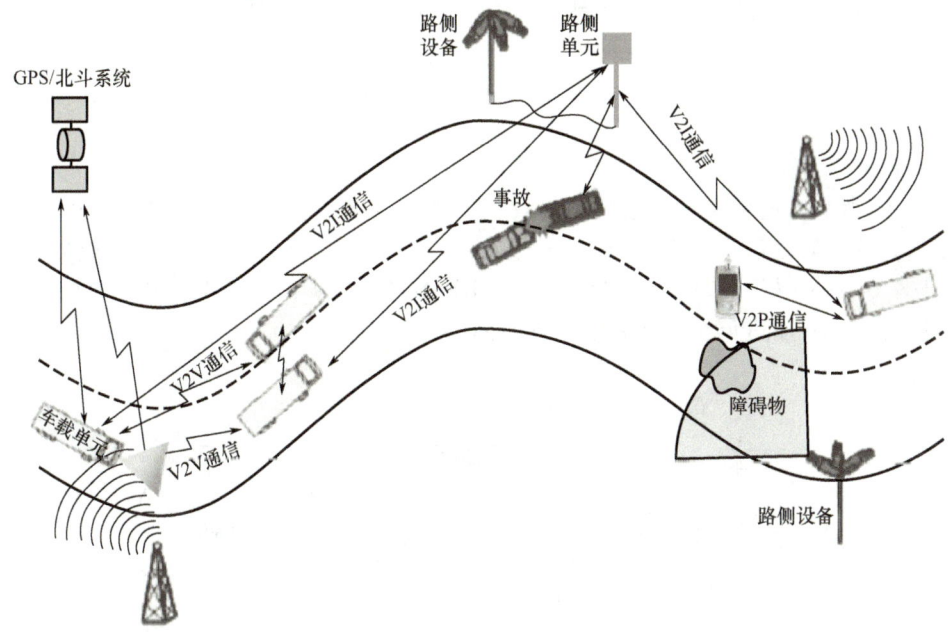

图 7.15　车载自组织网络的结构

根据节点间通信是否需要借助路侧单元，可以将车载自组织网络的结构分为车间自组织型、无线局域网/蜂窝网络型和混合型。

（1）车间自组织型

在这种通信模式下，车辆之间形成自组织网络，不需借助路侧单元。这种通信模式也称 V2V 通信模式，是传统移动自组织网络的通信模式。

(2) 无线局域网/蜂窝网络型

在这种通信模式下,车辆节点间不能直接通信,必须通过接入路侧单元互相通信,这种通信模式也称 V2I 通信模式,相比车间自组织型,路侧单元建设成本较高。

(3) 混合型

混合型是前两种通信模式的混合模式,车辆可以根据实际情况选择不同的通信方式。

3. 车载自组织网络的应用场景

(1) 碰撞预警

图 7.16 所示为协作转发碰撞预警应用场景:车辆 0 与车辆 4 相撞,车辆 0 因此发送一个协作转发碰撞预警信息。车辆 1 能够通过直接连接接收碰撞预警信息,从而车辆 1 可以及时地制动避免碰撞。但是,如果没有间接连接,即不能多跳转发信息,则车辆 2 和车辆 3 与它们前面车辆的距离小于安全距离时,车辆 2 和车辆 3 不可避免地要发生碰撞。如果有间接连接,则车辆 2 和车辆 3 能收到碰撞预警信息,可以避免碰撞。

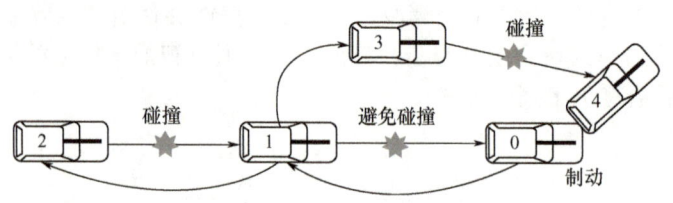

图 7.16 协作转发碰撞预警应用场景

(2) 避免交通拥堵

图 7.17 所示为避免交通拥堵应用场景:车辆 1 收到车辆 0 发送节点发送出的前方交通拥堵消息并存储该消息,当车辆 2~车辆 5 能够与车辆 1 通信时,车辆 1 将消息转发给车辆 2~车辆 5,这样,车辆 2~车辆 5 也同样知道了前方拥堵的情况,这些车辆可以选择辅助道路行驶,从而避免交通堵塞,节省时间。

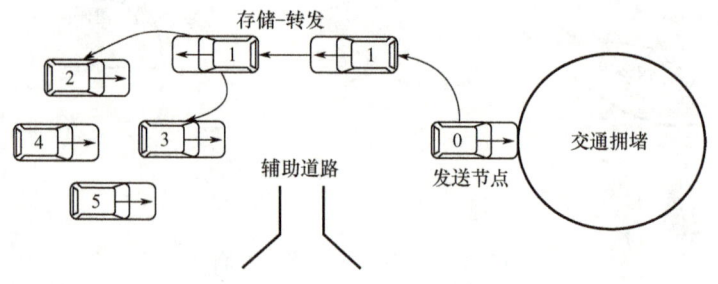

图 7.17 避免交通拥堵应用场景

(3) 紧急制动警告

图 7.18 所示为紧急制动警告应用场景:当前方车辆紧急制动时,紧急制动警告系统将会提醒驾驶人。当制动车辆被其他车辆遮挡而不能被本车辆觉察时,紧急制动警告系统

将会非常有用。通过系统开启车辆的后制动灯，紧急制动警告系统利用车载自组织网络系统的非视距特点来防止追尾事故。

图 7.18 紧急制动警告应用场景

（4）并线警告

图 7.19 所示为并线警告应用场景：当车辆换道可能存在危险时，并线警告系统将提醒有意换道的驾驶人。并线警告系统使用 V2V 通信和周边车辆的路径预测，利用链路的通信范围来预测驾驶人完成换道可能产生的碰撞。路径预测用于确定 3～5s 的时间内，驾驶人要到达的车道区域是否被占用。如果该车道已被占用，则并线警告系统将会提醒驾驶人潜在的危险。

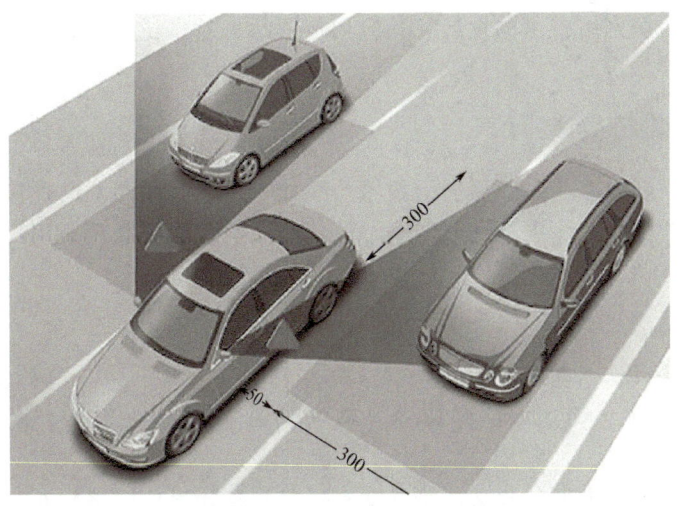

图 7.19 并线警告应用场景

（5）交叉路口违规警告

图 7.20 所示为交叉路口违规警告应用场景：当驾驶人即将闯红灯时，交叉路口

违规警告系统对其发出警告。交叉路口违规警告系统使用 V2I 通信方式，对车辆进行预测，其通信链路的主要优势是获取动态信息，如红绿灯阶段和红绿灯时间。部署了交通信号灯控制器的路侧单元会广播交通信号灯信息，包括位置、红绿灯阶段、红绿灯时间、交叉路口几何形状等。靠近交叉路口的车辆将车辆的预期路径与交通信号灯信息进行比较，以确定是否会发生交通信号违规。如果车辆将要发生违规行为，则交叉路口违规警告系统将提醒驾驶人，同时车辆也会发送消息至红绿灯和周围车辆，以表明警告已经发出。

图 7.20　交叉路口违规警告应用场景

随着车载自组织网络技术的发展，其应用范围越来越广泛，主要涉及安全、驾驶、公共服务、商用、娱乐等。

7.3.3　车载移动互联网

车载移动互联网是基于远距离通信技术构建的车辆与互联网之间连接的网络，实现车辆信息与各种服务信息在车载移动互联网上的传输，使智能网联汽车用户能够开展商务办公、获得信息服务及娱乐服务等。

1. 移动互联网的定义

移动互联网是以移动网络作为接入网络的互联网及服务，包括三个要素：移动终端、移动网络和应用服务。移动网络是移动互联网的基础，而应用服务则是移动互联网的核心。

移动互联网包含两方面的含义：①移动互联网是移动通信网络与互联网的融合，用户以移动终端接入无线移动通信网络（3G 网络、4G 网络、WLAN、WiMax 等）的方式访问互联网；②移动互联网还产生了大量新型的应用，这些应用与终端的可移动、可定位和随身携带等特性相结合，为用户提供个性化的、位置相关的服务。

2. 车载移动互联网的组成

车载移动互联网是以车为移动终端,通过远距离无线通信技术构建的车与互联网之间的网络,实现车辆与服务信息在车载移动互联网上的传输。

车载移动互联网的组成如图 7.21 所示。车载移动互联网是先通过短距离通信技术在车内建立无线个域网或无线局域网,再通过 4G/5G 技术与互联网连接。

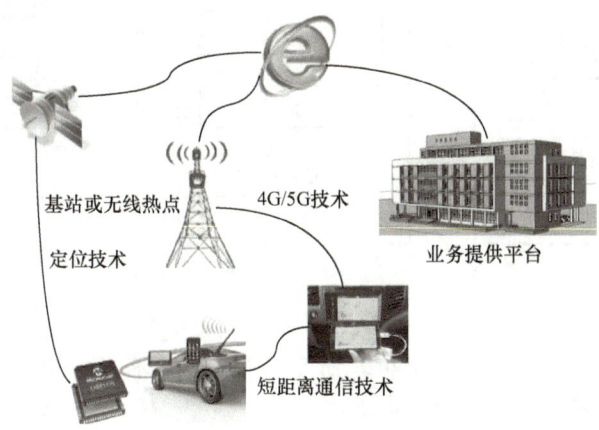

图 7.21　车载移动互联网的组成

智能网联汽车通过车载移动互联网可以实现导航及位置服务、实时交通信息服务、网络信息服务、汽车使用服务、汽车出行服务、商务办公等。汽车与互联网互联,赋予了汽车连接真实世界的能力。

7.4　汽车环境感知技术

环境感知技术是智能网联汽车和无人驾驶汽车的关键技术之一,是通过安装在汽车上的传感器或自组织网络,对道路、车辆、行人、交通标识、交通信号灯等进行检测和识别的技术,主要应用于先进驾驶辅助系统,如自适应巡航控制系统、车道偏离报警系统、道路保持辅助系统、汽车并线辅助系统、自动制动辅助系统等,保障智能网联汽车安全准确地到达目的地。

1. 汽车环境感知系统的组成

汽车环境感知系统由信息采集单元、信息处理单元和信息传输单元组成,如图 7.22 所示。

(1) 信息采集单元

对环境的感知和判断是智能网联汽车工作的前提和基础。感知系统获取周围环境和车辆信息的实时性和稳定性,直接关系到后续检测或识别的准确性和执行的有效性。信息采集单元主要包括惯性元件、超声波传感器、激光雷达、毫米波雷达、视觉传感器、定位导航及车载自组织网络等。

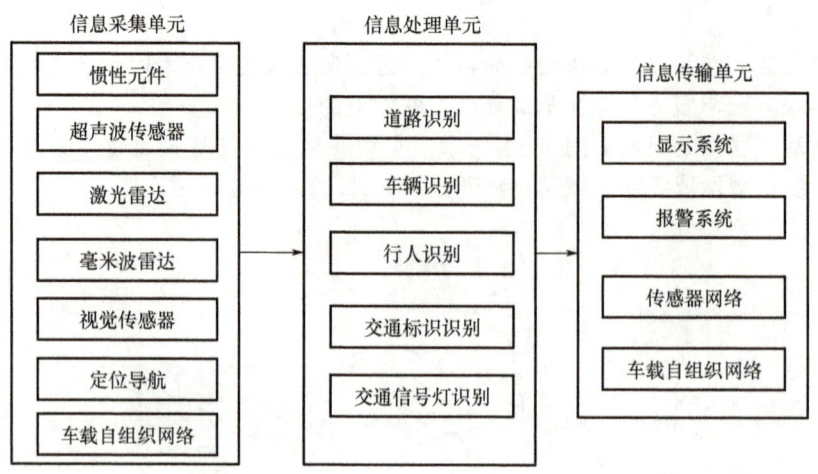

图 7.22 汽车环境感知系统的组成

（2）**信息处理单元**

信息处理单元主要是对信息采集单元输送来的信号，通过一定的算法对道路、车辆、行人、交通标识、交通信号灯等进行识别。

（3）**信息传输单元**

信息处理单元对环境感知信号进行分析后，信息送入传输单元，传输单元根据具体情况执行不同的操作，如分析后的信息确定前方有障碍物，并且本车与障碍物之间的距离小于安全距离，则将这些信息送入控制执行模块，控制执行模块结合本车速度、加速度、转向角等自动调整智能网联汽车的车速和方向，实现自动避障，在紧急情况下也可以自动制动。信息传输单元把信息传输到传感器网络上，实行车辆内部资源共享；也可以把处理信息通过自组织网络传输给车辆周围的其他车辆，实现车辆与车辆之间的信息共享。

2. 道路识别技术

道路识别技术主要用于车道偏离报警系统和车道保持辅助系统等。实现方法主要分为基于雷达成像原理的雷达传感器和基于机器视觉图像的视觉传感器两类。

道路检测的任务是提取车道的几何结构，如车道的宽度、车道线的曲率等；确定车辆在车道中的位置、方向；提取车辆可行驶的区域。

道路识别算法理论框架如图 7.23 所示。道路识别算法大体可以分为基于区域分割的识别算法、基于道路特征的识别算法和基于道路模型的识别算法。基于区域分割的识别算法是把道路图像的像素分为道路和非道路两类，分割的依据一般是颜色特征或纹理特征。基于道路特征的识别算法主要是结合道路图像的一些特征，如颜色、梯度、纹理等特征，从所获取的图像中识别出道路边界或车道标识线，适合于明显边界特征的道路。基于道路模型的识别算法主要是基于不同的（2D 或 3D）道路图像模型，采用不同的检测技术（Hough 变换、模板匹配技术、神经网络技术等）对道路边界或车道线进行识别。

3. 车辆识别技术

前方车辆检测是判断安全车距的前提。车辆检测是否准确不仅决定了测距的准确性，而且决定了是否能够及时发现一些潜在的交通事故。识别算法用于确定图像序列中是否存

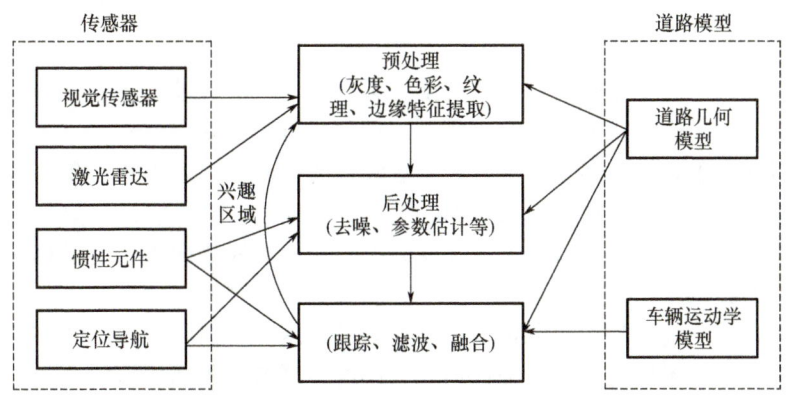

图 7.23　道路识别算法理论框架

在车辆，并获得其基本信息，如大小、位置等。摄像机跟随车辆在道路上运动时，所获得的道路图像中车辆的大小、位置和亮度等是不断变化的。

用于识别前方运动车辆的方法主要有基于特征的识别方法、基于机器学习的识别方法、基于光流场的识别方法和基于模型的识别方法等。基于特征的识别方法是在车辆识别中最常使用的方法之一，对于行驶在前方的车辆，其颜色、轮廓、对称性等特征都可以用来将车辆与周围背景区别开来，因此，基于特征的识别方法就是以车辆的外形特征为基础从图像中检测前方行驶的车辆。基于机器学习的识别方法一般需要先从正样本集和负样本集中提取目标特征，再训练出识别车辆区域与非车辆区域的决策边界，最后使用分类器判断。基于光流场的识别方法是通过分析光流可以检测目标数量、目标运动速度、目标相对距离及目标表面结构等。基于模型的识别方法是根据前方运动车辆的参数来建立二维模型或三维模型，然后利用指定的搜索算法来匹配查找前方车辆。

4. 行人识别技术

行人识别技术是智能网联汽车和无人驾驶汽车先进驾驶辅助系统的重要组成部分。行人是道路交通的主体和主要参与者，由于其行为具有非常大的随意性，再加上驾驶人在车内视野变窄及长时间驾驶导致的视觉疲劳，使得行人在交通事故中很容易受到伤害。行人识别技术能够及时准确地检测出车辆前方的行人，并根据不同危险级别提供不同的预警提示(如距离车辆越近的行人危险级别越高，提示音也应越急促)，以保证驾驶人具有足够的反应时间，能够极大减少甚至避免撞人事故的发生。

目前，行人识别方法主要有基于特征分类的行人识别方法、基于模型的行人识别方法、基于运动特性的行人识别方法、基于形状模型的行人识别方法、基于模板匹配的行人识别方法及基于统计分类的行人识别方法等。基于特征分类的行人识别方法着重于提取行人特征，然后通过特征匹配来识别行人目标，是目前较主流的行人识别方法。基于模型的行人识别方法是通过建立背景模型识别行人。基于运动特性的行人识别方法是利用人体运动的周期性特性来确定图像中的行人。基于形状模型的行人识别方法主要依靠行人形状特征来识别行人。基于模板匹配的行人识别方法是通过定义行人形状模型，在图像的各个部位匹配该模型以找到目标。基于统计分类的行人识别方法是从样本中训练得到行人分类器，利用该分类器遍历图像各窗口进行判别。

5. 交通标识识别技术

道路交通标识作为重要的道路交通安全附属设施，可向驾驶人提供各种引导和约束信息。驾驶人实时、正确地获取交通标识信息，可保障行车更安全。

在智能网联汽车和无人驾驶汽车中，交通标识的检测是通过图像识别系统实现的。交通标识识别系统如图 7.24 所示。交通标识识别首先使用车载摄像机获取目标图像，其次进行图像分割和特征提取，最后通过与交通标识标准特征库比较进行交通标识识别，识别结果可以与其他智能网联汽车共享。

交通标识识别主要有基于颜色信息的交通标识识别、基于形状特征的交通标识识别、基于显著性的交通标识识别、基于特征提取和机器学习的交通标识识别等。

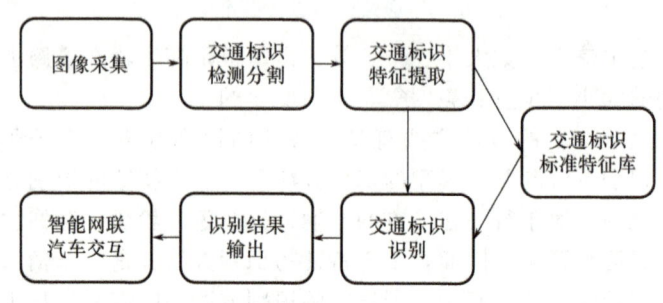

图 7.24　交通标识识别系统

6. 交通信号灯识别技术

交通信号灯识别系统包括检测和识别两个基本环节，先是定位交通信号灯，通过摄像机从复杂的城市道路交通环境中获取图像，根据交通信号灯的颜色、几何特征等信息，准确定位其位置，获取候选区域；然后是识别交通信号灯，检测算法中已经获取交通信号灯的候选区域，通过对其进行分析及特征提取，运用分类算法实现分类识别。

交通信号灯有各种识别系统。图 7.25 所示为某交通信号灯识别系统组成。该识别系统主要由图像采集模块、图像预处理模块、检测模块、识别模块、跟踪模块和通信模块等组成。

图 7.25　某交通信号灯识别系统组成

交通信号灯的识别方法主要有基于颜色特征的识别方法和基于形状特征的识别方法。基于颜色特征的识别方法主要是选取某个色彩空间对交通信号灯的红、黄、绿三种颜色进行描述。基于形状特征的识别方法主要是利用交通信号灯和它的相关支撑物之间的几何信息。

7.5　汽车先进驾驶辅助系统

【汽车先进驾驶辅助系统】

汽车先进驾驶辅助系统是利用环境感知技术采集汽车、驾驶人和周围环境的动态数据并进行分析处理，通过提醒驾驶人或执行器介入汽车操纵以实现驾驶安全性和舒适性的一系列技术的总称，如图 7.26 所示。

汽车先进驾驶辅助系统是智能网联汽车的重要组成部分，它除了能帮助持续改进在驾驶过程中的安全性和舒适性以外，同时能不断实现驾驶行为的最优化，如经济驾驶和智能化车流控制。随着先进驾驶辅助系统技术的快速发展，先进驾驶辅助系统将帮助车辆逐步实现自动化驾驶，并最终达到无人驾驶的目标。

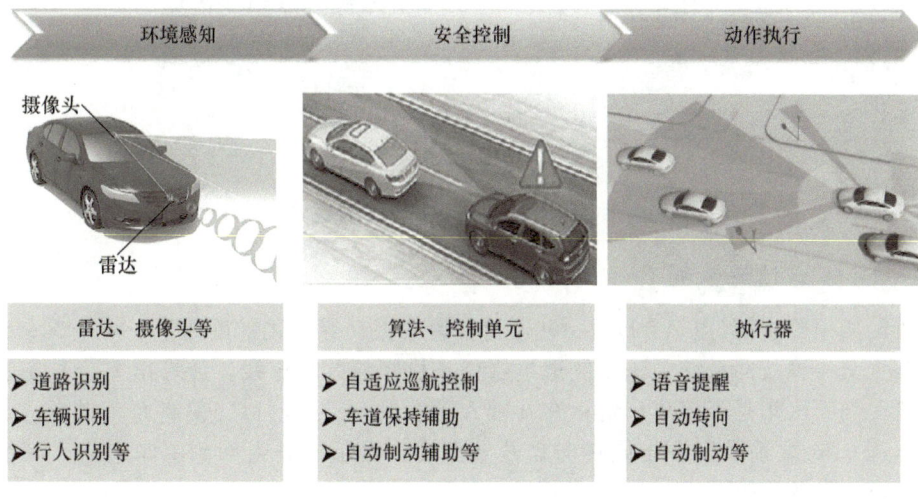

图 7.26　汽车先进驾驶辅助系统

汽车先进驾驶辅助系统的类型如图 7.27 所示。

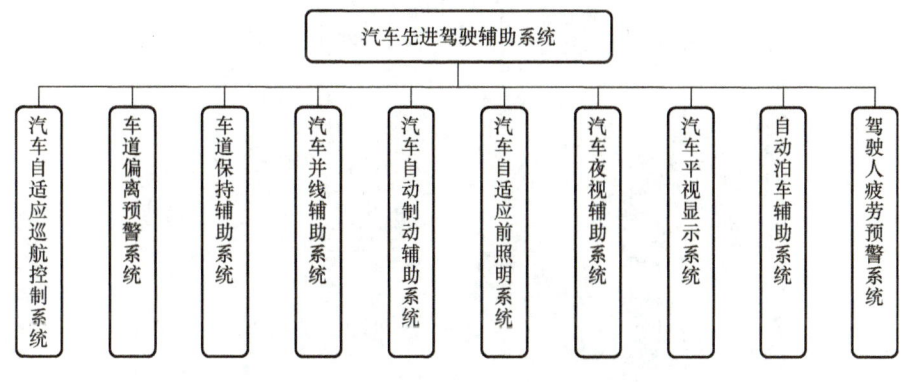

图 7.27　汽车先进驾驶辅助系统的类型

1. 汽车自适应巡航控制系统

汽车自适应巡航控制系统（图 7.28）是在定速巡航控制系统的基础上发展起来的新一代汽车先进驾驶辅助系统。该系统将汽车定速巡航控制系统和车辆前向撞击报警系统有机结合起来，既有定速巡航控制系统的全部功能，还可以通过车载雷达等传感器监测汽车前方的道路交通环境，一旦发现当前行驶车道的前方有其他前行车辆，将根据本车和前车之间的相对距离及相对速度等信息，对车辆进行纵向速度控制，使本车与前车保持安全距离行驶，避免追尾事故发生。

【汽车自适应巡航控制系统】

图 7.28　汽车自适应巡航控制系统

2. 车道偏离预警系统

车道偏离预警系统（图 7.29）是一种通过报警或振动等方式辅助驾驶人减少汽车因车道偏离而发生交通事故的系统。该系统通过摄像头检测前方车道线，计算出车身与车道线之间的距离，判断汽车是否偏离车道；在驾驶人无意识（未打转向灯）偏离原车道时，系统能在偏离车道 0.5s 之前发出警告或转向盘开始振动，提示驾驶人回到本车道内，减少因汽车偏离车道引发的危险。

【车道偏离预警系统】

图 7.29　车道偏离报警系统

【车道保持辅助系统】

3. 车道保持辅助系统

车道保持辅助系统（图 7.30）是在车道偏离报警系统的基础上对转向和制动系统进行协调控制，使汽车保持在预定的车道上行驶，减轻驾驶人负担，防止驾驶失误的系统。

车道保持辅助系统能够暂时接管并控制车辆主动驶回原车道，如果对车辆控制介入程度更高，还可以根据需要进行主动制动减速等一系列复杂的动作。车道保持辅助系统自动化程度越高，功能越多，系统越复杂。

图 7.30　车道保持辅助系统

4. 汽车并线辅助系统

汽车并线辅助系统(图 7.31)也称盲区监测系统,是通过车载传感器检测后方来车,在左右两个后视镜内或者其他地方提醒驾驶人后方安全范围内有无来车,从而消除视线盲区,提高行车安全。

汽车并线辅助系统除检测车辆以外,还应检测城市道路上汽车盲区内行人、骑行者,检测与识别高速公路弯道等。

【汽车并线辅助系统】

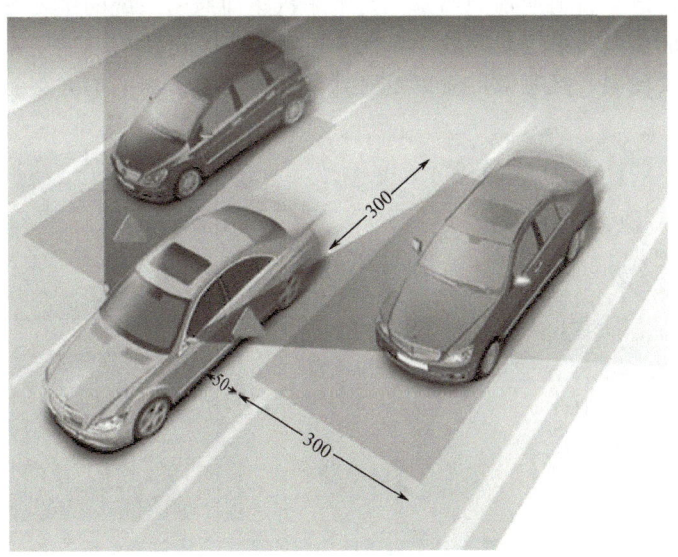

图 7.31　汽车并线辅助系统

5. 汽车自动制动辅助系统

汽车自动制动辅助系统(图 7.32)可以预知潜在的碰撞危险并及时通知驾驶人,而且在必要的情况下,此系统会自动控制制动踏板完成制动操作,以避免或减轻碰撞伤害。

【汽车自动制动辅助系统】

目前，全球主流的汽车厂商都有自己的预碰撞安全系统，不过各个厂商的叫法各不相同，功能的实现效果及技术细节会有所不同，如大众 Front Assist 预碰撞安全系统、沃尔沃 CWAB 系统、奔驰 PRE-SAFE 安全系统、斯巴鲁 EyeSight 安全系统等。

图 7.32　汽车自动制动辅助系统

【汽车自适应前照明系统】

6. 汽车自适应前照明系统

汽车自适应前照明系统是一种照明装置，能够根据天气情况、外部光线、道路状况及行驶信息来自动改变前照明系统的工作模式，调整照射光线的光形，消除因为夜间或者能见度低时转弯或者其他特殊行驶条件下带来的视野暗区，能够为驾驶人提供更宽范围、更可靠的照明视野，保证驾驶人和道路行人的安全。汽车自适应前照明系统是未来汽车前照明系统的主要发展方向。图 7.33 所示为有无自适应前照明系统照明效果对比。可以看出，自适应前照明系统的转向灯能够根据转向盘的角度转动，把有效的光束投射到驾驶人需要看清的前方路面上。

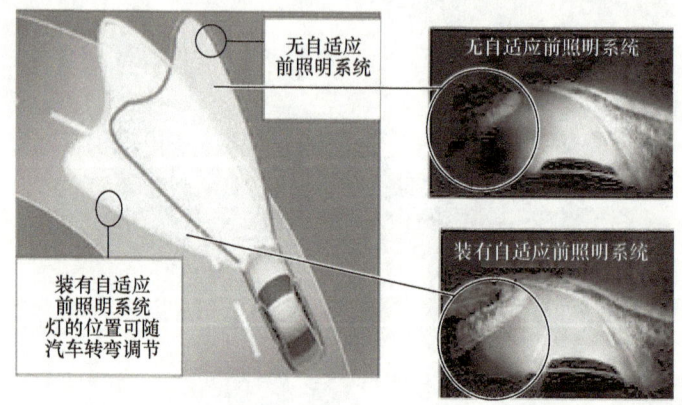

图 7.33　汽车有无自适应前照明系统照明效果对比

【汽车夜视辅助系统】

7. 汽车夜视辅助系统

汽车夜视辅助系统（图 7.34）是一种利用红外成像技术辅助驾驶人在黑夜中看清道路、行人和障碍物等，减少事故发生，增强主动安全的系统。

汽车夜视辅助系统按照工作原理不同，可以分为主动夜视辅助系统和被动夜视辅助系统两种。

(1) 主动夜视辅助系统

主动夜视辅助系统是采用主动红外成像技术，把目标物体反射或自身辐射的红外辐射图像转换为人眼可观察的图像。这种系统本身必须具备光源，不发出热量的物体也可以看到，通过图像处理可提高清晰度，使道路标识清晰可见。

(2) 被动夜视辅助系统

被动夜视辅助系统采用热成像技术，基于目标与背景的温度和辐射率差别，利用辐射测温技术对目标逐点测定辐射强度而形成可见的目标热图像。这种系统本身没有光源，仅依靠对物体本身发出的光线进行识别，不发出热量的物体看不清或看不到。图像清晰度取决于天气条件和时间段，图像与实际景象不完全符合。

图 7.34　汽车夜视辅助系统

8. 汽车平视显示系统

汽车平视显示系统也称抬头显示系统，是利用光学反射原理，将汽车驾驶辅助信息、导航信息、检查控制信息等以投影方式显示在风窗玻璃上或约 2m 远的前方、发动机罩尖端的上方，阅读起来非常舒适，同时还可以显示来自各个驾驶辅助系统的警告信息，如车道偏离警告、来自带行人识别功能的夜视辅助系统的行人避让警告等，避免驾驶人在行车过程中频繁低头看仪表或车载屏幕，对于行车安全起着很好的辅助作用。汽车平视显示系统如图 7.35 所示，图中 72km/h 表示当前车速，60km/h 表示限速。

【汽车平视显示系统】

9. 自动泊车辅助系统

自动泊车辅助系统（图 7.36）是利用车载传感器探测有效泊车空间并辅助控制车辆完成泊车操作的一种汽车先进驾驶辅助系统。

相比于传统的电子辅助功能（如倒车雷达、倒车影像显示等），自动泊车辅助系统智能化程度更高，减轻了驾驶人的操作负担，有效降低了泊车的事故率。

【自动泊车辅助系统】

图 7.35　汽车平视显示系统

图 7.36　自动泊车辅助系统

10. 驾驶人疲劳预警系统

【驾驶人疲劳预警系统】

驾驶人疲劳预警系统（图 7.37）也称防疲劳预警系统、疲劳识别系统、注意力警示辅助系统、驾驶人安全警告系统等，是指在驾驶人精神状态下滑或进入浅层睡眠时，系统会依据驾驶人精神状态指数分别给出语音提示、振动提醒、电脉冲警示等，警告驾驶人已经进入疲劳状态，需要休息。驾驶人疲劳预警系统的作用是监视并提醒驾驶人自身的疲劳状态，减少驾驶人疲劳驾驶的潜在危害。

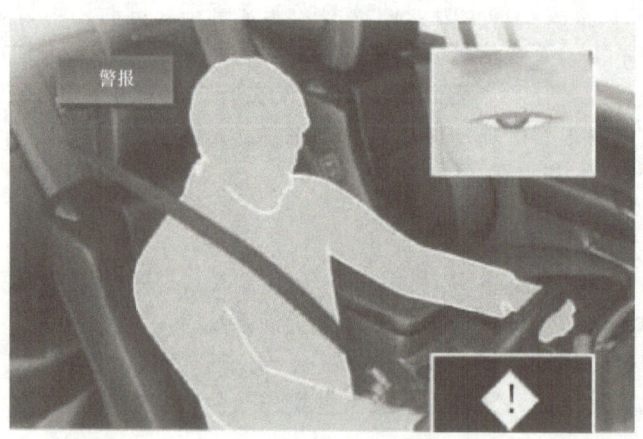

图 7.37　驾驶人疲劳预警系统

思考题

1. 汽车轻量化材料主要有哪些？
2. 什么是智能网联汽车和无人驾驶汽车？
3. 车载网联包含什么？
4. 什么是自组织网络？自组织网络有哪些主要应用？
5. 汽车环境感知技术有哪些？
6. 汽车先进驾驶辅助系统有哪些？

参 考 文 献

陈虎, 2009. 镁合金的研究及其在汽车轻量化中的应用 [J]. 企业技术开发, 28(11): 17-19.
陈军, 2010. 镁合金在汽车工业中的应用分析 [J]. 材料研究与应用, 4(2): 81-84.
陈全世, 2007. 先进电动汽车技术 [M]. 北京: 化学工业出版社.
褚文强, 辜承林, 2007. 电动车用轮毂电机研究现状与发展趋势 [J]. 电机与控制应用, 34(4): 1-5.
崔胜民, 2008. 现代汽车系统控制技术 [M]. 北京: 北京大学出版社.
崔胜民, 2014. 新能源汽车技术 [M]. 2版. 北京: 北京大学出版社.
电气学会, 电动汽车驱动系统调查专门委员会, 2008. 电动汽车最新技术 [M]. 康龙云, 译. 北京: 机械工业出版社.
胡骅, 宋慧, 2006. 电动汽车 [M]. 2版. 北京: 人民交通出版社.
胡兴军, 2008. 碳纤维在汽车上的应用 [J]. 汽车与配件(50): 44-45.
李兴虎, 2005. 电动汽车概论 [M]. 北京: 北京理工大学出版社.
梁臣, 2008. 电动汽车用感应电机关键技术的研究 [D]. 哈尔滨: 哈尔滨工业大学.
彭栋, 2007. 混合动力汽车制动能量回收与ABS集成控制研究 [D]. 上海: 上海交通大学.
彭岳华, 2008. 镁合金材料在汽车中的应用 [J]. 汽车与配件(20): 46-47.
曲万达, 2006. 汽车线控制动之硬件系统研究 [D]. 武汉: 武汉理工大学.
邵毅明, 2008. 汽车新能源与节能技术 [M]. 北京: 人民交通出版社.
孙明冲, 2009. 电动汽车的轮毂电机设计及其弱磁控制 [D]. 哈尔滨: 哈尔滨工业大学.
滕乐天, 2009. 电动汽车充电机(站)设计 [M]. 北京: 中国电力出版社.
王刚, 周荣, 乔维高, 2008. 电动汽车充电技术研究 [J]. 农业装备与车辆工程(6): 7-9.
王贵明, 王金懿, 2010. 电动汽车及其性能优化 [M]. 北京: 机械工业出版社.
王桂姣, 2009. 电动汽车轮毂电机驱动系统的运动特性与能量分配 [D]. 武汉: 武汉理工大学.
王益全, 2005. 电动机原理与实用技术 [M]. 北京: 科学出版社.
杨秋明, 马瑞, 2010. 基于LIN总线的汽车外部灯光控制模块设计 [J]. 上海汽车(6): 9-11.
叶敏, 孔德刚, 曹秉刚, 2010. 基于CAN总线的电动汽车能源管理系统 [J]. 计算机测量与控制, 18(6): 1428-1431.
赵莉华, 曾成碧, 2009. 电机学 [M]. 北京: 机械工业出版社.
朱海霞, 2007. 模内装饰技术在汽车中的应用 [J]. 汽车与配件(36): 38-40.